VIAGE

DE

AMBROSIO DE MORALES

LEÓN, GALICIA
Y ASTURIAS

© de la presente edición
   del 2023:

Editorial MAXTOR
   Fray Luis de León, 20
   47002 Valladolid (España)
   +34 983 090 110
   pedidos@maxtor.es
   www.maxtor.es

I.S.B.N. 978-84-1171-023-7
depósito legal: DL VA 96-2024

VIAGE

DE

AMBROSIO DE MORALES

POR ORDEN DEL REY D. PHELIPE II.

A LOS REYNOS DE LEON, Y GALICIA,

Y PRINCIPADO DE ASTURIAS.

Para reconocer

Las Reliquias de Santos, Sepulcros Reales,
y Libros manuscritos de las Cathedrales,
y Monasterios.

Dale à luz

CON NOTAS, CON LA VIDA DEL AUTOR,

Y CON SU RETRATO,

EL Rmo. P. Mro. Fr. HENRIQUE FLOREZ,
del Orden del Gran Padre S. Agustin.

VICIT
ITERDVRVM
PIETAS
ÆN.VI·688.

EN MADRID: Por Antonio Marin. Año de 1765.

AMBROSIO DE MORALES
A. ... Historiographo Regio
... ENRIQ. FLOREZ AVG. B. M. I. C.

AL QUE LEYERE.

ASI dos Siglos han pasado desde que Ambrosio de Morales escribió este Viage: pero otros tantos años han corrido, sin lograr una mano benévola, que le sacase à luz. Yo tuve precision de manejarle con motivo de escribir sobre las Iglesias y Monasterios de que trata, para informarme con tan buen testigo acerca de las individualidades dignas de ser mencionadas en mis Libros. Al mismo tiempo observé, que otros pueden utilizarse del Escrito para diversos fines: noté, que las Iglesias, los Monasterios, y Ciudades, se alegrarán de ver perpetuadas sus memorias: que variadas algunas con el tiempo, no podemos saber el estado que tenian doscientos años antes, sino por este medio: que el merito del Autor pide no tener escondido su desvelo: y juntandolo todo, resolví que no estuviese oculto por mas tiempo.

Ya andaban varias copias entre gentes curiosas, aunque no muy exactas. La que vino à mis manos, tenia muchos defectos: y viendo que lo mismo sucedia en otras, resolví acudir à la Obra original, que existe en el Real Monasterio de S. Lorenzo. (*Pluteo IIf. &. 9.*) Para esto envié mi Compañero al Escorial: y formado el cotejo con el Libro de mano de Morales; quedó la copia arreglada, hasta en las pequeñas Notas que el Autor puso al margen, las quales van aqui confrontadas con el texto en el sitio donde Morales las puso, pues algunas andaban dislocadas en las copias. Son pues de Ambrosio de Morales las clausulas que vieres al margen principal de las planas.

Al pie añado yo algunas Notas, quando la materia lo requiere: ya porque escribiendo Morales fuera de su Estudio, no tenia à la mano los libros necesarios; ya porque tal vez hablaba de memoria: como sucede v.g. en lo que leerás pag. 12. donde hablando de la Iglesia de S. Francisco de Valladolid, dice estar enterrado alli *el Infante D. Pedro, hijo del Rey D. Alonso el Sabio, y su muger, que anduvo en la brega de compurgarse con hierro ardiendo, como está en la Coronica.* En la Nota de aquella plana me contenté con decir, que *ni dice, ni sé que Chronica es esta:* pues aunque en la de D. Fernando el IV. Cap. 63. hay un suceso perteneciente à la materia de compurgarse con hierro; no pertenece à la muger del Infante D. Pedro, hijo de

¶ 2   D.

D. Alfonso el Sabio, que se llamó Margarita, sino à la muger de D. Sancho, hijo de aquel Infante D. Pedro, la qual muger se llamó María, como expresa la misma Chronica: y esta Señora no fue muger del Infante D. Pedro, sino de su hijo. Equivocóse pues Morales, quando atribuyó à la muger del Infante D. Pedro, lo que refiere la Chronica como proprio de la muger de su hijo. Otras veces habló por informe ageno: y el mayor motivo para algunas Notas, es haberse aclarado hoy puntos que entonces no lo estaban: y por tanto no es desayre del Autor la correcion de lo que en sus dias no estaba averiguado.

Mantengo sus palabras antiguas, como *verná*, que hoy decimos *vendrá*; *Monesterio*, *&c.* y solo es mia la ortografia de algunas voces, escritas con *b.* ò con *v.* à diferencia de como entonces lo usaban, para hacer mas comun el estilo de la Academia Española, y otro que se va introduciendo de no multiplicar las *ss* en la lengua vulgar, con el fin de desterrar la *ſ.* larga, (que se confunde mil veces con la *f.*) y usar precisamente la redonda, la qual (por ocupar mas espacio) ofende la vista, si se duplica.

El Libro de Morales es de à *quarto*: mas yo le doy en *folio*, como estaba en mi copia, à fin que iguale con las Chronicas del Autor, à quien miro, y no al tamaño de mis Libros.

Al mismo tiempo ofrece esta Relacion una viva recomendacion del feliz Reynado de aquel gran Monarca D. Phelipe II. que sin embarazarse con el gobierno de dos Mundos; sin ocuparle la direccion de unas continuas Guerras; quando mas le llamaban las conquistas de Oriente y Occidente; de tal suerte velaba en las cosas al parecer pequeñas de su Reyno, como si no le pertenecieran las supremas. Era hombre nacido para todo. La Religion, el Culto, la Justicia, las materias de Estado, el decoro de la Magestad, que llevaba su principal vigilancia, daban lugar en aquel gran corazon para promover Hospitales, fomentar letras, hacer impresiones, y andar recogiendo Libros, como si en el Theatro del mundo no huviera de hacer papel mas que por ellos. Ciertamente que asombra ver à un Principe cercado de las mayores atenciones de Estado, velar sobre el modo con que las Iglesias guardaban las Reliquias de los Santos, los cuerpos de las personas Reales, los Libros de las Bibliothecas, y despues tener la dignacion de llamar à su Gabinete al que encomendó la empresa, para oir la Relacion de su Viage. Este fue Ambrosio de Morales: este el Autor de la Obra presente: y este el que honrado por el Rey, merece ser honrado por todos, no solo por lo que trabajó en el Viage de que hablamos, y en los demas Escritos, sino por lo recomendable de sus acciones. Estas no se hallan conocidas por todos, y algunas (aun de las mas principales) andan mal explicadas, por no haberse escrito la Vida de este ilustre Varon. Yo con motivo de publicar su Obra, me dediqué à recoger las noticias principales que de sí mismo escribió, y algunas adquiridas por otros medios, reduciendo à orden de los tiempos sus Libros, asi impresos, como manuscritos, para que el Público forme alguna mas particular idea del Autor: y à este fin ofrezco las siguientes noticias.

NOTI-

NOTICIAS
DE LA VIDA DEL CHRONISTA
AMBROSIO DE MORALES,
Sacadas, en la mayor parte, de sus Obras.

Quod fecit hic, narrabitur in memoriam ejus. Marci cap. 14. v. 9.

I el Betis huviera de contar los esclarecidos Varones, que produgeron las margenes de sus doradas aguas; mucho tuviera que detenerse al avistar à Cordoba. Formaría un estanque caudaloso : ¹ y como ni caben, ni pertenecen à las margenes de este Libro tantas aguas, le dejaremos correr, tomando unicamente algunas gotas de aquellas con que regó los *Morales* y *Olivas*, que produgeron el fruto del presente Chronista, Oliva por la madre, por el padre Morales.

1 Hallabase avecindada en Cordoba desde su restauracion la Familia de los *Morales*, contando ya Siglos de ancianidad, para añadirlos à los de su nobleza. Habia otra de los *Olivas*, no inferior en la buena calidad, y ambas distinguidas en personas honradas, que sobresalieron en letras, para que el fruto de las dos unidas llevase como por herencia la propension à Ciencias. *Antonio de*

Morales (asi hablaban entonces sin el *Don*, que anda ya tan varato) ¹ sobresalió en el estudio de Philosophia Natural, y Moral, en Metaphysica, y Medicina, tan sin competidor, que escogiendo el Santo Cardenal Cisneros los primeros sugetos de todas partes para lustre de su Universidad de Alcalà ; le llevó por primer Cathedratico de Philosophia y Metaphysica. ³ Casó con *Mencia de Oliva*, hija de Fernan Perez de Oliva, à quien nuestro Escritor llama su avuelo, diciendo, que *como de herencia propria se valdria del libro que con gran diligencia y mucha doctrina de Geographia dejó escrito, y lo intituló Imagen del mundo.* ⁴ De este fue hijo otro del mismo nombre, Rector y Cathedratico de la Universidad de Salamanca, tio del que tratamos, que escribió varios Tratados, y crió en Salamanca al presente sobrino, como veremos luego, mencionandole ahora con su padre en apoyo del honor y literatura de una y otra familia.

Ca-

---

(1) *Tengo un Ms. que siendo puramente Indice de Varones Ilustres Cordobeses, compone un Tomo de à quarto. Escribióle el Doct. Andres de Morales, en el 1662.* (2) *Morales en las Obras de S. Eulogio, fol. 127. Doctori Antonio Morali patri meo, medico præstantissimo.* (3) *Morales, en las Antiguedades, fol. 8. b.* (4) *Alli, fol. 6. b.*

2 Casado Antonio de Morales con Mencia de Oliva , tuvieron al presente hijo *Ambrosio de Morales* , y una hija , à quien pusieron el nombre de *Cecilia* , que casó con D. Luis de Molina , Gobernador de Archidona , y fue madre del ilustre D. Luis de Molina , (Consejero de Castilla, Autor de la Obra *De Hispanorum Primogeniis*) y de D. Antonio Morales, Obispo de Tlaxcala , 1 à quien dedicó sus Commentarios sobre S. Eulogio el presente tio de quien hablamos , y alli menciona tambien al Doctor Molina, hermano del Obispo. Otro hermano tuvo el Autor, llamado *Agustin* , 2 apellidado *de Oliva*, (padre de Geronimo Morales) porque tomaban indiferentemente el apellido del padre , ù de la madre.

3 Nació Ambrosio de Morales en Cordoba año de 1513. como resulta por decir el mismo al fin de la Chronica , que en 21. de Marzo del año 1583. tenia 70. de edad. Lo mismo he visto escrito de su puño en el *Arte para servir à Dios* , cuyo original se acabó en 27. de Octubre, *año de* 1585. *y* 72. *de mi edad:* lo que le prueba nacido en el 1513. Y à esto , por ser original , parece debe arreglarse el computo impreso al fin de los Versos , que hizo à S. Hermenegildo , si no que en una parte contase el año ya cumplido , y en otras los corrientes. La casa del nacimiento fue la que llaman *de los Senosas* : porque habiendola comprado el

Marques de Pliego , se la dió al Padre de Morales , diciendo, que casa del sapientisimo Cordobes , no debia ser habitada , sino por otro Cordubense muy sabio. Asi el mismo Morales , que expresa haber nacido alli: *In his ædibus ego natus sum.* 3

4 Luego que llegó el tiempo de instruir con humanidad sus potencias , desempeñó el padre la obligacion de Caballero , y la propension de su familia , en dar al hijo los mejores Maestros , que sembrando luces en el tierno Joven , produgesen luego un varon ilustrado. Enviaronle à las dos mayores Universidades, de Alcalá y Salamanca , donde cursó bajo la enseñanza de los mejores Cathedraticos , pasando hasta los estudios de la Sagrada Theologia ; en Alcalá con el insigne Juan de Medina; y en Salamanca con el ilustrisimo Melchor Cano. (4) El motivo para esto fue el tio *Fernan Perez de Oliva*, Rector y Cathedratico de Philosophia y Theologia en Salamanca. Este llevó à su casa al sobrino para darle crianza correspondiente en las clases de buen Christiano , Caballero , y Letrado. Alli se esmeró tambien en el estudio de la lengua Castellana , que cultivaron su padre y tio con aplauso, como el mismo sobrino refiere al fin del Prologo de su Chronica por estas bien ordenadas clausulas: ,, Desde niño tengo yo esta aficion à la lengua ,, Castellana, y mamé (como dicen) en ,, la leche del deseo de bien hablarla, ,, Y

---

(1) Morales en las Antiguedades, fol. 3. b. *Mi hermana Doña Cecilia de Morales, madre del Doctor Molina , del Consejo Real de S. M. y de D. Antonio de Morales, Obispo de Tlaxcala en la Nueva España.* (2) Morales de Cordubæ origine, fol. 127. Oper. D. Eulog. b. *Hieronymus Morales.... in patris sui, fratris mei , Doctoris Augustini Olivæ, Medici etiam præstantissimi, domum transferri curavit.* (3) Obras de S. Eulogio, fol. 127.b. (4) Nicolas Antonio.

,, y escribirla. Porque demas que el
,, Doctor Morales mi Padre, fue un
,, hombre estimado entre quasi to-
,, dos los Señores del Andalucia, tan-
,, to por ser (como suelen decir)
,, muy sabio en romance, como por
,, su buena casta, y por lo mucho
,, que sabia en su profesion de me-
,, dicina, en que fue uno de los mas
,, señalados hombres de su tiempo;
,, habiendome tambien yo criado,
,, siendo pequeño, en Salamanca,
,, en casa del Maestro Fernan Perez
,, de Oliva mi Tio y mi Señor; del
,, grande amor que el tenia à la len-
,, gua Castellana, y de la excelencia,
,, que como todos saben, alcanzó
,, en hablarla y escribirla, tomé yo un
,, gusto, y me encendí en un gran
,, deseo de algo de aquello en ella.
Asi lo consiguió, como prueban sus
Obras, llenas de naturalidad, buena
ordenacion, viveza y propriedad en el
lenguage, aunque no falta quien le
desee mas corregido. Sus principales
progresos fueron en la Latinidad, de
que llegó à ser Maestro, y Cathedratico. Florecia entonces España en el
importante estudio de la lengua griega. Morales salió en ella tan docto,
que siendo mozo (como el mismo
refiere [1].) trasladó de Griego en

6 Esto lo usaba no solo en los
libros que escribió, sino en los de
cuentas de la Administracion que
tuvo en los Hospitales de la Puente
del Arzobispo, de que luego habla-
remos. La empresa que tomó, se
hizo en la misma oficina de la presencia de la eternidad: pues en algunos de los libros de que usaba, pu-

Castellano la Tabla de Cebes.

5 Entre estos egercicios no estaban sus potencias ociosas en el fin
principal: porque la nobleza de su
nacimiento, la buena educacion de
los Padres, y la claridad de sus potencias, sacaron un Joven muy dis-
puesto para egercicios de literatura
y de virtud. Desde muy mozo se esmeró en particulares devociones, entre las quales sobresalieron las que
tuvo al Martir S. Ermenegildo, y al
Patriarca S. Domingo, à quienes despues correspondió con obras en el
publico. Sus libros respiran bondad,
candor, y el buen conjunto de pren-
das en que se crió. Descubren desde la primera hoja quan viva tuvo
la fé del principio y fin de nuestras
obras, para cuya firmeza grabó en
el principio y fin de sus libros el principio y fin de todo, poniendo el dulce nombre de IHS. con el Alfa y
Omega, y la expresion, HINC
PRINCIPIUM : HUC REFER
EXITUM. Aprobandola con la confesion de A TE PRINCIPIUM.
TIBI DESINET. El amor al dulce nombre le dejó descifrado con
los versos que le hizo, dignos de
estamparse en nuestros corazones:

Dulce mihi nihil esse precor, si nomen JESU
Dulce absit, cum sit hoc sine dulce nihil.

so la marca de *Tiempo fue*, *que tiempo no fue*, avivando la memoria de
lo que no será, con la expresion de
lo que no fue, para fijarse en lo
que ni empezó, ni acabará. Otra empresa mas desconocida, y no menos
espiritual, fue la de ADJICIENTUR,
que ponia de su mano en algunos
libros, y la usaba de impresion por
me-

(1) Obras de Fernan Perez, fol. 253. b.

medio de una targeta ovalar, que al rededor tiene ADJICIENTUR, y dentro dos cuervos con rosca y pan en el pico, y otros dos con carnes, bajando todos de arriba abajo (como verás al fin del Tomo 1. antes y despues de la Tabla, y al principio y fin de las Obras de S. Eulogio, &c.) Yo entiendo esto con alusion à dos textos de la Escritura, uno del Nuevo Testamento, y otro del Viejo. El primero es, *Quærite primum regnum Dei, & justitiam ejus, & hæc omnia ADJICIENTUR vobis* (*Matth. 6. 33.*) donde trata del desprendimiento de bienes temporales. El segundo texto es el de Elías, à quien los cuervos traïan pan y carnes por mañana y tarde (*Reg. 3. c. 17.*) De aqui tomó Morales el cuerpo de la empresa, figurada de cuervos con pan y carne: y la animó con el ADJICIENTUR del Evangelio, tomando sola esta voz, para dar al simbolo mayor émphasis, y à nosotros ocasion de inferir, que entre sus atenciones fió el ánimo en la solicitud del Reyno de los Cielos, sin fatigarle por bienes temporales.

TOMA ESTADO DE RELIGIOSO.

7 Agitado de estas verdades eternas desde su mocedad, y confiriendolas con la vanidad de todo lo que se acaba, escogió la mejor parte, resolviendo despreciar y apartarse del mundo, para caminar con menos riesgo al gozo eterno. Andaba ya en edad de 19. años, y deseando emplear el resto de su vida en continuo egercicio de virtudes, abrazó el estado Religioso, entrando

en el de S. Geronimo de *Valparaiso*, junto à Cordoba, de quien el mismo Autor [1] dice corresponder al nombre de *Paraiso*, asi para los ojos por la amenidad, como para las almas por la gran religion del Monasterio. Enamorado pues de aquella santa vida, dejó la casa de sus padres, y entró en Valparaiso. La renuncia del mundo fue tan general, que ni mantuvo el nombre de la familia, anteponiendo el apellido de la dulce memoria *de S. Paula*, por acomodarse al estilo de esta sagrada Religion, donde es lo mas comun olvidar el apellido del mundo, y escoger el de la patria, ù de algun *Santo*, que no dando motivo à blasonar, baste para ser conocido. Nuestro Joven acaso despreció humilde el *de Cordoba*, por hallarse entre los mas esclarecidos de España, y escogió el que pudiese estimularle al mayor desprecio del mundo por el varonil aliento de S. Paula.

8 Vistió el Santo Habito en el dia 28. de Junio del año *mil quinientos y treinta y dos* : y habiendo cumplido el año de noviciado à satisfaccion de aquella santa Comunidad, le dió la profesion el R. P. Prior Fr. Valentin de Baeza en 29. de Junio, dia de S. Pedro y S. Pablo, año de 1533. segun consta por la misma profesion, que persevera original en pergamino entre las demas del mismo Monasterio, cuyo tenor me remitió (por intervencion del Sr. D. Antonio Caballero y Gongora, Lectoral de la Santa Iglesia de Cordoba) el R. P. Prior Fr. Fernando de S. Maria, con otras memorias del mismo Fr. Ambrosio, autorizadas por el Secre-

(1) Cordoba, fol. 109. b.

cretario del Capitulo Fr. Francisco de S. Agustin, en la forma que perseveran en los Protocólos del Archivo. La Carta de profesion dice asi : *Yo Fr. Ambrosio de S. Paula hago profesion, y prometo obediencia à Dios, y à S. Maria, y à Nro. P. S. Hyeronimo, y à vos el Rdo. P. Fr. Valentin de Baeza, Prior deste Monesterio de Nro. P. San Hyeronimo de Cordoba, y à vuestros subcesores, de vivir sin propio y en castidad, segun la Regla de Sant Augustin hasta la muerte. En testimonio de lo qual firmé esta letra de mi nombre, que es hecha en este dicho Monesterio a veinte y nueve dias de Junio dia de los gloriosos Apostoles San Pedro y San Pablo, año de nuestro Redemptor de mil y quinientos y treinta y tres años. Fr. Ambrosio de Santa Paula.*

9 Esta es la profesion: y aunque no suena aqui *Morales*, es el mismo de que hablamos, como justifican otros documentos del Archivo de aquel Monasterio, uno es el libro donde iban escribiendo los Religiosos que profesaban alli desde el Venerable Fundador Fr. Vasco, hasta el de 1575. ultimo de los incluidos en aquel libro: segun lo qual acabó de escribirse quando vivia en su mayor auge Ambrosio de Morales, y por tanto merece todo credito como dictado por Coetaneo de la misma casa. Este fue Fr. Andrés de Valparaíso, que apuntó los sucesos de nuestro Chronista, y le nombra *Fr. Ambrosio de S. Paula, ò de Morales*, y refiere lo que luego pondremos. Otro es el libro del Protocólo segundo fol. 87. b. donde hay esta partida. ,, Fr. Ambrosio de S. Paula ,, ò de Morales, tomó el habito y pro- ,, fesó junto con el antecedente. Es-

,, te es Ambrosio de Morales el Co- ,, ronista del Emperador Carlos Quin- ,, to. Su Vida la cuenta Fr. Andrés ,, de Valparaíso: fue notable, y alli ,, se puede vér. Tiene Carta de Pro- ,, fesion escrita en pergamino, y con ,, señal, 8. Otro documento es la Escritura del Testamento otorgado antes de profesar, en 6. de Junio del 1533. ante Juan Rodriguez de Trugillo, Escribano publico de Cordoba, donde se dice hijo del Doctor Morales, y manda al Monasterio la tercera parte de la herencia que tuvo de su tio el Maestro Oliva, para cubrir de azulejos los antepechos del claustro, y barandas de los terrados, y si sobrare algo, pintar las puertas del Capitulo. Persevera esta Escritura en la Caja X. num. 22. legajo 6. de Testamentos, y sin duda por él escribió el P. Valparaíso en la noticia de Ambrosio de Morales la clausula siguiente: ,, Este Padre quando ,, hizo profesion, mandó à este Mo- ,, nesterio quarenta mil maravedis ,, para gasto de las obras, con tal ,, condicion que rogasen à Dios por ,, el anima del Maestro Oliva su tio, que se los dejó. Consta pues que Fr. Ambrosio de S. Paula es el mismo Morales de quien vamos hablando.

10 La noticia de su estado Religioso llegó à oídos de Jacobo Augusto Thuano, ilustre Escritor de Francia, que la puso al fin de su libro 99. pero desfigurada: pues le atribuyó el instituto Dominicano en lugar del Geronimiano. D. Nicolás Antonio no se atrevió à referirlo mas que condicionalmente, *si no fue falso el rumor* que llegó à los oídos de Thuano. Pero consta haber sido falso, por lo dicho, y lo que se dirá. Lo

cier-

cierto fue lo que uno y otro añaden acerca de una estraña resolucion tomada por el Joven, amante de la castidad, pero imprudente en el medio para el fin, pues la raíz del pecado contrario no estriva en lo exterior, contra quien agitado de un ímpetu vehemente de amor à la pureza, descargó tan vehemente golpe, que no le dejó muestra de sexo varonil. Esto lo refiere con particulares circunstancias el libro antiguo que dijimos escrito en vida del mismo Ambrosio, al fol. 49. b. donde hay una partida que se repite en el Protocólo tercero al fol. 73. b. y ambas dicen asi:

11 „ Fr. Ambrosio de S. Paula, „ ò de Morales: dióle la profesion el „ mesmo Prior, el mesmo dia y año „ que à el precedente. Tomó el Abi„ to en veinte y ocho de Junio de „ mil quinientos treinta y dos: dióle „ la profesion el P. Fr. Valentin de „ Baeza en veinte y nueve de Junio „ dia de los Apostoles S. Pedro y S. „ Pablo de mil quinientos treinta y „ tres. Este siendo nuevo por orde„ nar, y morando en una Celda que „ está antes de la Celda grande, que „ solia ser de los Priores, dió en una „ diabolica tentacion, y se cortó los „ miembros viriles totalmente, que „ quedó tan raso como la palma de „ la mano, y quiso Dios, que al „ tiempo del cortar, con el dolor, dió „ un grito, y como lo oyese el P. „ Fr. Geronimo de Andujar, que „ pasaba por alli acaso, llegó à la „ Celda, y entrando dentro, hallólo „ tendido en el suelo, manando san„ gre de él, como agua de una Fuen„ te, y tapólo luego con un paño „ grande, y quemaron un sombrero „ de Fieltro, y con las cenizas de él

„ le polvorizaron toda la llaga, y asi „ restañó la sangre. Y despues Maes„ tre Luis, Medico de Cordoba, y „ padre del P. Fr. Luis de Cordoba, „ que agora vive (digo que vive el „ Frayle) le cauterizo con fuego la „ llaga sobre las cenizas, que alli es„ taban hechas costra, ca no se atre„ vió à las quitar, por temor que „ la sangre volvería de nuevo à cor„ rer. Despues acabo de poco tiem„ po dejó el Abito, y se ordenó en „ el siglo, y se fue à Alcalá de He„ nares, y estudió muy bien, y fue „ Coronista del Emperador Carlos „ Quinto, nuestro Señor, y vive aun „ agora en Alcalá.

12 Aqui ves las particularidades de la Celda en que vivia: de que esto fue antes de ordenarse: del sugeto que acudió: del medio y Medico con que le curaron: que poco despues dejó el habito, y se ordenó en el siglo, y que vivía actualmente en Alcalá. En vista de no mencionarse el padre en la curacion, y que murió à los dos años despues de profesar el hijo (en el 1535.) podemos recelar que el suceso fue despues de aquel año, pero cerca, pues la referida clausula dice, que todavia *era nuevo por ordenar* (como quien en el expresado año no tenia mas que 21. de edad, y dos de profesion) En un Ms. remitido de Cordoba, me dicen citando otro del P. Roa, que sabiendo el Padre aquel caso, entró en casa diciendo à su muger : *Loco yo, y loca tu, que habiamos de tener, sino un loco?* y que mientras el iba al Convento, quemasen un sombrero, y restañasen con las cenizas la sangre. La memoria referida es mas antigua, y atribuye la curacion à otro

otro Medico , sin nombrar al padre.

13 El dejar el Habito (que otros dicen le quitaron [1]) pedia alguna mas razon de como fue, por no parecer motivo suficiente para anular la profesion el referido hecho. Mas el efecto califica que salió de la Religion : pues vivió en Alcalá en trage de Clerigo secular , obtenida (como supongo) licencia de la Sede Apostolica para mudar estado , y dispensa de la irregularidad en que incurrió. Un Ms. de Cordoba escrito por el Cura de S. Marina , llamado Rebolledo , [2] refiere que despues de la curacion resolvió ir à Roma , y que en efecto al pasar desde la Barca al Navio , se cayó en el agua : pero libre del peligro por beneficio de los Marineros y providencia divina , que le guardaba para mayores merecimientos , en lugar de proseguir , dejó el viage. Tengo por segura esta noticia , y no dudo que à esto alude el caso milagroso que refiere de si mismo , declarando haber sido en el *Puerto de S. Maria,* donde dice, que ,, siendo mo-,, zo caí en la mar, en hondo de dos ,, picas , y mas de quatro lejos de ,, tierra. No sé nadar , y estaba muy ,, envuelto en mi capa. Al sumir-,, me la primera y la segunda vez ,, siempre me persinaba y llamaba à ,, Dios en mi ayuda, y à este glorioso ,, Principe (S. Ermenegildo) para la ,, salvacion del alma , que de la vi-

,, da no habia ya para que tener cui-,, dado. Plugo à Dios que salí, atinan-,, do à asirme de un palo , que des-,, de un Navio me echó un marine-,, ro, y era tan corto, que midiendolo ,, despues , no alcanzaba al agua. Y ,, no perdí la capa , ni me desen-,, volví della. Yo creo cierto fue ,, nuestro Señor servido ponerme en ,, aquel peligro para que cobrase ,, miedo à la mar , y dejase por él, ,, como degé , *un viage,* que embar-,, candome en aquel navio queria hacer. Este viage era el citado de Roma : pero hizo estudio de no declarar nada que aludiese à los casos referidos.

SALE DE LA RELIGION, *y enseña Humanidad en Alcalá.*

14 DEjando el viaje de Roma, tomó el de la Corte de España, donde le favorecieron mucho los Grandes Señores , y allanados estorvos , quedó habil para el Presbiterado , y para conversar en el siglo en trage de Clerigo secular. Esto me trae à la memoria un caso que sucedió por entonces en Portugal con el insigne Andrés Resende , que siendo Religioso profeso del Orden de S. Domingo , dejó el habito , y vivió en trage de Clerigo y casa secular , con licencia del Papa , y de los Prelados , [3] à fin que las ocupaciones del Claustro no le estorvasen

---

(1) A sodalibus Ordine motus est. *Thuan. ubi supra.* Inter Dominicanos sodales nomen dederit. Unde tamen abscedere opus habuit in pœnam voluntarii eunuchisimi. *Nic. Ant.* (2) *Apuntamientos remitidos de Cordoba.*
(3) *Dominicani instituti habitum bona cum Pontificis & Præpositorum venia justis de causis in sacerdotalem commutavit.* Echard Script. Ordin. Prædic.

sen la asistencia al Palacio para instruccion de los Infantes. El Rey D. Juan III. sacó esta licencia del Papa : [1] y à este modo facilitó Morales la suya despues del referido caso : aunque ni uno ni otro dejaron la vida religiosa , portandose como muy observantes : pero desde entonces en ninguno volvió à sonar el estado que habian profesado , ni el titulo de Fray , ù de Frayles.

El estado de Presbitero en nuestro Chronista le declara el mismo al hablar de S. Hermenegildo , y de su carcel , que se venera en Sevilla, donde expresa , que dijo algunas Misas. La principal residencia fue en la Universidad de Alcalá , donde obtuvo Cathedra de Humanidad , y floreció en ella con tanta celebridad, como publicó la fama de su nombre, y el P. Valparaíso lo testifica en continuacion de la partida alegada en el num. 11. la qual prosigue asi : ,, Y vive aún agora en Alcalá, ,, y ha aprovechado alli mucho con ,, su buena doctrina y enseñanza, ,, especialmente à Señores muy prin-,, cipales, hijos de Duques , Condes, ,, y Marqueses , que en su casa ha ,, tenido en pupilage , y leído , y en-,, señado letras , y buena crianza, y ,, costumbres. Su Padre se llamó el ,, Doctor Morales, que fue muy docto ,, en Medicina, y está sepultado aqui ,, en este Monesterio , junto à la Pi-,, la blanca del Claustro , como se ,, demuestra por los metros que es-,, tan en la pared del Claustro en ,, unas losas blancas, los quales hi-,, zo, y mandó poner alli este su hijo. ,, Su madre se llamó Mencia de Oliva, ,, y quando enviudó se metió Monja ,, en S. Clara. Eran naturales de Cor-,, doba : tiene agora vivo en Cordoba ,, un hermano, que es el Doctor Au-,, gustin de Oliva, gran Medico , y un ,, hijo de éste, llamado Geronimo de ,, Morales, que es Licenciado , es al ,, presente Medico de este Convento.

15   La muerte del Padre fue en el año de 1535. como refiere el Epitafio , digno de ponerse delante, por ser obra del hijo , que le estampó al fin de las Antiguedades , fol. 116. b. en esta forma:

DEO   OPT.   MAX.   S.

ANTONIUS MORALES CORDUBEN. HONESTO. ET UNDIQUAQUE PROBATISS. GENERE OR-TUS , MEDICINAE DOCTOR PRAESTANTISS. QUEM PLANGUNT PAUPERES , INCLAMANT DIVITES , ET TOTA PENE BAETICA ADEMP-TUM LUGET. H. S. E.
OBIIT ANN. SALUTIS M. D. XXXV.
AETATIS   LXVI.
HOC TIBI , CHARE PATER , NATUS CUM CARMINE SAXUM DAT , CAECA OBSCURUS NE TEGERERIS HUMO. NIL MAIUS POTUIT PIETAS , PERCULSA DOLORE, QUOD DEDIT HAEC MERITIS INFERIORA TUIS.

Lue-

(1) *Diego Barbosa Machado* , Bibl. Lusit. Tom. 1. pag. 162.

16 Luego que la madre enviudó, se metió Monja en el Convento de S. Clara, como refiere la memoria. Con esto quedó el hijo desprendido de los cuidados de su casa, para darse al de la virtud, letras, y desempeño de la Cathedra de Rhetorica y Humanidad, que obtuvo en la Universidad de Alcalá: lo que hizo con tanta fama de ciencia, y de buena educacion en los Jovenes, que algunos de los principales Señores de la Corte le entregaban sus hijos, como apunta la memoria referida: y digo *algunos* de los Señores, porque en los mas habia la desgracia referida por el mismo Morales, [1] de que en tales casas era mejor ser Halcon, que hijo: porque para aquel se buscaba el mejor Maestro, sin reparar en gastos: para éste el que le hiciese menor. Con aquel era mucha la comunicacion, regalos, y cuidado del adelantamiento del pajaro: con este bastaba decirse que le habia.

17 Las Obras de Morales nos refieren algunos de sus Discipulos. En las Antiguedades (fol. 10.) refiere al Excelentisimo Sr. *D. Diego de Guevara* (Gentil-hombre de Camara de los Principes Rodolpho y Ernesto) llorando lo mucho que en el perdió, y cantando sus raras excelencias con estilo el mas alto de su eloqüencia. ,, Yo (dice) le dí la leche en la gram-,, matica, yo le mecí, y le arrullé en ,, la cuna de la poesia, y le encaminé ,, los primeros pasitos y el menear los ,, pies en la eloqüencia, &c. Mereció tambien instruir en la grammatica à D. Juan de Austria, hijo del Empe-

rador.Carlos V. [2] por lo que el mismo Morales dijo, hablando con él, ,, haciendome V. Alteza,como siem-,, pre me hace merced de tenerme ,, por su Maestro, aunque haya sido ,, tan poco lo que yo en esto le ser-,, ví &c. [3] El Em. Cardenal Don Bernardo de Rojas, Arzobispo de Toledo, quedó tan reconocido à este Maestro, que mandó à los Testamentarios poner en mejor forma el Sepulcro de Morales à su costa,como veremos despues al hablar del Sepulcro, num. 51. D.Nicolás Antonio añade otros muy ilustres Señores à quienes enseñó: esto es à D. Francisco Scribá, Valenciano, y D. Pedro de Alaba y Beaumont. El mismo Morales se preció con razon de haber sido Maestro del insigne Fr. Alfonso *Chacon*, Dominicano, Escritor de las Vidas de los Papas, y del Licenciado Juan Fernandez *Franco*, ambos tan bien labrados en la oficina de Morales,que brillaron luego mucho.El Lic. Franco fue Alcalde Mayor del Marquesado del Carpio, tan dado à descifrar Inscripciones y Antiguedades, como muestra un manuscrito del año 1571. (que tengo sobre piedras antiguas) y otro de *Gracurris* (que he visto) Estos contribuyeron mucho à la Obra del Maestro en punto de Antiguedades, como el mismo confiesa en el Discurso general. [4] Otro insigne discipulo mencionó antes Morales en la Carta que escribió à Resende, el qual fue D. *Juan de S. Clemente*, su pariente, que llegó à ser Arzobispo de Santiago, como despues veremos.

Des-

---

(1) Discurso 13. de los 15. que citaremos despues. (2) *Obras de Oliva fol.* 4. *primero.* (3) *Tratado de la* Devisa, *que escribió para el Señor D. Juan de Austria.* (4) *Antigueaades fol.* 9. *b.*

18 Desde que el mismo empezó à sacar fruto de los estudios, tuvo particular inclinacion à la Historia y Antiguedades de España, sobre que sentia en sí impulsos de escribir. ,, Puedo (dice) afirmar de mi con ,, verdad que no me acuerdo de tiem- ,, po ninguno de mi vida, en que ,, comenzase à saber algo de letras ,, de humanidad, que no tuviese jun- ,, tamente este deseo y proposito de ,, escribir la Historia y las Antigue- ,, dades de España. [1] Presagiando asi la inclinacion lo que despues habia de suceder, fue disponiendo materiales para la Obra, y yo tengo un Tomo de à quarto de marca mayor todo original de su mano, empezado (como expresa en la primera hoja) en Setiembre del año 1541. El titulo es : *Memoria Sanctorum, qui orti sunt in Hispania, vel alibi nati, eorum corpora in eadem Provincia seu Regione fœliciter requiescunt. De quibus in Divino Cultu, aut in Ecclesijs Hispaniæ recitatur. His accessere & alij qui licet minime recitentur, non minimam tamen populorum devotionem & sanctitatis nomen & opinionem habent.* (Esta es su misma orthographía.) Abraza el Alphabeto entero, en que distribuyó los nombres de quantos trata, alegando Autores de lo que dice: y consta haber compuesto otros dos volumenes del mismo asunto, pues cita el 2. y el 3. A este modo de lo Sagrado, iría disponiendo materiales para lo profano y civil, pues de todo trató en la Chronica, y en las Antiguedades de España.

19 Ocupado en estos aparatos, huvo un nuevo impulso, por medio de tratar en Toledo à los Embajadores de Italia en el año de 1560. y oirles culpar à los Españoles de no haber hecho Historia de sus antiguedades y sucesos. ,, Entonces(dice) me ,, dispuse de veras en este trabajo, por ,, socorrer à esta necesidad de mi Na- ,, cion, y volver por la honra y au- ,, toridad de nuestra España. Sucedió poco despues, que tratando en Alcalá con Florian de Ocampo (que habia ya publicado sus libros de Historia de España) y oyendole ,, que te- ,, nia escrito todo lo antiguo de Espa- ,, ña hasta los Godos, con las anti- ,, guedades que à esto tocaban, le ,, dige (refiere el mismo) como me ,, habia ahorrado de todo mi tra- ,, bajo, y luego degé todo aquel ,, cuidado, sin pensar mas en escri- ,, bir cosa desto.

20 ,, Duró poco aquella sus- ,, pension : porque muriendo luego ,, Florian, se averiguó que no tenia ,, escrito mas de lo que habia publi- ,, cado,y algun poco del sexto Libro. ,, Y en sus papeles y borradores que ,, yo huve, se parece bien claro, que ,, no habia pasado adelante. Enton- ,, ces volví de nuevo à mi primera re- ,, questa, y sentí mas encendido el ,, deseo de seguirla. Esto fue en el año de 1563. en que confiesa el original referido, que habiendo suspendido aquella obra, la procuró acabar desde el año expresado: *Cessatum verò est usque ad annum 1563. in quo Dei Opt. Max. auspiciis, aut numine, ac Sanctorum ejus meritis, denuo perfiniendum curavi.*

21 Ya habia empezado Zurita à publicar la gran Obra de sus Anales: ya iba recibiendo los reditos con que la emulacion paga el trabajo de los mas

---

(1) *Prologo al Libro 6. de su Chronica.*

mas sobresalientes Escritores , que debiendo ser como los diamantes,pulibles solo por otro , sufren golpes de varios pedernales , atentos unicamente à que se diga lo que pretendieron batir , y no si los golpes son en vano.Asi les sucedió à los impugnadores de Zurita : pues conociendo Morales el fondo de aquella obra , la abrillantó con una Apologia , en que mostró lo menos instruido del mas atrevido Censor. Enviósela no solo al que defendia , sino al impugnado : à este para desengañarle : à aquel para que no descaeciese. Las Cartas à uno y à otro estan ya impresas : [1] tambien la Apologia , y la Respuesta de Zurita : [2] pero siendo esta breve y muy honorifica para nuestro Chronista,queremos producirla: *Muy magnifico Señor. = Porque ni puedo,ni sabré responder à la merced que de Vmd. he recibido,en tomar tan de proposito la defensa de mis libros y de su verdad y credito , lo dejaré para hacello con mas estudio: pues aunque en ello se emplee todo mi caudal , y el de mis amigos , y valedores , no bastaré con gran parte à satisfacer à lo menos que en esto quedo obligado , por el cuidado que Vmd. ha tenido , que mi verdad no fuese tan maltratada,por un hombre tan ignorante y atrevido como es este. Porque puesto que las gentes se iban a desengañando , y conocen bien à este hombre ; por lo que habia labrado su malicia entre los que no se acaban de desengañar , tenian estos mis libros harta necesidad de que los amparase una persona de tantas letras , y de un juicio tan excelente y libre , y con esto de tanta caridad que se doliese de la* sujecion en que estan, no digo mis libros, que valen poco , pero los que lo valen y merecen. De mi digo ciertamente , que ni pudiera desear mayor venganza , ni otra satisfaccion, que el testimonio y autoridad de lo que à Vmd. ha parecido. Aunque como digo , estos Señores lo iban entendiendo con el parecer que los dias pasados dió el Señor Doctor Paez,à quien se habia remitido, de lo qual, y de lo que sobre ello se proveyere, avisaré à Vmd. mas largamente, y me iré à besar à Vmd. las manos , è informar mas en particular , pues agora no lo puedo hacer con el cumplimiento que yo deseo. Nuestro Señor guarde , y prospere la muy magnifica persona de Vmd. con el acrecentamiento de estado que merece. De Madrid à XXIIII. de Noviembre de M. D. LXIIII. Besa las manos de Vmd. su muy cierto Servidor: Geronimo de Zurita.*

22 Hallabase ya Morales con titulo de Chronista , pues la Memoria alegada en el num. 11. dice que lo fue del Emperador Carlos V. no porque à la sazon escribiese , sino por poderlo hacer , y porque entonces honraban los Reyes à las personas mas distinguidas con el titulo de sus Chronistas : [3] por lo que le hallamos à un mismo tiempo en diversas personas : pues de Carlos V. lo fueron el Ilmo. Guevara , el celebre Pedro Mexia , y el insigne Juan Gines de Sepulveda,(paisano y coetaneo de Morales) D. Lorenzo de Padilla, Florian de Ocampo, y otros. El Rey Phelipe II. dió el mismo titulo al grande amigo de Morales [4] el Esclarecido Arias Montano , sin que escribiese Chronicas : [5] al Doctor Juan

(1) *Dormer Progres. pag.* 130. *y* 134. (2) *Tomo* 6. *de Zurita.* (3) *Gil Gonzalez , Grandezas de Madrid , Tit. de* Coronistas , *pag.* 330. (4) *Morales Prol. del lib.* 11.*fol.* 10. *b.* (5) *Gil Gonz. Alli.*

Juan Paez de Castro, y à otros. A nuestro Morales le nombraba con el mismo dictado (*nuestro Coronista*) y Morales le usaba en la cabeza de sus Obras, como ellas testifican, desayrando al P. Nieremberg, quando dijo, que *Morales fue Coronista del Reyno, y no del Rey*: [1] pues solo con abrir la portada de sus Libros, vería como se intitulaba Coronista *del Rey*, y no del Reyno: y en las licencias y privilegios le publicaba el Monarca su Coronista.

EMPIEZA MORALES A ESCRIBIR sus Chronicas.

23 HOnrado ya con aquel titulo, y dispuestos los materiales para tan grande fabrica, tuvo à bien edificar sobre los fundamentos de los cinco Libros escritos por Florian de Ocampo, asi por la fama que se habia conciliado, como por el amor y respeto que profesó al Autor. No estaban por entonces conocidas como ficciones las noticias publicadas bajo el nombre de Beroso: eran pocas è inciertas las de la Historia antigua: y no pudiendo Morales mejorarlas, cedió à Ocampo la gloria, que habia conseguido, sin quitarle lo que sobraba. Asi dice, que sí le hubieran dado eleccion del principio de su Obra, no huviera escogido otro, que donde Ocampo lo dejó, (esto es, desde el año doscientos y diez antes de Christo) por quanto desde entonces amanecen las luces de la Historia Romana, desterrando la noche del tiempo mas obscuro. En cinco Libros repartió la Historia de España, desde los Ro-

manos à los Godos. (que son el sexto y decimo) Los dos siguientes incluyen el Reyno de los Godos hasta la entrada de los Arabes: y unos y otros forman los dos Tomos primeros de su Chronica: y para no distraerse en ellos sobre averiguaciones de las cosas antiguas de Ciudades, escribió aparte un Libro de Antiguedades: todos los tres en folio.

24 Estando componiendo esta Obra, andaba la piedad del Rey D. Phelipe II. muy empeñada en trasladar à Alcalá las Reliquias de sus gloriosos Martyres *Justo y Pastor*, cuyo piadoso deseo fue cumplido (despues de muchos pasos) en principios del *año* 1568. y como Morales se hallaba alli Cathedratico de Rhetorica, devotisimo de los Santos Niños, egercitó el empleo de Chronista, escribiendo su vida y traslaciones en un Tomo *de à quarto*, que imprimió alli en el mismo año en casa de Andres de Angulo, à costa de Blas de Robles, dedicandole Morales al Señor D. Juan de Austria. Incluye demas de la Vida de los Santos el proceso, aparatos, y fiestas de la entrada con los Certamenes, en uno de los quales nombraron Juez à Morales con este elogio: *Ambrosius de Morales, Regius historicus, rarum Cordubæ patriæ suæ decus & splendor, qui ob singularem pietatem in Justi & Pastoris solemniis, & cura & impensis declaratam, ob ingenium etiam & doctrinam admirabilem, qua hujus Academiæ nomen ubique notum ac celebre Musarum cultoribus effecit, hujus certaminis delectus est judex*. Este libro se le envió Morales à Resende en el año de 1570. en cuyo dia 30. de Enero firmó

(1) *Juan Eusebio Nieremberg, Corona virtuosa, fol.* 289.

mó la Carta , que se imprimió en el Tomo 2. de la *Hispania Illustrata,* pag. 1021.

25 Murió por entonces otro Chronista llamado el Doctor *Juan Paez de Castro* , cerca de S. Bartholomé de Lupiana , donde tenia que pasar un Consejero , llamado el Doctor Gasca , para asistir al Capitulo General de los Padres Geronimos, y el Rey combinando esto (segun era prudente) mandó à dicho Consejero , que llevase consigo al Chronista Ambrosio de Morales , para inventariar y guardar todos los Papeles del Doctor Paez , y que Morales reconociese su Libreria , inventariandola, y apartase los Libros que pudiesen servir para la de S. Lorenzo , como consta por la misma Real Cedula, que dice asi : *El Rey.* = *Doctor Gasca, del nuestro Consejo: Porque habemos sido informado , que el Doctor Juan Paez , nuestro Coronista , es fallecido , y conviene que la Coronica que el escribia , y los papeles tocantes à esto que el tenia, se guarden à buen recaudo , habiendo vos de ir al Capitulo General de la Orden de S. Geronimo , que se celebra en el Monasterio de S. Bartholomé de Lupiana en este mes de Abril , y siendo el lugar donde el dicho Juan Paez residia cerca del camino por donde habeis de pasar, os mandamos que vais allá, ò à la vuelta , llevando con vos à Ambrosio de Morales nuestro Coronista , que reside en la Universidad de Alcalá , y hagais inventariar ante Escribano todos los papeles tocantes à la dicha Coronica, y los demas que convienen guardarse , y los tomeis en vos , y tengais à buen recaudo , para hacer dellos lo que por Nos os fuere mandado. Y ansi mismo se nos ha hecho relacion , que el dicho Doctor tenia buena libreria , hareis que el dicho Ambrosio de Morales la vea , y se inventarie , para que habiendo algunos libros que puedan servir para la del Monasterio de S. Lorenzo el Real , se puedan comprar , los quales señalará , y apartará el dicho Ambrosio de Morales , y avisarnos heis de lo que en lo uno y en lo otro hovieredes hecho, que en ello me servireis. De Cordoba à X. de Abril de M.D.LXX. años. YO EL REY. Por mandado de su Magestad , Martin Gaztelu.* Este es el primer viage literario que el Rey fió à la diligencia de Morales , por la mucha satisfacion que del tenia ; y luego le dió orden para otros.

26 En el año siguiente (1571.) tenia ya el Rey el Codice Albeldense de Concilios, que le dió el Conde de Buendia. El Rey le mandó entregar à Morales para que expusiese su dictamen sobre la utilidad y contenido del libro , como lo hizo , y se ve en tres manuscripto : *Judicium Ambrosii de Morales de hoc grandiore manuscripto sacrorum Conciliorum volumine , quo Regii hujus Cœnobii S. Laurentii Bibliotheca insignitur* = *Codex profecto est multis de causis magnificandus, &c.*

27 Ya tenia por entonces escrita la Chronica , desde que acabó Ocampo , hasta D. Rodrigo , con el libro de las Antiguedades , pues asi lo afirma en la citada Carta à Resende, firmada en 30. de Enero de 1570. y en el Tomo 2. confiesa que estaba escribiendo el martirio de S. Hermenegildo en el año de 1569. como repite en los fol. 79. y 80. Con todo eso no imprimió por entonces aquellas Obras, acaso por no tenerlas con la ultima mano: ni las presentó al Consejo para la censura hasta Marzo del 1572.

Des-

28 Desde que las andaba concluyendo tenía también hecho propósito de pasar en Romería à Santiago, mientras reconocían los originales: y como por entonces le tragesen al Rey una Relación de las Reliquias, Sepulcros Reales, y Libros antiguos, que había en la Santa Iglesia de Oviedo, resolvió S. M. que la viese el Chronista, y diese su díctamen, como lo hizo: y en el Escorial persevera original en un libro en folio de varios papeles el siguiente: *Parecer de Morales acerca de las Reliquias y Libros de Oviedo.* De resulta expidió el Rey la Cedula por donde empieza este Libro, en que le mandó pasase de su Real orden à los Reynos de Leon, Galicia, y Principado de Asturias, à reconocer las Reliquias, Sepulcros de personas Reales, y Libros antiguos que había en las Iglesias, y Monasterios de aquellos Reynos. Demas de esto escribió el Secretario Gracian al Regente del Reyno de Galicia de parte del Rey la Carta que imprimió Gil Gonzalez, [1] donde à nuestro Escritor el tratamiento de *el Señor Ambrosio de Morales.* El Chronista desempeñó la confianza con que el Rey le honró, saliendo de Alcalá en Junio del 1572. y concluyendo su expedicion en Febrero del año siguiente. Dia 1. de Marzo tuvo el honor de besar la mano à S. M. y referirle en compendio su viage. Entregó el ultimo quaderno al Secretario Gracian en 20. de Noviembre del 1573. como el mismo refiere al fin del libro presente, que teniendo ya casi docientos años de edad, nace ahora para el publico.

29 Mientras Morales andaba en este Viage, vieron, y aprobaron con elogio los siete Libros de su Chronica el esclarecido Geronimo de Zurita, y el Maestro Fr. Juan de la Vega, Trinitario, à quien el Consejo encomendó la censura: al primero para lo concerniente à la Historia Civil: al segundo para la Eclesiastica. Ambos firmaron su aprobacion en Noviembre del 1572. Pero vuelto Morales con mucho adelantamiento de noticias, (por lo que había reconocido en lugares y Escrituras de los citados Reynos) tuvo que acrecentar mucho à los originales, como el mismo confiesa en el Proemio del libro undecimo: y aunque no lo confesára, consta por las mismas noticias que refiere desde el Tratado de las cosas de Santiago. De suerte que los dos primeros Tomos se escribieron en el fondo principal antes del 1572. pero despues, en todo lo que supone este Viage. A 8. de Agosto del 1573. le dió el Consejo licencia para la impresion: y el Rey Privilegio por diez años desde el 29. del mismo mes. El primer Tomo estaba ya impreso en Setiembre del siguiente 1574. en Alcalá por Juan Iñiguez de Lequerica, pues en el dia 28. se firmó la tasa.

30 Antes de salir à su Viage tenia ya acabada por Noviembre del 1572. otra excelente Obra, en que ilustró las del glorioso Martir S. Eulogio. Estas fueron descubiertas por el Illmo. D. Pedro Ponce de Leon, Obispo de Plasencia, Inquisidor General, diligentísimo en buscar manuscritos antiguos de los Santos de España, y feliz en sacar este de la Santa Iglesia de Oviedo para utilidad de to-

(1) *Gil Gonz. en la Iglesia de Santiago, pag. 98.*

todas. Entregó el Codice à nuestro Chronista, para que le ilustrase con los Escolios y Notas, que estaba ya formando en el año de 1571. (como expresa al fin del libro 1.) y todo se hizo como proprio de Cordoba, por el Señor Inquisidor, por el Comentador, y por el Santo, y Santos de que trata, un Martir de otros Martires, y todos Cordobeses. El Illmo. queria publicar la Obra à su costa, y en efecto fue presentada al Consejo en nombre suyo, y aprobada por el Abad de Huerta Fr. Luis de Estrada, y por Geronimo Zurita. El Inquisidor tenia ya hecha la Dedicatoria al Rey D. Phelipe II. pero dilatandose algo la impresion, falleció el Illmo. en 19. de Enero del 1573. sin dejar prevenida cosa alguna en el Testamento acerca del asunto, y sin atreverse los Testamentarios à costear la impresion: pero cedieron à Morales el derecho y poder del Illmo. Con esto quedó para Morales toda la gloria, no solo de la ilustracion por las Notas, sino de la publicacion y las expensas. Asi lo publica el mismo al principio del libro, y el Rey en el Privilegio, de que no tomó razon el Analista de Plasencia, que etró en decir haberse impreso à costa de la hacienda del difunto: lo que no fue asi, como convence el mismo libro. Añadió Morales varias piezas muy correspondientes à las de S. Eulogio, por ser de otros Martires de Cordoba, las que descubrió por diligencia propria, y tambien ilustró con Advertencias. Al fin puso otro Tratado de *Cordoba*, diverso del que escribió en las *Antiguedades* de la Chronica. Estos aditamentos

los dedicó al Señor Obispo de Tlaxcala D. Antonio Morales, su sobrino. Empezó la impresion despues del 13. de Julio del 1573. en que está firmada la licencia: y en 18. de Marzo del siguiente la tenia concluida el referido Impresor, recibiendo entonces la tasa y licencia para la venta. De suerte que las Obras de S. Eulogio se publicaron antes que la Chronica. (Prol. à la 3.p.)

31 Ya digimos que el difunto Obispo de Plasencia habia sido diligentisimo en recoger Codices antiguos. El Rey no lo era menos en valerse de las ocasiones con que poder llenar la Bibliotheca de su Real Monasterio de S. Lorenzo, cuya fabrica iba ya promediada: y viendo tan oportuna ocasion de la Libreria que dejó el Señor Obispo, envió à Plasencia à su Chronista Morales, para que le tragese quantos manuscritos fuesen dignos de colocarse en aquella Real Biblioteca del Escorial. Uno muy señalado fue el Codice *Emilianense* de Concilios, [1] que hasta hoy persevera: y yo tengo entre mis Mss. el *Indice*, que formó de lo contenido en aquel Codice. Esto no fue antes del 1573. en que falleció el Illmo. y es el tercer viage que el Rey le encomendó.

32 El Libro de las *Antiguedades* se imprimió en el 1575. en la misma casa que el de S. Eulogio: pero no se publicó hasta acabado el Tomo segundo de la Chronica, que fue en Abril del 1577. y à 10. de Junio le tasaron los dos Tomos de Antiguedades y Chronica. Al fin de este Tomo segundo imprimió un Poema Latino en verso heroyco, compues-

¶¶¶2   to

(1) *Morales, Prologo al Tomo 2. fol.* 12.

to de mas de setecientos versos exa-
metros , en que cantó las glorias de
su ilustre Patron *S. Ermenegildo,*
desahogando la devocion que desde
mozo le tuvo , y procurando corresponder à los beneficios recibidos.
Acabó aquella Obra en Alcalá à 7.
de Diciembre (dia de S. Ambrosio,
Titular del Colegio donde enseña el
Cathedratico de Rhetorica) año de
1576. (en que tenia ya 62. de su
edad) y en Abril del 1577. ya la tenia impresa. En el siguiente de 1578.
salió reimpreso el Tomo de Ocampo , à costa de Diego Martinez, Mer-
cader de Libros , à quien Morales cedió el Privilegio, que sacó , por ser
los Libros ya raros , y suponerlos el
que los continuó.

33   Quando escribió los Tomos
referidos no tenia pensamiento de
historiar sucesos del tiempo de los
Moros , como el mismo confiesa : [1]
pero desembarazado de lo mas antiguo , resolvió continuarlo , con fin de
introducir los Martirios de Cordoba , que ya tenia publicados en latin,
y tuvo à bien darlos en lengua vulgar , añadiendo una larga relacion
de lo que sobrevino en Cordoba en
el año de 1575. quando se descubrieron los huesos de los Martires:
sobre lo que alguno podrá contrapo-
ner la censura de Padilla , que reparó en haber llamado Morales *Historia Eclesiastica de España* à su Chronica desde el Capitulo 1. del Libro
9. siendo mas copioso lo profano.
Aqui es mas lo Eclesiastico , y no
poco lo que ni por el tiempo , ni por
la materia corresponde à la Chronica Civil: pero como unió las dos
materias , se le puede condonar no

omitiese lo que otros podrian sepa-
rar. Sobre esto escribió cinco Libros , desde el XIII. al XVII. inclu-
yendo lo que huvo desde D. Pelayo
à D. Bermudo III. esto es , desde el
año 714. al de 1037. de suerte que
el Continuador empezase en D. Fernando I. Esta ultima parte de su
Chronica la empezó en Alcalá año
de 1573. y tardó diez años en acabarla : (concluyendola en 21. de
Marzo del 83. à los 70. de su
edad [2]) no porque ella pidiese tan
largo espacio , sino por haberla suspendido, ocupado en otras atenciones , pues por entonces empezó el
cuidado de imprimir y corregir los
Libros precedentes, que duraron desde el mismo año de 1573. hasta el
de 1577.

34   Otra ocupacion provino de
haberse descubierto en S. Pedro de
Cordoba por Noviembre del *año*
1575. un Sepulcro de Martires , de
que fue enviada Relacion al Rey , y
S. M. la dirigió à Morales , para que
diese dictamen, como lo hizo. Libre
de una larga enfermedad , que padeció en Alcalá, pasó à Cordoba por
Marzo del siguiente 1576. [3] y con
la gran diligencia y piedad con que
promovió la causa , fue el principal
Agente y Abogado de los Santos , de
suerte que el Señor Obispo declaró
ser huesos Santos , y lo confirmó el
Concilio Provincial de Toledo, à 22.
de Enero del 1583. como nos refiere
el mismo Chronista en el libro 17.
desde el Capitulo 4. al 12. Gozosa
Cordoba con tan alegres dias , dispuso uno de regocijos publicos, corriendo Toros , pero en el Campo
Santo. Sabiendolo Morales , fue à
bus-

(1)   *Morales, lib.* 15. *cap.* 25.   (2)   *Lib.* 17. *fol.* 331.   (3)   *Lib.* 17. *cap.* 5.

buscar al Diputado de la fiesta, D. Diego de los Rios, y revestido de zelo, le afeó el desacato, de que profanase con espectaculos de fieras el campo de tantos triunfos de la Fé, regado con tan venerable sangre de los Martires. El ardor de un joven noble y rico no pudo contenerse; pero apoyando Dios el santo empeño de Morales, hirió un Toro al Diputado al tiempo del encierro: cesó el festejo, y al otro dia amaneció difunto. [1]

HACENLE VICARIO DE LA Puente del Arzobispo.

35 EL estorvo mayor que contuvo la pluma de Morales en continuar la Chronica, provino de que en el año de 1577. empezó à ser Arzobispo de Toledo el Señor Quiroga, tomando posesion del Arzobispado en su nombre el Señor D. Antonio Mauriño de Pazos, Obispo de Pati (despues de Cordoba) en 23. de Octubre del 1577. Este Señor era muy honrador de Morales: y habiendole preguntado el dictamen que tenia acerca de la Cruz de D. Alfonso el Casto, le respondió nuestro Chronista en latin, diciendo lo que despues imprimió en Castellano lib. 13. cap. 36. donde refiere esto. La mas visible merced, que le hizo el Arzobispo, fue conferirle una de las mas notables Provisiones, pertenecientes à la Dignidad, dandole la Vicaría y Adminis-

tracion de los Hospitales de la *Puente del Arzobispo*, que administró quatro años, desde el 1578. al de 1581. y en ellos confiesa no haber escrito nada. [2] Acerca de esto persevera el libro de Cuentas de aquella Vicaría, en que el mismo Morales escribió por su mano: *Proveyóme el cargo desta Administracion de la Puente del Arzobispo el Illmo. y Rmo. Señor D. Gaspar de Quiroga, Arzobispo de Toledo, primero dia de Diciembre del año de mil y quinientos y setenta y siete: mas no me dió la Provision hasta los quince dias del dicho mes: y tomóse por mí la posesion Lunes veinte y tres del dicho; y estuvo por mi Teniente con mi Poder, el Bachiller Alonso de la Serna, mi predecesor, hasta que yo llegué aqui Lunes veinte y siete de Henero del año siguiente mil è quinientos y setenta y ocho: y tomé el gasto desde el Miercoles siguiente, veinte y nueve del dicho: y lo que hé recivido es lo siguiente.* Esto contribuyó para tardar tanto el concluir la Chronica. Pero ya que suspendió lo historial, no tuvo ociosa la pluma. Entonces escribio los *Discursos*, que despues imprimió con las Obras de su Tio Fernan Perez de Oliva: pues el discurso VIII. le empezó diciendo: ,, En estos pocos años que he ,, sido Juez en la Vicaría de aqui de ,, la Puente del Arzobispo, donde ,, esto escribo, &c. '' y como no vivió alli mas que los quatro años referidos, corresponden aquellos Discursos poco antes del 1581. En aquel tiempo desempeñó el empleo con

(1) *Ms. de Roa.* (2) *Morales, en la Dedicatoria de las Obras de Fernan Perez de Oliva, y al fin del lib. 17. fol. 331. Aviendola comenzado en Alcalá de Henares el año de 1573. y dexado de escrevir en ella los quatro años que estuve en la Vicaria y Administracion de los Hospitales de la Puente del Arzobispo.*

con utilidad de los Hospitales, haciendo deslindar la Dehesa de *Carrizal*, y logrando Decreto de los Señores del Consejo de la Gobernacion en Toledo à 28. de Noviembre del 1580. para que à costa de los Hospitales se hiciese apeamiento de las Casas, Viñas, y Tierras proprias, con reconocimiento de las personas, que tenian dichos bienes, por quanto sin esto resultaban perjuicios, como he visto en copia del Memorial presentado para el efecto. En el mismo año concurrió al Synodo de Toledo, concluido en tres dias, en el 17. de Mayo, y echó otro Memorial sobre si le correspondia alguna ayuda de costa por parte de los Hospitales, ù del Clero, y quanto debia ser, previniendo que en el señalamiento *no se haga estima de su persona, sino se le dé una cosa poca: porque aviendolo de dar el Hospital, ò los Clerigos, ò ambos; de qualquiera manera son bienes de pobres, y será bien relevarlos lo posible.* Tal era su humildad y moderacion! Hallabase ya en 68. años de edad. La continua aplicacion à las letras, el egercicio de la pluma, y lo mucho que debilitan los años por si solos, le tenian enflaquecido, sin poder corresponder al cargo de Vicario: por lo que el esmero de su conciencia le obligó à clamar al Em. Quiroga (ya Cardenal) para que le quitase una carga, cuyo peso le iba à derribar. Hizole (como el dice) la nueva merced de cumplirle el deseo: y en el 1581. se retiró à la Patria: pues en Marzo de 1582. firmó en Cordoba la Dedicatoria que hizo al Cardenal Quiroga de las Obras del Tio Fernan Perez de Oliva, y de algunas

proprias, donde refiere esto. En el año siguiente 1583. acabó en la misma Cordoba la tercera y ultima parte de su Chronica à 21. de Marzo: [1] y esta la dedicó al Obispo de la misma Ciudad el Señor D. Antonio de Pazos, firmando la Dedicatoria à principio de Agosto del 1584. en Cordoba. Pero como pasó tiempo entre acabar la Obra, y escribir la Dedicatoria; tambien tardó en sacar licencia para la impresion, y mas en publicarla: pero mientras tanto imprimió el Libro que vamos à citar.

36 Como fue heredero de su Tio Fernan Perez de Oliva, y era tanta la fama de su nombre, procuró el Sobrino perpetuarla, por medio de dar à luz algunas Obras suyas. Estas se empezaron à imprimir en Salamanca despues de Junio del 1584. pero fue necesario continuar la edicion en Cordoba, quando solo estaban impresos en Salamanca los quatro primeros pliegos. Por esto hay diversas portadas, y podianse juzgar impresiones diversas, siendo una sola: pero lo advirtió el Impresor de Cordoba Gabriel Ramos Bejarano, al fin del Libro. Acabóse en Diciembre del 1585. y se publicó en el siguiente. Es Libro en 4. de 283. folios, sin los quatro pliegos y medio del principio.

37 Demas de haber sido Morales el que publicó estas Obras, (aunque no las corrigió por si, ni las costeó, pues se hicieron à expensas de Francisco Roberto) pertenece al asunto de que hablamos (proprio de las Obras del Sobrino, no del Tio) el que alli mezcló varios Discursos su-

(1) *Alli mismo.*

suyos: uno bilingue en Latin y Castellano, compuesto para el Señor D. Juan de Austria, ,, quando tuve ,, (dice) el cuidado que se me mandó tener de sus estudios." Otro *sobre la Lengua Castellana.* Este le tenia escrito en el año de 1545. y se publicó en el siguiente entre las Obras (muy raras) de Francisco Cervantes de Salazar: pero le perficionó en el 1581. y le volvió à imprimir entre estas de su Tio, al principio, como la Carta precedente. Pero al fin de las de Oliva puso las suyas, que son:

Quince Discursos de Ambrosio de Morales.

I. Lo mucho que conviene enseñar lo bueno con dulzura de bien decir.

II. Diferencia grande que hay entre Platon y Aristoteles en la manera de enseñar. (se reduce à una hoja de à quarto.)

III. Quanto quiere Dios que hagamos todo lo que à nosotros es posible en todas las cosas, aunque suplicandole por ellas, esperemos del el buen suceso.

IV. Dos egemplos notables, donde se ve como Dios algunas veces obra en sus maravillas con solo su poder, y otras con servirse de algunos instrumentos naturales. (es de una hoja.)

V. Quan diferente cosa son grande ingenio, y buen ingenio. (dos hojas)

VI. Unos hombres valen mas que sus riquezas; y las riquezas de otros valen mas que ellos. (una hoja)

VII. En que consiste principalmen-

te ser un hombre necio, y qual está condenada por la mayor necedad de todas?

VIII. El gran daño que es en el Juez proceder con impetu y con ira.

IX. Quien ha sido estimado entre los Gentiles por el hombre de mayor sabiduria, y como se puede dar à entender que se acertó en juzgarlo? (*Homero.*)

X. Una consideracion christiana de mucho alivio y consuelo, tomada de un Verso del Poeta Virgilio. (*Fata viam invenient.*)

XI. Un error muy dañoso, comun entre los hombres, en desear muchas veces lo que no les conviene.

XII. Una consideracion por donde se puede bien entender como algunas veces las Estrellas tienen poderío sobre todo el hombre. (*quando el alma llegó à una total è infeliz servidumbre de los vicios del cuerpo*)

XIII. Lo mucho que importa la buena crianza de los hijos.

XIV. Quan agradable es à Dios y quanto importa que los criados sean virtuosos.

XV. Del admirable y mas alto efecto que hace el amor, quando transforma al que ama en el amado.

Estos Discursos los escribió siendo Vicario en la Puente del Arzobispo, segun dice en el *oĉtavo,* (cerca del año 1581.) como arriba digimos.

38 Despues de ellos imprimió *La Devisa para el Señor D. Juan de Austria,* y el *Discurso sobre ella de Ambrosio de Morales.* La empresa es la mano de Dios blandiendo un Rayo,

yo, y la letra *Qualis vibrans*, lo que declaró en el discurso.

39 Añadió luego un *Discurso del Lic. Pedro de Valles*, natural de Cordoba, *sobre el temor de la muerte, y el amor de la vida, y representacion de la gloria del Cielo*: y à éste se sigue la *Tabla de Cebes*, que Morales, siendo mozo, trasladó del Griego al Latin (y cita su Version la Bibliotheca Griega de Fabricio lib. 2. cap. 23. pag. 835.) à lo que añadió, Declaracion de lo que significa la Tabla, explicando tambien el tiempo y noticia de quien fue Cebes.

40 Hoy no goza el publico de estas Obras, por estar impresas en el libro del Tio, que la Inquisicion tiene recogido *hasta que se emienden*: y no ha llegado el dia de quien logre la emienda, y curso franco de los Discursos.

41 Como se habia criado en Religion, mantuvo el empleo de Leccion Espiritual, que es como la aceyte para la lampara de la devocion, y leña para el fuego de la meditacion. Uno de los libros que usaba, fue el precioso de Fr. Alonso de Madrid, Franciscano, *Arte para servir à Dios*, Obra de oro, pero sin pulimiento en el estilo: y viendo Morales que se hacia algo displicente por el modo, tomó à su cargo abrillantar aquella preciosa doctrina, y escribió de nuevo el libro, sin alterar nada la substancia. El Original de su mano (que es un Tomo en 4. persevera en la Real Bibliotheca de Madrid: y acaba: *En Cordoba, Domingo 27. de Octubre, vispera de los Santos Apostoles Simon y Judas, año de 1585. y 72. de mi edad*: por donde consta haber escrito este libro al tiempo de im-

primirse los *Discursos*, concluidos en Diciembre de aquel año. D. Nicolás Antonio dice que le publicó en Madrid año de 1598. lo que no puede afirmarse de Morales, que murió en el 1591. De este año hay edicion de Tarragona, y luego se hicieron otras en varias partes, teniendo à la frente el nombre de Ambrosio de Morales, y el Prologo en que dió razon de su trabajo. Hoy es obra muy rara. La que tengo es de Madrid en el 1610. por Miguel Serrano.

42 Mientras escribia esto y se imprimian los Discursos, sacó Morales Licencia y Privilegio para la tercera y ultima parte de la Chronica, firmada la Licencia en Madrid à 6. de Julio del 1585. y el Privilegio en Monzon en 17. de Octubre. Esta se imprimió en Cordoba en el 1586. en la misma Imprenta que el Tomo precedente de su Tio. Sacó al fin un *Discurso de la verdadera descendencia del glorioso Doctor Santo Domingo, y como tuvo su origen de la Ilustrisima Casa de Guzman, moviendose à esto* por quanto *desde muy mozo* fue *devoto del bendito Santo*, y deseó escribir sobre esto, *por ser cosa* (dice) *que hasta agora no está bien averiguada: poniendo algunos duda en ella: y por tener yo consideradas y juntas hartas cosas que pueden dar mucha claridad y certidumbre en esta verdad, dignisima de estar muy certificada*. Es un Discurso de nueve pliegos y medio, *en folio*, como toda la Chronica. Siguese la *Tabla de los Capitulos*, y à la vuelta de su ultima hoja imprimió la Inscripcion del Monge *Amasuindo*, que le enviaron de Malaga, quando no faltaba de imprimir mas que la Tabla.

bla. La Inscripcion la dejamos estampada en el Tomo 2.

43 Despues de aquella plana empieza la siguiente con la Licencia del Rey para imprimir el Libro: y al pie de la misma plana el titulo siguiente : *Averiguacion del verdadero valor del Maravedi antiguo de Castilla. = Ambrosio de Morales al Lector.* Esta averiguacion se reduce à ocho lineas en la plana de la Licencia, y las dos paginas siguientes, que es una hoja de folio , pero de letra pequeña. Al fin llenó la ultima plana del pliego con otro Discurso, que intituló : *Averiguacion entera del año en que fue tomada la Ciudad de Cordoba à los Moros por el Rey D. Fernando el Santo.* Esto llena la plana y el todo de esta , y la Licencia , y el Maravedi son dos hojas: pero muy raras , por ser pocos los libros en que se hallan, acaso por haberlas impreso sueltas para incorporarlas en la encuadernacion. Pero el sitio denota ,que se imprimieron acabada la Chronica en el 1586. y la Escritura del Puente del Arzobispo, que usa en el Tratado del Maravedi , da à entender que le escribió

cerca del año 1580. en que se hallaba Vicario en aquella Villa. Su resolucion fue que el Marvedi antiguo valía lo que ahora XI. de suerte que tres componian un real. Y en la Conquista de Cordoba insiste en el año de 1236. Por ser tan raro el Discurso del Maravedi, le imprimimos aqui para que todos le gozen, aunque de poca utilidad , por ser muy reducido.

44 Desvanecidas las Fiestas que digimos se fraguaban en el Campo Santo de Cordoba , dispuso el Santo Tribunal consagrar aquel sitio con algun monumento , que publicase y predicase los triunfos conseguidos alli por los defensores de la fé. Para el mayor acierto fió la direccion à nuestro Chronista, cuyo zelo à los Santos Martires le hacia tan sobresaliente, que no permitia competidor. Dispuso un Trofeo sumptuoso de marmoles y jaspes , con simbolos proprisimos del martirio , por la representacion de grillos y alfanges al pie del Estandarte de la Cruz , animandolo todo con la siguiente Inscripcion , puesta en el año de 1588.

CHRISTO IN SS. PER FIDEM VICTORI.

ASPICIS ERECTUM SACRATA MOLE TROPHEUM,
  VICTRIX QUOD CHRISTI CONSECRAT ALMA FIDES.
MARTYRIBUS FUIT HIC CAESSIS VICTORIA MULTIS,
  PARTA CRUORE HOMINUM , ROBORE PARTA DEI.
ERGO TUA AETHERIIS CALEANT PRAECORDIA FLAMMIS,
  HAEC DUM OCULIS SIMUL , ET CERNERE MENTE JUVAT.
HINC JAM VICTOREM CHRISTUM REVERENTER ADORA,
  ET SACRUM SUPPLEX HUNC VENERARE LOCUM. [1]

45 En este año de 1588. tenia ya escrita la *Vida de la Conde-* sa *Matilde de Canosa* , y las grandes hazañas con que amparó y defendió

(1) *Roa , Santos de Cordoba , fol.* 39. *b.*

XXII
dió la Sede Apostolica : cuya Dedicatoria à D. Garcia de Loaysa firmó en 4. de Julio del 1588. y aunque hay varias Copias, se mantiene inedita. La Real Bibliotheca del Escorial tiene esta Obra en Vitela.

46 Andaba por entonces muy vivo el Pleyto de algunos Concejos de Castilla contra la Santa Iglesia de Santiago, sobre no pagar el Voto que decian no habia hecho el Rey D. Ramiro I. sino el II. Morales correspondiendo al cargo de Chronista en materia historial, por descargo de su conciencia, y en defensa de sus escritos compuso otro de cosa de seis pliegos, que intituló: *Informacion de Derecho por averiguacion de Historia, en el punto de si hizo el Voto y dió el Privilegio à la Santa Iglesia de Santiago el Rey D. Ramiro el primero, ò el segundo.* Los Concejos negaban fuese el primero, recurriendo al segundo. Morales dijo: ,, Esto (hablando con el acatamiento debi-
,, do) es falso, y con ayuda de Dios
,, yo lo probaré aqui con mucha
,, certidumbre. = Esto haré por des-
,, cargo de mi conciencia principal-
,, mente, pues pudiendo dar claridad
,, y certidumbre, en cosa que tanto
,, va, tendria por ofensa de Dios,
,, y no pequeña, el no hacerlo: y
,, esto me apremia mas el oficio de
,, Coronista del Rey Nuestro Señor,
,, que en su manera pone mayor
,, obligacion. Tambien me veo (con
,, haber setenta y quatro años) muy
,, cercano à la muerte, y quiero an-
,, tes hacer este servicio al glorio-
,, so Apostol Santiago, para que sea
,, delante de Dios mi Abogado : es-
,, torvando no reciba su Santa Iglesia
,, injustamente un tan grave daño
,, en lo presente, y nadie se atreva

,, à intentarlo en lo futuro. = Y aun-
,, que estos son mis motivos prin-
,, cipales para escribir esto, y nin-
,, guno hay que se les pueda ni de-
,, ba igualar, todavia es bien que
,, yo vuelva por mi, y defienda y fun-
,, de, y certifique mas la verdad de lo
,, que desto en mi Coronica tengo
,, escrito, pues à gran sinrazon me
,, lo contradicen. Por todo esto lo
,, dejo escrito è impreso, y firmados
,, de mi nombre treinta Originales
,, que se imprimieron.

Es rarisimo este Tratado, sin embargo de haberse impreso dos veces: la primera en Cordoba por Francisco de Cea, año de 1588. La segunda tiene al principio *año de 1607.* sin declarar el sitio de la impresion. Esta salió con titulo de *Declaracion con certidumbre* : aquella, *Informacion de Derecho.* La de Cordoba señala 74. años en la edad del Autor : la segunda, 75 : Aquella refiere 30. egemplares : ésta 50. No sé el Autor, ni motivo de la variedad.

47 Sin embargo de los muchos años tenia la cabeza muy firme, memoria despejada, y potencias muy habiles para usar de la pluma. Su pariente el Ilmo. D. Juan de S. Clemente, que se hallaba ya Arzobispo de Santiago, necesitó desfrutarla, con motivo de que pretendiendo alargar à toda España el Rezo de la Translacion del Apostol, escribió el Cardenal Jesualdo al Hispalense (D. Rodrigo de Castro) le enviase quantos documentos pudiesen servir à la Sagrada Congregacion de Ritos para aquel expediente. El Hispalense remitió de pronto lo que pudo, con, cita de mayor extension en la Chronica de Morales : y demas de esto escribió al Señor Arzo-

zobispo de Santiago, y este dió cuenta de todo à nuestro Chronista, quien llenó sus deseos, componiendo una Oracion latina, que fuese presentada à la Sagrada Congregacion, y el mismo Autor la imprimió en Cordoba *año de* 1590. en casa de Jacobo Galván, en treinta hojas de à *quarto*, dedicandola al mismo Arzobispo, con este Titulo: *De Festo Translationis S. Jacobi Apostoli per universam Hispaniam celebrando, Ambrosii Moralis Cordubensis, Catholici Regis Philippi II. Historici, Oratio, & Hispani Juris ante quinque clarissimos Judices, illustrissimos & Reverendissimos S. R. E. Cardinales in eadem causa productio.* En efecto se decretó el Rezo de dicha Translacion en estos Dominios de España.

OTROS ESCRITOS DE
Morales, muerte, y sepulcro

48 NO hemos citado hasta aqui otra gran rama de Escritos que produjo en la clase Genealogica y Miscelanea, por no saber los años, ni haberlos manejado. En los Mss. de la Real Bibliotheca de S. Lorenzo hay un Tomo en folio de varios Autores, y entre ellos tiene el nuestro lo siguiente.

Antiguedades de Castilla, especialmente, *Que quiere decir Rico Ome de Pendon y Caldera, con otras Antiguedades de diferencias de Estados que ha havido en Castilla.*

Arbol de la Genealogia de los Manueles, y titulos de algunos Sepulcros, Archivos de Uclés, y la Calenda que se leia en el Convento.

Testamento del Infante D. Henrique, hijo del Rey D. Fernando

Razon del Patrimonio Real.

Tratado en que se defiende ser ciertos los Privilegios que los Reyes de Castilla, y Leon han concedido à la Iglesia de Santiago de Galicia.

Fragmentos originales acerca de la Conquista de la Tierra Santa.

Aparecimiento del Apostol S. Pablo en la Ciudad de Ecija el año de 1436.

Defensa de la Coronica de Zurita contra las calumnias de Diego de Santa Cruz.

Todo esto se halla interpolado en el referido Ms. de folio. En otro de varios Autores, hay el siguiente de Morales.

Historiadores famosos antiguos y modernos, latinos y griegos de España.

49 En libro de à quarto hay alli *el Viage* que imprimimos: y la ya mencionada Vida de la Condesa Matilde de Canosa. En Vitela. 43. folios.

Miscelanea. Descriptio belli nautici, & expugnatio Lepanti per Dñum. Joannem de Austria. Vida y Oficio de S. Diego de Alcalá, con varios Papeles pertenecientes à Rhetorica.

Esto es lo que persevera inedito en el Escorial, con el Juicio arriba citado acerca del Codice Vigilano, ò Albeldense.

Añade D. Nicolás Antonio, en el Apendice folio 279. una *Relacion de la Casa de Cordoba y su origen,* que estaba en el Archivo del Marques de Priego.

El Ilustre Ortiz de Zuñiga añade: *Repartimiento de Sevilla,* egemplar muy antiguo, *con Notas del Maestro Ambrosio de Morales,* y de Don Gonzalo Argote de Molina.

Fragmentos, y apuntamientos de los referidos, con otro *Libro de razon de Privilegios y Escrituras antiguas notables, formado por los Chronistas Florian de*

Ocam-

Ocampo, y *Ambrosio de Morales*, Original. Todos en su Librería.

El mencionado Argote pone entre sus Mss. *Libro de Privilegios, Letreros, y Sepulcros recogidos por Ambrosio de Morales.*

Anotaciones al Conde D. Pedro, por Ambrosio de Morales.

Este D. Gonzalo mereció ser elogiado por Morales con motivo de haber publicado el libro del *Conde de Lucanor*, de quien dice en las Antiguedades, fol. 120.

,, Hizolo imprimir con buenas añadiduras y de mucho inge,, nio y de noticia de nuestra historia, ,, Gonzalo de Argote y de Molina, ,, mancebo principal en Sevilla, y Al,, ferez y General de la Milicia del An,, dalucia: à quien yo mucho amo, ,, por lo mucho que el me ama, y ,, porque su insigne y nobilisimo in,, genio y su gran virtud lo merecen. A estas expresiones de cariño añadió la demostracion mayor de que en vida le hizo *heredero de sus papeles y libros*, como publica el mismo Argote en su Prologo, diciendo de Morales: ,, Es el primero que demas de ,, lo que nos enseña en sus libros, ,, por particular amistad (la qual ,, con mucha razon estimo como ,, de uno de los mas ilustres hombres ,, en virtud y letras de nuestra edad) ,, me ha ayudado mucho con sus ,, papeles y libros, de que en su vi,, da me hizo heredero.

50 Todas estas fatigas literarias iban debilitando cada dia las fuerzas corporales: y como los dias eran muchos (pues los años eran 77.) fue preciso llegase el que por ultimo habia tenido la primera entrada en su memoria. D. Nicolás Antonio cierra el curso de su vida

en el año de 1590. acaso porque en el mismo refirió la muerte Thuano. Pero informado mas de cerca el P. Martin de Roa, escribió en la Vida de los Martires S. Acisclo y Victoria, la ultima parte de nuestro Chronista, diciendo en el fol. 162. ,, Con la estremada piedad que ,, tuvo para con Dios, y sus Santos, ,, ayudó largamente à labrar de nue,, vo en el mismo lugar una muy ,, hermosa Capilla, y sobre el Se,, pulcro antiguo, un grande y sun,, tuoso tumulo: y por su devo,, cion y humildad, se mandó en,, terrar à la puerta de ella por la ,, parte de afuera: y no tardó de re,, cibir del Señor el premio de esta ,, y de sus muy heroicas obras: por,, que mostrando quan agradable le ,, habia sido el empleo de su vida ,, en escribir las de sus Santos, y ,, de su hacienda en honrar sus Se,, pulcros; al acabar el de los Mar,, tires, acabó felizmente la vida, y ,, su Magestad le llevó (como espe,, ramos de su infinita misericordia) ,, à descansar en compañia de ellos à ,, los 21.de Setiembre,del año 1591. Este es el año, que aplica à la muerte de Morales su Epitafio, mas antiguo que el escrito de Roa.

51 Yace hoy en la Iglesia de los Santos Martires referidos, al lado de la Epistola, entre las Capillas del Rosario, y de S. Acisclo y Victoria. El Sepulcro es honorifico. Mandóle hacer el Cardenal Sandoval, reconocido à la buena educacion que Morales le dió en su menor edad, y asi lo cumplieron los Testamentarios del mismo Cardenal en el año de 1620. como publica la Inscripcion que pusieron en la parte inferior del Monumento, la qual dice:

D.

D. BERNARDVS ROXAS SANDOVAL S.R.E. CARDINALIS, ARCHIEP. TO-
LET. PRIMAS PATRIARCHA , CASTELLÆ PROTOCANCELL. SVM-
MVS DE REBVS FIDEI QVÆSITOR , A SANCTIOR. STATVS
CONCIL. &. c. NOVO EXEMPLO : O DISCITE PRINCIPES. SVIS
EXTREMIS GERIS IN SVÆ EDVCAꞶIS DIDASCALIAS , SIMVL , ET
POSTER : MEMORIAM HOC CAVIT CL. DOCTOREM HONORATVM
MONVMENTO. A. cIɔ Iɔc. IIXX. QD PII TESTAMENTI CURATORES.CUI AB
INGENIO ÆTER- | AN. CHR. cIɔ Iɔc. xx. | NIVS. B. M. POSS.

5 2   La calidad de las piedras me
dicen ser Jaspe encarnado y negro:
la basa , sepulcro , piramides y co-
ronacion de encarnado : el fondo , y
las bolas de los piramides, de negro.
En este se gravó la Inscripcion principal de Morales puesta dentro del
arco , la qual es esta:

M. AMBROSIO MORALI ANTONII. F. QVEM NOBILIVM INGENIORVM
CVNCTIS SÆCVLIS ALTRIX CòR. PRÆSTANTISS. CIVIVM OR-
DINI HONESTE NATVM ADCENSET: COMPLVTVM , ET DISCENTEM,
ET DOCENTEM CVM ADMIRATIONE SVSPEXIT: NOBILITAS
BONARVM ARTIVM MAGISTRVM , AC PARENTEM HABVIT,
A PHILIPO II. HISP. REGE PRO MERITIS LECTVM CHRONOGRA-
PHVM: ET AD SANCTORVM, LITERARVMQ HISPANOS PERLVSTRAN-
DOS THESAVROS LEGATVM ANTIQVITATVM INLVSTRATOREM
VNIVERSVS REVERETVR ORBIS. VIRTVTES OMNES SACRO CLA-
RVM SACERDOTIO ALVMNVM SVVM. AC COELITVM, QVORVM GESTA
PROPAGAVIT, DIGNVM PRÆDICÁNT COETIBVS : NATVM HILARI,
DENATVM MOESTO NATALE SOLVM EXCEPIT SINV. A. cIɔ. Iɔ. XCI.

Noticioso yo de este monumento,
honorifico para nuestro Chronista,
y valiendome de la proteccion del
Señor D. Antonio Caballero y Gongora , (citado en el num. 8.) me fa-
voreció como Caballero , no solo
con un Retrato grande del Autor,
(por el qual sacamos la estampa de
su rostro , colocada al principio) sino con un dibujo del citado Sepulcro , que yo deseaba dar à luz : y reducido ya por un Facultativo al tamaño de este Libro ; le dí à reconocer à un primer Profesor de Archi-
tectura , quien por sus muchas
ocupaciones lo fue dilatando tanto
de dia en dia , que al fin confesó no

hallarle , quando ya no habia tiempo para formar otro dibujo , y gra-
barle. Con esto me he quedado con
el buen deseo : pero tambien con la
satisfaccion de manifestar mi reconocimiento y gratitud à los benévo-
los influjos del mencionado D. Antonio Caballero.

5 3   Como el proceder y literatura de Morales eran tan dignos de
recomendacion , recibió en vivien-
do , los aplausos que tenia bien me-
recidos , y no me acuerdo padeciese
la pluma ningun desayre de los que
miran los elogios agenos como ul-
trages proprios. Este es un privilegio muy raro , y prueba la satisfaccion

cion con que todos recibieron sus Escritos. Fuera largo, y no es preciso, trasladar aqui lo que de el se halla escrito. En el principio de las *Antiguedades* puedes ver los elogios con que discretamente le aplaudieron dos insignes varones de aquel tiempo, el Señor D. Diego de Guevara, y D. Gonzalo Argote de Molina. El esclarecido Sevillano D. Nicolas Antonio recopiló los principales estrangeros que elogiaron à nuestro Cordobes, como *Baronio*, *Scaligero*, *Thuano*, *Ortelio*, *Galesinio*, y *Ludovico Nonio*. Los Españoles son mas, y bastan menos. El mismo D. Nicolas Antonio le llama Coriféo, ò *Principe de nuestra Historia*. El Marques de Mondejar en el Juicio de los principales Historiadores de España, confiesa de la Obra de Morales, que *ni en la claridad, ni en el metodo se ofrece cosa indigna de tan grande asunto, y asi es el Escritor nuestro, que con mas seguridad se puede leer sin recelo, y de quien copiaron lo que pertenece à esta parte de esta Historia Esteban de Garibay, y el P. Mariana: empezando por el quien intentare saberla, sin escrupulo de hallarla envuelta y entretegida con fabulas.* [1]

54 En lo moderno han reparado algunos tal qual cosa: pero el que reflexione en el tiempo, en la falta de ilustracion que tenian nuestras historias, en la escasez de documentos, y en que se engolfó en rumbo no cursado acerca de Privilegios, Chronologia ofuscada, y condescendencia à relaciones piadosas; hallará mas que alabar en los progresos de su diligencia, metodo y buena fé, que motejar en lo que hoy pudiera disponerse de otro modo: porque como los tiempos ofuscan unas cosas, tambien aclaran otras; y si algunos Autores de los que hoy no seguimos, huvieran alcanzado nuestros dias, no dudo que tendrian mas aplauso, segun promete la vivacidad de sus potencias. A este modo rebatimos ahora en Morales puntos que sin duda huviera escrito bien, si viviese en el dia: v. g. quanto se roza en la Chronologia con el valor del numero 40. quando el X. tiene rasgo; y otros reparos, que penden de la sencillez, ò credulidad de los Siglos. Viva pues sin emulacion, aplaudido de la posteridad, coronado de guirnaldas por la Historia, por la Religion, por la Honestidad, y por la Patria.

(1) Advertencias à la Historia de Mariana, pag. 106. *Pero debe advertirse, que Garibay imprimió antes que Morales.*

ERRATAS.

PAG. 4. y sig. *Monasterio*, lee Monesterio. Pag. 5. lin. 1. *vinieron*, lee vinieren. Pag. 27. lin. 15. *relavada*, lee relevada. Pag. 28. lin. 1. y 3. *Parroquial*, lee Perroquial. Pag. 30. lin. 5. *hija del Infante D. Ordoño*, sobra esto. Pag. 139. lin. 4. *santidad*, lee sanidad. Pag. 165. lin. 6. *seplucro*, lee sepulcro. Pag. 178. lin. 12. *Letro*, lee Letrero.

ORDEN DEL VIAGE

DESDE ALCALÁ DE HENARES.

S.

FIN DEL REYNO
de Galicia.

FIN DE TODO EL VIAGE.

RELA-

RELACION

DEL VIAGE QUE

AMBROSIO DE MORALES,

CHRONISTA DE S. M. HIZO POR SU MANDADO

EL AÑO DE M.D.LXXII.

EN GALICIA Y ASTURIAS.

QUANDO yo iba ya acabando mi Cotonica General de España, siempre tuve proposito de en teniendola acabada, y presentada en Consejo Real, entre tanto que por su mandado se veïa, ir en romeria à visitar el glorioso cuerpo del Apostol Santiago, Patron, y defensa de toda nuesta Nacion. Habiendo pues presentado mi Coronica [1] en el Consejo el mes de Marzo de este año 1572. determiné hacer mi romeria al fin de Mayo, y comencé à aparejarme para ella.

En este medio le trageron al Rey nuestro Señor de Oviedo una Relacion de las Reliquias, Enterramientos Reales, y Libros antiguos, que hay en aquella Santa Iglesia. S. M. mandó se enviase aquella Relacion à Alcalá de Henares, para que yo diese mi parecer sobre ella: yo lo dí à la larga, y el Rey lo vió, y mandó tambien lo viese el Doctor Ve-

(1) Por *Coronica* entiende aqui los dos Tomos en que continuó à Florian, desde el lib. 6. hasta el 12. pero no el Tomo 3. que no estaba escrito entonces. Sabese tenia entregados los dos Tomos, porque en el año de 1569. escribia el lib. 11. como dice en el Cap. 67. y los Censores (que fueron el ilustre Zurita, y el P. Mro. Vega, Trinitario) aprobaron despues los dichos libros en Noviembre del 1572. quando Morales estaba en su viage. Tambien se debe notar que Morales añadió algunas cosas à los originales que presentó al Consejo: y tales son las que suponen (y tal vez expresan) su viage à Galicia, v. g. lib. 9. cap. 7. fol. 232. sobre el Padron, Ara, y Coluna de S. Payo en Santiago: y el mismo lo confiesa en el Prologo del Tomo 2. que fue uno de los entregados al Consejo antes de ir al viage.

A

Velasco; [1] mandandole demas de esto, que pues iba yo de romeria à Santiago, por su mandado y Real Comision fuese à ver todo lo de Asturias, Reyno de Leon, y Galicia, en Iglesias y Monasterios, y trugese razon y certificacion por vista de ojos de
todas las tres cosas ya dichas; *Reliquias*, *Enterramientos Reales*,
y *Libros antiguos*, que en todas partes se hallasen. Para esto se
me dió una Cedula Real de Comision del tenor siguiente.

EL REY.

,, AMbrosio de Morales, nuestro Coronista, sabed que por
,,   el zelo y deseo que tenemos del servicio y culto Divi-
,, no, y particularmente de la veneracion de los Santos, y de
,, sus Cuerpos y Reliquias; y deseando saber las que en estos
,, nuestros Reynos por Iglesias y Monasterios dellos habia; el
,, testimonio, y autoridad que dellas se tenia, la guarda y re-
,, caudo en que estaban, y la veneracion y decencia con que
,, eran tratadas; y teniendo asimismo relacion que en algunas
,, de dichas Iglesias, y Monasterios, y otras partes habia libros
,, antiguos de diversas profesiones y lenguas, escritos de ma-
,, no, è impresos; raros y exquisitos, que eran y podian ser
,, de mucha autoridad y utilidad, en que no habia habido
,, el recaudo y guarda que convenia; escribimos à algunos de
,, los Prelados y Cabildos de estos nuestros Reynos, que nos
,, enviasen particular relacion de todo lo que en sus Iglesias,
,, y Monasterios habia. Y como quiera que se nos haya por
,, algunos enviado, todavia para mas satisfacion, y para que
,, con mas fundamento esto se entienda y provea, y queriendo
,, allende de esto tener noticia de los Cuerpos de los Reyes
,, nuestros antecesores, que en algunas de las dichas Iglesias
,, y Monasterios están sepultados, y en que manera y for-
,, ma están, que dotaciones y fundaciones han dejado, y
,, las Memorias, Vigilias, Sacrificios, y Oraciones que por
,, ellos se hacen; habemos acordado (por la satisfacion que
,, tenemos del zelo, leccion, y erudicion, que en vuestra per-

so-

(1) El Doctor *Velasco* se llamaba *Don Martin*, que à la sazon era
unico en el Consejo de Camara, como asegura el mismo Morales en
la Prefacion al Tomo 2. signatura
11.b.

,, sona concurren, y por la inteligencia, y noticia que de to-
,, do esto teneis) de os cometer y encomendar (como por la
,, presente os cometemos y encomendamos) que yendo à las
,, Iglesias y Monasterios de los nuestros Reynos de Leon, Ga-
,, licia, y Principado de Asturias, que entendieredes conviene,
,, y para el dicho efecto será necesario: y habiendo mostrado,
,, y presentado esta nuestra Cedula à los Prelados, Cabildos,
,, Abades, Provinciales, y otros Superiores de las dichas Igle-
,, sias, y Monasterios donde llegaredes, os informeis muy par-
,, ticularmente de las dichas Reliquias, y Cuerpos Santos, y
,, los testimonios y autoridad que dellos hay, y vereis el re-
,, caudo y guarda en que estan, y la veneracion y decencia
,, con que son tratados. Y asimismo por lo que roca à los
,, Cuerpos de los Reyes nuestros antecesores, veais en qué par-
,, tes y lugares, en qué manera y forma estan sepultados, qué
,, dotaciones y fundaciones dejaron, y las Memorias, Vigilias,
,, Misas, Oraciones, y Sacrificios que por ellos se hacen. Y
,, otrosí veais, y reconozcais los Libros asi de mano, como de
,, molde antiguos, raros y exquisitos, que en las dichas Igle-
,, sias, y Monasterios hay: y de todo hagais, y nos traigais muy
,, particular Relacion. Encargando por la presente à los dichos
,, Prelados, Cabildos, Provinciales, y otros Superiores de las
,, Iglesias y Monasterios donde llegaredes, que os muestren,
,, y hagan mostrar, y den y hagan dar particular relacion de
,, todo lo tocante à todas las dichas Santas Reliquias, Cuerpos
,, Reales, y Libros, que en las dichas Iglesias y Monasterios
,, huviere. Y mandando à los nuestros Corregidores y Justi-
,, cias de las Ciudades, Villas, y Lugares donde llegaredes, que
,, os informen, y hagan relacion, adviertan y avisen de lo que
,, cerca de esto tuvieren noticia. Para todo lo qual, y para
,, qualquiera parte dello, os damos entera comision y facul-
,, tad, quan cumplida, y necesaria sea, y ser pueda. De Ma-
,, drid à diez y ocho de Mayo de mil y quinientos y setenta y
,, dos años. YO EL REY. Por mandado de S. M. Antonio
,, Gracian. *Aqui iba señalada del Doctor Velasco.* ¹

Con

(1) *Imprimió Morales esta Real Cedula en el lugar que acabamos de citar.*

Con esta Cedula comencé el santo Viage desde Alcalá de Henares, al principio de Junio del mismo año de 72. y fui à encontrar con el Doctor Velasco, que venia de Valladolid, en Olmedo, donde me señaló la Cedula: no me quiso dar instruccion, aunque yo se la pedí, y solamente le propuse que adonde hallase los Cuerpos Santos de tal manera cerrados con clavos, ò chapas, ò de otras maneras de muy antiguo, asi que se viese como por mayor reverencia, y autoridad de las Santas Reliquias las habian asi encerrado, que no convendria pedir me los abriesen, principalmente teniendose certificacion de como estaban alli: pareciole bien que asi se hiciese, y en particular me encomendó mucho trugese gran relacion muy en particular de la Cueba donde se hizo fuerte el Rey D. Pelayo, y de donde comenzó sus Conquistas. Tambien se trató que trugese mucha averiguacion de la Cabeza de S. Lorenzo, que se entendia estaba en un Monasterio de Galicia, sin tenerse noticia donde. Con esto comencé à tratar de mi comision en Valladolid, y de alli adelante por esta orden llevando Cartas de S. M. para los Obispos de Leon, Oviedo, y todos los de Galicia, y para los dos Generales de S. Benito, y Cister, los quales me dieron Patentes muy copiosas con mucho deseo y demostracion de servir à S. M. mandando à todos sus Abades subditos el cumplimiento muy entero de todo lo que yo huviese de hacer.

VALLADOLID.   *Titulo I.*

SAN BENITO.   *Numero I.*

Fundacion,

DE la Orden de S. Benito cinquenta Monges: vj. mil ducados de renta, Fundacion Real del Rey D. Juan el I. como parece por su Privilegio dado en Turegano à los 21. dias de Setiembre de MCCCXC. Dales su Alcazar para casa, y las tierras de Valladolid, y su tierra. Dice que lo hace por athesorar en el Cielo. Dice tambien asi: ,, Y porque los dichos Mon-

Cargos. ,, ges, que en el dicho Monasterio fueren de presente, è fue- ,, ren dende adelante, por siempre rueguen à Dios por la ,, nuestra salud, è por la nuestra vida, è de los otros Reyes

,, que

,, que de Nos vinieron , porque gobernemos, è rijamos los
,, Reynos que por él nos son encomendados à su santo servi-
,, cio , è à salvacion de la nuestra alma. Está confirmado por
los Reyes siguientes , hasta los Catholicos.

Tienen un Libro de pergamino , iluminado hermosamen- Desca
te , donde tienen las Memorias de todos sus bienhechores , y goi.
con mucha particularidad estan señalados al principio , y pro-
seguidas las mercedes que todos los Reyes les han hecho , hasta especificar como les mandaron despachar en Roma un negocio. Este Libro se lee en el Refitorio , una , ò dos veces en
el año.

Y aunque en este Libro tienen escrito lo que se hace por
los Reyes cada año, lo tienen tambien en una tabla de la Sacristia , y es esto:

Un Aniversario solemne con Vigilia , y la Misa Mayor de
Requiem , y Tumba principal , que llaman *Cama* , por el Rey
D. Juan , Fundador : y acabada la Misa anda el Convento en
procesion por el Claustro , diciendole Responsos cantados.

Item en las dos fiestas de S. Benito à Visperas , y Misa Mayor se le dice un Responso con toda solemnidad. Item cada
mes un Aniversario de Vigilia y Misa cantada. Item cada semana dos Responsos cantados à Misa y à Visperas. Item por
el y por los otros Reyes sus descendientes una Misa perpetua
cada dia. En Enero Aniversario solemne de Vigilia y Misa con
Cama por los Reyes Catholicos.

R E L I Q U I A S.

EL Relicario está en la Sacristia, muy ricamente adornado. Las puertas , que son grandes , hacen un retablo de
buena pintura en seis quadros con molduras y follages dorados , y el marco de alrededor de la misma manera. Tambien
estan las puertas de buena pintura , y molduras doradas por de
dentro , y por Visita está mandado que quando se huvieren
de mostrar las Reliquias à las personas que es razon , se haga
con mucha solemnidad , de vestirse el Sacristan mayor , por lo
menos de Sobrepelliz , y Estola , y encender lumbres : y asi se
guar-

guarda, y se hace con reverencia : y el Sacristan mayor toma
en la mano una vara larga, que tiene al cabo una mano pequeña con el indice tendido , que señala las Reliquias. Hay
dos llaves del Relicario, y tiene la una el Perlado, y la otra
el Sacristan mayor. El retablo tiene buen compartimento con
diversos nichos , y quadros en que estan las Reliquias : la madera está dorada y estofada.

En el encasamento de en medio está una Imagen de plata, dorada, de hasta tres palmos, sobre una peana de mas
de un palmo, de cobre dorado , y lo uno y lo otro es de
rica labor, y antigua. Es la Imagen de S. Marcos, y tiene
en las manos un brazo de plata, dentro del qual está media
Canilla del brazo del Santo del codo arriba, con el juego del
hombro. Es larga de un geme : en todo es insigne Reliquia,
y es muy notable la frescura que el hueso tiene, representan-
do quando yo la miraba con mas atencion , que la habian quitado poco antes la carne, y quedaba aún rastro de la carne:
y pone esto reverencia, y devocion particular, porque no hay
sospecha de artificio, sino solo sentimiento del Cielo. El testimonio que de esta Reliquia se tiene es de esta manera. Fr.
Juan de Villolto de la Orden de S. Francisco tomó de la Iglesia
de Santa Maria del Puig , junto á la Ciudad de Estella , esta
Reliquia, que era entonces Canilla entera, y habiendola traido à Castilla, ò compungido de su mal hecho , ò por otra
causa que no se dice, la dejó en este Monasterio de S. Benito. Sabido en Estella, en publico Ayuntamiento dieron poder
al Prior del Puig D. Fernando Baquedano à los 10. de Julio del
MCCCCLXXVII. para que la cobrase toda , ò parte. Trujo
Cartas de la Princesa de Navarra, del Rey de Navarra, y del
Ayuntamiento de Estella para este Monesterio, y del Rey de
Navarra para el Rey Catholico , sobre la restitucion de la Reliquia. Por bien de paz se partió la Reliquia por medio : y asi
está aserrada delicadamente , y el dicho Prior del Puig dió
Carta de recibo de la dicha media Canilla à las espaldas del
Poder , à XIII. de Octubre del dicho año. Todas estas Es-
crituras y Cartas Originales están en este Monesterio, y yo
las vide. De alli atrás el Testimonio se ha de buscar en Es-
te-

tella, aunque ya se ve como era tenida alli por preciosa Reliquia, y muy cierta, pues con instancia de Reyes y del Pueblo se recobraba. Demas de esto han sucedido aqui milagros, y la devocion de la Villa y su Pueblo es grande con esta Santa Reliquia: y asi el dia de S. Marcos la Procesion va à S. Benito, y se hace gran fiesta, y veneracion à la Santa Reliquia. En tiempo de peste jamás se ha visto haberla en el Monesterio desde un milagro que refieren de que la habia en el Monesterio muy grande, y no en la Villa, y los Monges con ayunos y procesiones con los pies descalzos reverenciaron la Santa Reliquia, y se encomendaron al Santo Evangelista: cesó la peste luego, y nunca mas la ha habido.

Hay mas siete Arquitas diversas de marfil, y ataracea, llenas de Reliquias menudas: el testimonio no es mas de la antiguedad, y la tradicion que llaman los Theologos.

Dos Cabezas de las Once mil Virgenes en vultos de talla dorados hasta los pechos, con viriles redondos alli: el testimonio no es mas que tradicion antigua.

Item un Relicario rico de plata con peana de mas que un palmo de diametro, de que se levanta otro ochavo, todo bien labrado, y dorado: éste sustenta à un viril Cristalino redondo de un palmo de alto, con cimborio de lo mismo, y remates de plata dorada. Dentro está una Espina de la Corona de nuestro Redemptor, sobre linda peanica adornada de perlas. Hicieron este Relicario las dos Condesas de Miranda, y Gelves, por milagros que obró en ellas nuestro Señor, sanandolas siendo tocadas con esta Santa Reliquia, en tiempo que ya los Medicos habian desesperado: y asi estan alli sus Armas: y este es el testimonio, y la tradicion antigua. Todo este Relicario es de mas de media vara en alto, y está encerrado en una Caja de terciopelo verde.

Item un Crucifijo en una raíz de un Arbol, que dicen nació asi naturalmente, y lo descubrió un Labrador, y aun añaden Judio, arando en el Reyno de Toledo, y que sucedió por

es-

esto su conversion. Es muy semejante en su manera à las Mandragoras, que algunas veces muestran algunos por gran maravilla con aquella manera de cabellos, y tales particularidades: está engastado en viriles qüadrados con ornamento dorado sobre cobre, y otro ornamento dentro de cobre descubierto. Toda la labor es antigua, y esto es el testimonio, y el haberlo dado aqui el Arzobispo de Toledo Don Sancho de Rojas. Dios puede obrar mayores maravillas que esta quando le pugliere, mas cierto pone alguna sospecha de artificio las facciones, y delicadezas de ellas que vemos en las Mandragoras ya dichas.

Otro dia me dijo el Sacristan mayor como habia memoria en casa de que este Crucifijo fue del Emperador de Constantinopla, y el lo envió à Eneas Silvio, que fue el Papa Pio II. y el al Arzobispo de Toledo D. Sancho. Con esto no se me añadió nada en el credito, antes me confirmó mas mi duda esta variedad.

Item otro Relicario de plata dorada qüadrado à manera de Custodia con su Cimborio, todo de buena labor antigua: tiene debajo de grandes viriles compartimientos pequeños, y en ellos Reliquias pequeñas de S. Sebastian, S. Lorenzo, S. Pablo, y asi otros Santos señalados con sus titulos en papelicos. El testimonio es haber sido este Relicario del Obispo de Leon D. Fulano de Valdivieso, [1] que lo dejó aqui, y el haber sido un notable Perlado da mas autoridad.

Item otro Relicario menor de plata dorada, harto antiguo en la labor, lleno de Reliquias menudas. La mas insigne es un artejo de dedo de la mano de la gloriosa S. Ana, y entiendese porque tiene, como todas las demas, su titulo en un papelico. El testimonio es la antiguedad de la labor, y de no saberse quién le dejó à la Casa.

LI-

(1) Este D. Fulano se llamaba D. Alfonso de Valdivieso, Obispo de Leon, Presidente que fue de la Chancilleria de Valladolid, desde el año 1490. al de 1492. insigne bienhechor de aquel Real Monasterio, donde yace.

LIBROS.

HAY dos Librerias, que por los sitios llaman alta, y baja; en la baja hay mas libros de mano : y aunque algunos parecen raros, son de Autores no muy de estima. Asi no porné sino los que parece la tienen.

En la Libreria baja.

Etymologiæ D. Isidori, en pergamino, de letra harto antigua.

Un Libro antiguo de mano en papel grueso : es *sobre las Epistolas de S. Pablo*, y escribiólo el M. F. Martin de Cordoba, de la Orden de S. Agustin, [1] y dice al principio como lo escribió leyendo en Tolosa el año MCCCCLXI. Por Autor Español es preciado.

Aug. de Civitate Dei : en pergamino ; letra bien antigua.

Ejusdem, Confessiones: todo semejante al pasado.

Moralia Gregorii : harto antiguo ; en pergamino.

Splendor fidei. Es el Autor el Bachillér Pedro de Opta, profesor de Artes. Dirigelo al Arzobispo de Toledo D. Alonso Carrillo. Tiene el ser Español Autor ; papel grueso.

Un Libro en pergamino, de letra harto antigua, y tiene este titulo : *Este es el Libro de las Batallas de Dios, que compuso Maestre Alfonso, Converso, que solia haber nombre Rabbi Abner, quando era Judio, è trasladolo de Hebraico en lengua Castellana, por mandado de la Infanta D. Blanca, Señora del Monesterio de las Huelgas de Burgos*. Es Libro insigne por la mucha

(1) Llamabase *Fr. Martin Alfonso*, natural *de Cordoba*, insigne en la Cathedra y Pulpito. Pasó à Tolosa por Maestro público, y alli escribió esta Obra, reconocida entre otras que refieren los Bibliothecarios Augustinianos, Herrera, Elsio, y Curcio, con titulo de *Commentaria super Epist. Pauli*. Al año siguiente renunció el Obispado de Badajoz. Y luego fue Maestro público en Salamanca. Sus Libros quedaron en Valladolid (donde fue Vicario General, y Prior en el año de 1476.) pero los Frayles (como dice Fr. Geronimo Roman en su Chronica) los empeñaron à los Monges Benitos. Dicese (añade) que tienen alli uno *de Prospera y adversa fortuna*, dirigido al gran Condestable D. Alvaro de Luna. Este, ò no perseveraba en el 1572. ò no le conoció Morales. Mantienese el primero.

cha antiguedad , y por ventura no habrá otro : y vése como en todos tiempos se convertian Judios , y de los mejores , à nuestra Fé , en España : y si bien me acuerdo, esta Infanta fue hermana , ò hija del Rey D. Fernando el Santo , [1] y el lenguage de entonces era llamar Señora del Monesterio , [2] al Abadesa: tambien es Autor Español.

Santoral, grande , en pergamino , de letra muy antigua : es libro de estima. El titulo que tiene por defuera es : *Flos Sanctorum.*

Confessiones Beati Augustini. En pergamino : harto mas antiguo que el de arriba.

Hay cinco libros de Textos de Derechos , en pergamino, harto antiguos.

Augustinus super Psalmos , duobus Tomis : En pergamino, letra muy antigua , aunque diferente en el un Tomo.

Biblia admodum magna , quatuor Tomis : en pergamino. Al fin del primero Tomo dice : *Anno ab Incarnatione Domini MCLXXXVIIII. Era MCCXXVII. Petrus scripsit hunc Codicem.* Es insigne Original.

En la Libreria alta.

Remigius in Paulum. Pergamino , letra bien antigua.

Algunas Obras de S. Geronimo , y S. Bernardo de pergamino grande , y letra muy antigua.

Textos de Derecho Canonico , pergamino grande, letra muy antigua.

Hie-

(1) *Esta Infanta D. Blanca no fue hija , ni hermana de S. Fernando , sino biznieta , como hija que fue de D. Beatriz (muger del Rey de Portugal D. Alfonso III.) nacida de D.Alfonso el Sabio (hijo de S. Fernando) Vease el Tomo 2. de las Reynas Catholicas.*

(2) Hasta hoy usa el titulo de *Señora Superiora &c.* Pero esta Infanta fue distinguida con la expresion de *Señora de las Huelgas ,* cuyo lenguage no era comun à otras , sino particular para ella , como refiere la.memoria del Aniversario que se la hace alli à otro dia de la Dominica de Quasimodo por la Infanta D. Blanca , à quien llamaron Señora de las Huelgas, como refiere el Trinitario Moreno Curiel en el Prologo de la Vida de D. Antonia Jacinta de Navarra al fol. 9. Fue electa Abadesa en el 1305. y murió en 15. de las Kalendas de Mayo de la Era 1369. (año de 1331.) como expresa un Libro de Obitos de aquella Real Casa. Escribióse pues el libro referido antes del 1331. y despues del 1305.

Hieron. in Ecclesiastem. En pergamino , de 4. pequeño , letra muy antigua.

Un Libro grande en Hebreo , en pergamino , de letra algo antigua.

Cuerpos Reales.

ENterramiento Real no hay mas que el de la Reyna D. Maria de Ungria , [1] junto al Altar mayor al lado del Evangelio. No tiene dotacion ninguna , ni otra cosa , sino los cien ducados que S. M. da de limosna cada año para las hachas , que se ponen delante la Sepultura en las Fiestas.

Prioratos. Tiene esta Casa algunos , mas de fundacion Real solo S. Roman de Hornija , cerca de Toro : fundóle el Rey Cindasvindo de los Godos , y está alli enterrado. Aqui no dán mas relacion , y hay Reliquias , aunque deben ser menudas. De Fundacion , ni Dotacion no es maravilla que no haya memoria , siendo tan antiguo aquello. El enterramiento del Rey está à un lado , con arco y reja delante. Tienenle por Santo en aquella tierra , y en el Monesterio tienen una Historia repartida en nueve liciones como para leer en Maytines , y es lastima vér quan fingida y fabulosa es. Ya les he dicho à estos Padres como es cosa indigna de su mucha Religion y prudencia tener aquella Historia , y en aquella figura.

SAN FRANCISCO.   Num. 2.

TIene cien Frayles , fundacion Real de la Reyna D. Maria, muger del Rey D. Sancho el Quarto , como es notorio, y los Frayles lo dicen : y alli mandó enterrar esta Reyna al Infante D. Henrique , hijo del Rey D. Fernando el Santo , como en la Coronica lo dice , [2] y los Frayles lo entienden , y asi

(1) Hija del Rey D. Felipe I. y de la Reyna D. Juana. Murió en Cigales à 18. de Octubre de 1558. Pero yà no existe aqui , trasladada al Escurial en 17. de Febrero de 1574.

(2) Chronica del Rey D. Fernando IV. cap. 20. año de 1304. Pero murió el Infante en el año de 1303. como expresa D. Juan Manuel en su Chronicon , publicado en el Tomo 2. de la España Sagrada.

asi tienen su Testamento, mas no saben aún donde está el lugar de su sepultura.

En otra Capilla colateral de la mayor, que llaman de los Leones, está el Infante Don Pedro, hijo del Rey D. Alonso el Sabio, y su muger, que anduvo en la brega de compurgarse con hierro ardiendo, como está en la Coronica: [1] tienen cama alta con bultos. En la Capilla mayor à los lados hay sepulcros de palo con las Armas de Noroña, que son las mismas de Velasco, y en unos Versos latinos [2] se vee como son de D. Per Alvarez de Asturias, por cuyo hijo recayó aquel Principado en la Corona Real. Como no hay Dotacion, no hay sufragio ninguno por la Reyna, ni por estos Infantes, antes de poco acá han dado la Capilla mayor al Conde de Castro, que está enterrado en medio con tumba alta cercada de reja.

RELIQUIAS.

EN un Almario de la Sacristia sin otra particularidad, en un Relicario de plata dorada está metida en un pequeño cristal una Espina de la Corona de nuestro Redemptor, y está quebrada, y parece la quebradura con que falta la mitad, no

(1) No dice, ni sé que Chronica es esta.

(2) Yá no existen lo Versos, ni el Sepulcro de palo: pero en la Historia Ms. de aquella Real Casa, por el R. P. Fr. Mathias de Sobremonte, perseveran copiados en esta forma:

Impia mors, quis te furor impulit? ut Petrus iste
   Sic rueret per te, cui vita favebat aperte.
Hic Custos Legis, Cor Regis, pauperis egis,
   Hic tutela bonis. Hic cultor religionis.
Hunc genus, hunc mores, facundia, census, honores.
   Deservisse docent, quem coluisse solent.

Este D. Pedro fue abuelo de D. Rodrigo Alvarez de las Asturias, que adoptó por hijo al que despues fue Rey D. Henrique II. = Al otro lado de esta piedra, que tenia dos varas de largo, proseguian otros seis Versos:

Serve Dei Francisce mei sis dux morientis.
   Do tibi me. Tu sis animæ comes egredientis.
In te confido. Plausitque mihi tuus Ordo.
   Quid plus? tibi corpore cor do.
Pro te qui minor es ad Fratres migro Minores:
   Fratribus unior, Fratris sub veste Minoris
     Anno Dom. M.C.C.L.XXX.VI.

no muy antigua. Dicen la dió una Reyna de Navarra hija del Rey de Castilla. No hay mas testimonio.

El Cuchillo tambien quebrado con que degolló el Rey de Marruecos los seis Martyres de la Orden de San Francisco, y el Azote, y puas con que los arañaron. No hay mas testimonio de que lo envió alli todo el Infante D. Pedro de Portugal.

Una Cruz de plata en que estan engastadas catorce piedras pequeñas ovales, y redondas, que tienen esculpido al parecer naturalmente de relieve Jesus, y Jesus Christus : dicen se hubieron de esta manera. Fr. Pedro de la Espina, Santo Varon, y gran Predicador en tiempo del Rey D. Juan el Segundo, habiendo predicado aqui en Valladolid, pidió à nuestro Señor le diese à entender si habia hecho algun fruto con su trabajo. Mandósele en revelacion que sacase una herrada de agua de un pozo, y sacó en ella muchas de estas piedras, de las quales la Reyna D. Isabel envió algunas à la Capilla Real de Granada. Dios que imprime quando le place, su nombre en los corazones de piedra, puede esculpirlo asi en las piedras, para que ellas, como el dijo, hablen quando los hombres callaren. Mas hemos visto ya tantas ficciones de estas, de las que se pueden hacer con agua fuerte, y cera facilmente, que pone gran sospecha lo de estas piedras, por estar del todo semejantes à como quedan las que asi con agua fuerte y cera se graban.

Libros.

EN la Libreria no hay Libro antiguo de que hacer cuenta, porque el año pasado Fernando del Lunar, Secretario de la Santa Iglesia de Toledo, se llevó de aqui los que habia, dejando Cedula de ellos, y como en ella parece son los siguientes.

Liber Sanctissimi Ilefonsi, de laudibus Sanctissimæ V. Mariæ.

Isidori Hispalensis, de Obitu Sanctorum Patrum.

Item Exemplorum ad omnem materiam : incerti Auctoris.

Isidorus de summo bono, & alii tractatus ejusdem.

Isidorus super Pentatheucum, & alia.

Fortalicium fidei, de mano.

Ma-

Magister Sententiarum , de mano.

Biblia , de mano.

Epistolæ Ciceronis.

Biblia Hebrea , de mano.

En la Cedula estan asi señalados estos libros por estas palabras, y asi no puedo dár mas razon de ellos. La Cedula dice los volverá dentro de quatro ò cinco meses , y ha mas de un año que se llevaron , y los tres ò quatro postreros parece los llevó dados. Tan mal recaudo como este hallé alli en todo!

S A N   P A B L O.   Num. 3.

FUndacion de la Reyna D. Maria yá dicha, que asi lo dicen los Frayles , y parece por el Testamento de la Reyna , y por una donacion del sitio, que fue harto mayor que el que agora ocupa. Y parece tambien por un Privilegio de parte del Portazgo de esta Villa, que el Rey D. Fernando IV. à instancia de la dicha Reyna su Madre les dió. Vale quarenta mil maravedis. Otros Reyes han dado cosas menudas, à cinco mil maravedis, ò asi. Lo demás que la Casa tiene de renta hasta tres mil ducados, es de Beneficios, y herencias de Frayles, y sitios que dieron para una calle entera en la mitad de su Huerta. Tiene de ordinario cien Frayles. Lo que la Reyna fundó fue poquita cosa. El fameso Cardenal Torquemada Frayle de esta Casa, hizo la Iglesia que agora tienen , y Fr. Mortero, el Claustro, y otras cosas. En la Capilla mayor hay tres cajas dadas de Bermellon con algunos Escudos, y otras pinturas, y están puestas en lo alto en huecos de Ventanas, que cerraron : una es de niño y las otras dos de mochachos : pues ninguna es de tamaño de hombre: no se entiende cuyas sean con certidumbre, mas el tener la una Armas de los Manueles, parece que están alli hijos, ò nietos del Infante D. Manuel, à quien por personas tan conjuntas à la Casa Real se dió alli sepultura. Lo mas cierto es no haber nada cierto. La Capilla Mayor se está vacía, sin que sea de nadie sino del Rey de Castilla.

No hacen sufragio particular por la Reyna , ni por los

otros

otros Reyes, sino solamente en la Tabla general que tienen de
sus Cargos en el deposito dice al principio como son obligados
à rogar à Dios por la Alma de la Reyna D. Maria Fundadora.
Luego en general nombran los otros Reyes, y algunos en particular.

Libros.

L Ibros antiguos no tienen sino algunos Textos de Canones
del Cardenal Torquemada. Y un Pedro Damiano, que
tiene prestado el Obispo de Placencia.

Reliquias.

E L Relicario tienen en la Sacristia, y es grande con puertas
pintadas, y doradas, y agora labran pieza particular dentro en la Sacristia para que solo sirva de Relicario, y todo
lo merece la riqueza que en esto tienen.

Un retablo quadrado de una vara, ò poco menos en alto,
y media en ancho con sus puertas pintado todo por defuera de
buen jaspeado. Dentro es todo de plata dorada con algunas
piedras falsas bien engastadas. Cada puerta tiene diez y seis tondos hechos de molduras mayores que un Real de à ocho con
sus viriles delante. La tabla de en medio tiene 44. de estos
tondos, que acompañan en medio à uno mayor, con que
vienen à ser todos 77. Todos tienen debajo del viril un pergamino de su tamaño con letras grandes de bermellon, donde está el nombre del Santo, cuya Reliquia alli está. El ton-
do grande no tiene pargamino, sino que se descubre una
Cruz tan grande como un dedo, y mas gruesa que un Cañon
ordinario de escribir. En lo bajo tiene un pargamino pequeño en que dice: *De ligno Crucis.* Las demas Reliquias son de
Martyres, y de otros Santos, y muchos de los muy conoci-
dos. El testimonio es haber enviado este Retablo, con las demas Reliquias que se diran, desde Roma el Cardenal Torquemada, y asi están sus Armas de rosicler en este Retablo: y
hay una Arca grande en la Sacristia, pintada y dorada, con
escudos de las mismas Armas, y es en la que el envió estas
Re-

Reliquias desde Roma, y es parte de buen testimonio. Mucho mayor lo es, que el tuvo en Roma el cargo de Thesorero General de las Reliquias.

Quatro vultos de plata de la cinta arriba, poco menores que el natural, dorados en parte con las Armas del dicho Cardenal; asi mismo esmaltadas. En las tres hay Cabezas de las Once mil Virgines, y en el otro lado uno de los Inocentes: son de las Reliquias que envió el dicho Cardenal Torquemada.

Un brazo de plata, dorado en partes, y bien labrado, y algo antiguo. Tiene dentro dos Canillas de brazo de Santa Lucia, que se ven por una portecica, y parece serán menores que un palmo. Tiene en la mano un pequeño plato con dos ojos esmaltados. No hay mas testimonio de la Tradicion, y alguna antiguedad, aunque no mucha.

En un Relicario de plata con una red, sustentado en buena peana de plata de Obra moderna, está toda entera la quijada baja de S. Blas. No hay mas testimonio que la tradicion.

Otro Relicario de plata antiguo con un vaso christalino cubierto con Cimborio, tiene una Reliquia que es un hueso, no se sabe de que Santo. Tradicion tan confusa como se ve.

Otro Relicario de plata, con una cabeza de las Once mil Virgenes. Hay buen testimonio de Roma de esta Reliquia.

Otra Cabeza de las mismas Once mil Virgines, en vulto de Palo dorado, moderno: tradicion.

En un Relicario grande de plata con viriles toda entera una Espalda de Santa Cathalina de Sena. Hay grandes testimonios en Bulas de Roma de como se sacó, y envió esta Reliquia.

En una ampolla de Cristal, hasta un palmo de la cadena con que se disciplinaba Santo Domingo. Es de alambre entretegido, y menos gruesa que el dedo menique: representa antiguedad y hay tradicion.

Ocho Arquitas de marfil, y de ataraceas con Reliquias menudas.

LAS

LAS HUELGAS. *Num.* 4.

FUndacion de la Orden del Cister de la Reyna D. Maria, como parece en su Testamento, y en otras Escrituras. Quemóse en su vida lo que habia edificado alli cerca, y edificó de nuevo lo que agora hay, y asi se parece en toda la Iglesia ser obra muy antigua. Dotóles harto de lo que tienen, y lo demas les dió el Abad de Santo Andres, Chanciller de la dicha Reyna, de quien ella mucho se sirvió, como por todas las Coronicas de su marido, hijo, y nieto parece. Y fue digno Ministro de una tan alta Princesa, que en Christiandad, prudencia, y constancia en sufrir adversidades, y vencerlas con valor y cordura fue una de las mas señaladas Señoras que en todas las historias de España y otros Reynos se leen. Y en el Testamento de este Abad se vé con quanta razon la Reyna lo preciaba. Dejó la Casa de Monroy cabe Placencia. Toda la hacienda no es mucha, y lo mas es grangería. Hay de ordinario ochenta Monjas. La Reyna está enterrada en medio de la Capilla Mayor en cama alta de marmol blanco, con bulto de lo mismo. Tiene Corona, mas está en habito honesto sin tener letra ninguna. Tiene los Escudos con Castillo, y Leon, y otros con solo Leon, y Castillo por orla, que parece fueron las Armas de su Padre el Infante D. Alonso de Molina. A ambos lados en la pared estan arcos labrados de follages de yeso con tumbas no muy grandes de lo mismo con aquellos Escudos de Leon, y sin letra. Son sepulturas de los Infantes sus hijos, como las Monjas por tradicion refieren.

Mantienen las Monjas esta fundacion Real honradamente con no haber nadie enterrado en la Iglesia, y una Capilla que hay del Abad de Santander, es cosa distinta de la Iglesia, y que no tiene puerta à ella, y todo quanto en el Monasterio se dice, y se canta de Misas, y lo demas, es por la Reyna fundadora con decirle à todas las horas perpetuamente un Responso con un Psalmo, y rezarle cada Monja un Psalterio cada año, y hacersele un Anniversario con gran solemnidad y acompañamiento el dia de su muerte.

C

RE-

RELIQUIAS.

EL Relicario tienen en la Capilla mayor à un lado con puertas de pintura, y doradas, harto antiguas, y las Reliquias me mostraron con gran solemnidad. Pusieron una mesa con Dosel rico, sobre que las sacasen, y vistióse un Capellan, y encendieron Cirios gruesos, y pevetes por todo el tiempo que duró verlas y escribir la lista, tañieron el Organo y cantaron.

En una arquita grandecica de linda ataracea está una bolsa à manera de valija de Carmesi pelo con muchas franjas ricas de plata, y la abertura que tiene por medio se cierra con botones de oro: y fue hecha aposta para guardar como se guarda en ella la tunica entera de Santo Domingo. Es de cierta manera de estameña delgada, mas muy aspera, asi que bastaba por Cilicio. Está muy conservada y limpia, y solo tiene dos agugeros. Es insigne Reliquia, y que pone gran devocion. El testimonio que hay de ella es haberla dejado aqui la Reyna fundadora, y esto viene por tradicion. Ella pudo haber esta Reliquia por ser quien era, y Santo Domingo habia poco que era muerto quando ella reynaba.

En esta misma arquita está un cuchillo con que el Santo mismo (à uso de Frayle) se servia. Representa harta antiguedad, y mayor su bayna hecha de estraña manera. [1] Tradicion, y esta antiguedad.

En una caja de plata larga mas que media vara, y ancha en qüadro de quatro dedos con dos remates à cada lado dorados, que se levantan en alto mas de un palmo, bien labrados à lo antiguo como lo es toda la Obra, está una insigne reliquia de una Casulla entera del Apostol S. Andres, y asi todo el engaste está cercado de aspas, y por lo alto van letras de la misma labor antigua en que dice: *Aqui está la pierna de Santo Andres*; en medio hay una puertecica con algunas piedras falsas engastadas: por alli se parece el hueso. Está muy fresco

con

(1) *Por mas que he solicitado dibujo de esta estraña manera, no he logrado el efecto, pues dicen que no se encuentra.*

con cierto rojo que le da mucha viveza , y tiene en alguna parte tambien algun poquito de carne , con harta frescura , y no hay pensar en artificio , ni ficcion , sino en notable sentimiento del Cielo , que mueve luego à reverencia , y devocion. Y por algunas partes donde ha faltado la soldadura se ve como el hueso está entero con su chueca. Por tradicion se tiene que dejó tambien esta Reliquia la Reyna fundadora , y la antiguedad de su Relicario bien lo confirma.

Una Cruz de plata , obra nueva , con gran pedazo , como dedo y medio , de Ligno Crucis. No hay decir como , ni de donde se huvo. Está en una arquita de Carmesi. Una Cabeza de las once mil Virgenes en una arquita rica , y en otras cinco muchas Reliquias de Santos , menudas. De nada de esto hay testimonio.

La Iglesia Mayor.

ES Fundacion del Conde D. Peranzures ; y no hay libro , y pocas Reliquias menudas : asi no hay que referir aqui.

PALAZUELOS. *Tit. 2.*

DE la Orden del Cister , dos leguas y media de Valladolid , junto à Cabezon. No es fundacion Real , sino de unos Caballeros antiguos Meneses. Es Cabeza de la Orden en Castilla , y el Abad es reformador general.

No tiene mas Reliquias de unas pocas menudas en una arquita : ni tampoco tienen Libros.

S. ISIDORO. *Tit. 3.*

DE Benitos , media legua de Dueñas , fundacion Real del Rey D. Garcia de Leon , como parece por Escritura del año de nuestro Redemptor DCCCLXXXI. [1] Esto supe por relacion

cion

(1) No reynaba entonces D. Garcia. La dotacion de este Rey à S. Isidro de Dueñas la imprimió Yepes Tomo 4. Escritura XXIII. que es de la Era DCCCCXLVIIII. año de 911. en que vivia el Rey D. Garcia con su muger la Reyna D. Nuña , nombrada Munia Domna.

cion cierta , y no me digeron mas , que yo no entré en el Monesterio. Dióles tambien harto de lo que tienen el Conde D.
Peranzures.

VILLA MURIEL.   *Tit.* 4.

ES Lugar pequeño, una legua de Palencia. Dijome que fuese
à el el Presidente en Valladolid , porque habia muchas Reliquias. El Relicario está cabe el Altar mayor , labrado de ye-
sería , con reja dorada , y despues unas puertas con S. Pedro , y
S. Pablo de pintura. Dentro hay un arca dorada de buena hechura , nueva , de una vara en largo , y buena proporcion de
alto con la tumba , dentro hay lo siguiente.

Un Retablico con un Crucifijo antiquisimo de un geme,
y al derredor del XXII. redomitas llanas de vidrio atadas , con
diversas Reliquias menudas.

En un Cofre de marfil dorado de media vara en largo,
está envuelto en un cendal Turquí con algunas listas de oro
una Canilla del brazo de S. Lorenzo. El hueso está harto fresco , y con alguna carne fresca. A mi me pareció harto pequeño , y de mochacho , ò de hombre chiquito.

En un Cristal redondo , y grueso mas que el pulgar , bien
engastado en plata dorada , hay un pedazo al parecer como la
palma : dicen fue de las envolturas de nuestro Redemptor. El
lienzo está harto fresco.

Hay un Relicario de plata pequeñito , harto ingeniosamen-
te labrado : es como una Ampollica , y el vientre quasi redondo : se abre en quatro quartos , y en cada uno hay una Reliquia menuda. Juntanse estos quatro quartos como si fuesen
de una manzana , y cierranse todos con un tornillo que tiene el cuello de la Ampolla , y asi se hace todo el vasito y se
deshace.

Hay otras seis Cagitas , ò Cofrecitos pequeños ricos , con
Reliquias menudas.

Todo esto no tiene mas testimonio del antiguedad , porque vienen desde el tiempo que aquella Iglesia fue de Tem-
plarios : y esto se tiene asi por tradicion de unos en otros.

PALENCIA. *Tit. 5.*

LA Iglesia Mayor es fundacion Real del Rey D. Sancho el Mayor, por el milagro del Javalí, que se acogió à la Ermita de Santo Antonino, como es cosa notoria por nuestras Historias. Despues muchos Reyes acrecentaron y confirmaron: mas ningun sufragio hacen en particular, ni en general por ninguno dellos.

Enterramiento Real.

CUerpo Real no hay otro sino el de la Infanta D. Urraca, cuya memoria estaba quasi del todo perdida, y hallaron su cuerpo desenvolviendo unas gradas de la Capilla del Santisimo Sacramento con un titulo en latin que dice, como fue hija del Emperador D. Alonso, hijo de D. Urraca, y muger del Rey D. Garcia de Navarra. Alzaronla en alto en un arco, en la misma tumba en que la hallaron, que es de madera dada de colorado con algunos Escudos, y pusieronle el titulo que le hallaron. [1] Por esta Señora dicen algunos pocos Responsos entre año.

Reliquias.

EN las Reliquias tienen custodia digna dellas, y el inventario dellas bien cumplido. El Relicario es una reja tan larga como es el Altar mayor por todo el debajo el Retablo, bien labrada y dorada. Parecense de fuera nueve arquitas ricas de Plata, y de Marfil, donde estan muchas Reliquias, las mas de ellas menudas, y luego se dirá de algunas. Este Relicario no se abre sino con gran solemnidad, y la postrera vez que se abrió fue año de MDXXIIII. visitando el Obispo con su Dean y Cabildo. Entonces se hizo el inventario de todas las Reliquias muy cumplido, y aunque en la Sacristia está en una ta-

(1) *Persevera el esqueleto entero. El sepulcro, sin cerradura.* Abajo en el titulo de *Sandoval* dice que yace alli esta Infanta. Pero consta no ser asi: pues su cadaver se ve aqui en el Arco citado. Vease el Tomo I. de las *Reynas Catholicas* en esta hija de D. Alfonso Septimo.

tabla colgada, está autorizada de Notario. Tiene sus Titulos generales por si de letra colorada, de esta manera.

Reliquias de nuestro Redemptor.

Reliquias de nuestra Señora. = y asi otros.

Luego debajo cada titulo se pone de letra negra en particular lo que hay. Lo que mas notable me pareció fue, que hay una manga entera del Silicio de S. Juan Bautista *de pilis Camelorum*, y quatro espinas de la Corona de nuestro Redemptor.

Item dos huesos de S. Phelipe Apostol. Fuera de esto en la Sacristia tienen las Reliquias siguientes.

En un brazo de plata de quasi una vara en alto, y dorado en partes, una Canilla entera de S. Vicente Martir, veese por una portecica en medio. La obra de la plata es muy antigua.

Otro brazo de plata semejante, aunque menor, y algo antiguo, tiene dentro una Canilla de S. Antonino.

En otro brazo semejante otra Canilla del mismo Santo; y un hueso pequeño como un geme, de S. Lorenzo.

Como la Iglesia tiene la advocacion de S. Antonino, han procurado muchas Reliquias de él.

Asi tienen una Imagen suya de plata de mas de una vara en alto con una portecica disimulada en las Espaldas por donde se vé como tiene dentro una Espalda entera del Santo. La plata se está toda blanca, y es nueva, y rica labor.

En otra Imagen de plata hasta los pechos poco menor que tres quartas de muy linda labor, moderna, la Cabeza de S. Cordula, una de las Once mil Virgenes.

En una caja redonda de plata de alta un palmo está la megilla baja de S. Albino, toda entera con algunos dientes. De todas estas Reliquias, asi las del Altar mayor, como de la Sacristia, ningun testimonio tienen, sino es la antiguedad y tradicion de unos en otros. De la Cabeza de S. Cordula hay testimonio de como se dió en Colonia.

Libros.

LA Libreria es poca cosa, sin tener libro notable. Un Canonigo por nombre Thomás Paz, me mostró en su Casa un libro deshojado de letra gothica, harto antiguo, en pergamino. Fue buen libro, y contenia vidas de Santos escritas por buenos Autores. Lo notable que se ha salvado en aquellos quadernos es esto.

Vita Sancti Paulini, per Oranium Presbyterum ad Pacatum. Vita Sancti Germani. No tiene nombre de Autor.

S. Pablo de Dominicas, ni S. Francisco, aunque son Monasterios antiguos, no son de fundacion Real, ni tienen Reliquias, ni Libros de cuenta.

HUSILLOS. *Tit.* 6.

IGlesia Colegial de Abad, Dignidades, y Canonigos, en un Lugarejo de este nombre, dos leguas de Palencia.

La Fundacion es de lo mas antiguo de España, mas no es Real, sino de un Conde D. Fernando Ansurez, y otros dos hermanos suyos, Señores de Monzon, que alli llaman Monteson, y está media legua de alli. La Reyna D. Teresa de Leon, hermana de los fundadores, y la Infanta D. Urraca, hija de D. Fernando el I. dieron alguna hacienda, y por ellas hacen en particular entre año algunas memorias.

Reliquias.

EL Relicario es una caja de piedra en la pared, al lado de la Epistola, junto al Altar mayor, con moldura al rededor, tan antigua, al parecer, como toda la Obra de la Iglesia. Tiene dos puertas de reja de hierro, tan antiguas como la Obra, y dentro hay una arca dorada tumbada, nueva, con algunos follages de estofado de hasta tres quartas de largo, y media vara en alto. Esta sacaron de su lugar Dignidades, y Canonigos con mucha autoridad de acompañamiento, y

ves-

vestidos , y lumbres , y la pusieron sobre el Altar mayor para mostrarmela alli. Dentro hay muchas cosas medianas , y muy pequeñitas de diversas maneras. Unas están cubiertas de sedas, otras de telillas entretegidas con algun oro , y plata , otras hay chiquitas , cavadas en pino desnudo con unos encagés muy justos por cerraduras. Y todas las unas y las otras representan tanta antiguedad , que aseguran los mas , de seiscientos años que ha que estan alli , porque no tienen testimonio de menos antiguedad , como luego se verá. Todas estas Cajas tienen muchas Reliquias , las mas de ellas menudas, sin que haya mas notables , de las siguientes , y todas tienen sus titulos de muy antiguo.

Una Cruz de plata dorada de un geme en largo , de obra muy antigua : tiene dentro *de Ligno Crucis* , sin que se pueda entender quanto.

En un Cristal redondo de mas de un dedo de diametro, y poco menos de un geme en alto , con quatro como pilaricos con sus remates que acompañan al cristal al rededor, está una Espina de la Corona de nuestro Redemptor. Es muy larga tanto quasi como un dedo levantado , y en la punta que es agudisima tiene muy conservada la sangre. Es extrañamente semejante à la de S. Geronimo de Cordoba , en ser mezclada de dos colores , que son las mismas que vemos en la Centaurea , ò Teagoncia , y asi mezcladas à pedazos, como las vemos en aquella yerva. Tiene esta Santa Reliquia mas que la de Cordoba , una cepita de su arbol , como quando desgajamos un ramo de qualquiera planta. *Es singular Reliquia* , y que provoca à gran devocion.

En una Caja antigua de plata , lisa , con solos los dos goznes dorados , hecha en forma de pie , está uno de S. Lorenzo entero , con sus dedos y uñas , ò cajas de ellas , y todo su cuero. Los dedos estan muy tiesos , mas el cuero y todo lo del empeine está muy fofo , y aun cosido el cuero en dos partes con hilo blanco de muy antiguo al parecer , y yo no puedo entender à que fin , pues por la garganta está todo abierto , asi que se ven los nervios , y todo lo de dentro. Lo que yo mucho miré es que es muy cortico , y angos-

to:

to : como está fofo puede ser, que está encogido, mas toda la caja de plata en que está no tiene mas que un palmo de los mios, que es una quarta. Esta Reliquia particularmente tiene olor harto suave, y con la plata y todo está envuelta en un cendal colorado, y metido con otras Reliquias en una de aquellas cajas antiguas.

Estas Reliquias tienen grande autoridad, tanto como qualquiera otras pueden tenerla en España, pues ha mas de seiscientos años que estan alli con buen testimonio de autoridad Apostolica de esta manera. Antes del año de nuestro Redemptor DCCCCL. un Cardenal Raymundo vino acá, siendo ya viejo, sin que se entienda por que ocasion. Traía muchas Reliquias, que el Papa le havia dado, y pidió à la Reyna Doña Teresa de Leon, hija de los Fundadores ya dichos, y Muger del Rey D. Ramiro de Leon, que le diese alguna Iglesia en lugar desierto donde se recogiese con aquellas Reliquias para ponerlas dignamente, y acabar alli la vida. La Reyna le respondió que ella no tenia cosa semejante que le satisfaciese. Mas miño hermano (dijo prosiguiendo adelante) vos dará, si el quisiere, la su Iglesia de Santa Maria de Defesa brava (que asi se llamaba entonces aquel sitio.) Todo esto se refiere asi al principio en la Escritura de la fundacion. Y luego entraron el Conde, y sus hermanos dandola al dicho Cardenal. Yo no vi esta Escritura original, porque estaba fuera del Archivo presentada en pleytos, mas tuvelo por relacion de las Dignidades, y Canonigos de alli, que muchas veces la han visto, y hoy en Madrid tiene el Abad copia autentica en un Becerro universal de la Casa: El Abad es hijo del Licenciado Juan de Bargas, que está en Flandes por S. M. Vide algunas Escrituras originales de estos Condes de Monzon de aquel año, y otros siguientes, donde nombran al Cardenal, que ya era Abad de la Casa, y tambien vi Donaciones de la dicha Infanta D. Urraca.

Despues de las Reliquias dichas y su autoridad, de mala gana pongo un pedazo que muestran de *Ligno Crucis*, sin ningun engaste, tan grueso como tres dedos juntos, y mas largo que ellos levantados, porque à mi me parece que aun es mucho para ser de la Cruz de la Vega de la Isla de Santo Domingo.

D

Li-

Libros.

EN su Libreria, que es quasi nada, tienen alli un libro en pergamino, letra harto antigua, y es un Sumario del Fuero Juzgo en latin. Al cabo dice: *Completus est liber iste XVI. Kal. Junij Era MCCXVI.*

Aunque no sea de las tres partes de mi comision, todavia porné aqui una antigualla Romana que hay en esta Iglesia, por su excelencia.

Al lado del Evangelio, cerca del Altar mayor, en un arco liso alto del suelo como hasta la cinta, está un Sepulcro, que es un arca de piedra blanca, que se puede llamar marmol, pues recibe pulimiento y lustre como el. Es de ocho pies en largo, y tres y medio de alto, y otro tanto en ancho, y estando labrada, como se dirá, tiene una cubierta tumbada de una piedra tosca, y tan groseramente labrada, que parece se hizo aposta de tan mala manera, porque la labor del arca pareciese mejor; aunque sin este oposito se muestra bien su lindeza. En la haz de esta arca está esculpida de mas de medio relieve el fin (à Tit.
Liv.De-
cad. 1.
lib. 1. à
c. 26. lo que yo creo) de la Historia de los Horacios, y Curiacios, pues está al principio la hermana muerta, y asi luego su esposo con gente llorosa sobre la hermana, y entre ellos uno, que no pareciendosele mas que el colodrillo con la mano puesta en la megilla ácia el, representa mas tristeza que ningun otro rostro de los que se parecen. Con esto se puede pensar que el Artifice quiso fuese este el Agamenon de Timantes, que encubriendo su pesar la postura, lo muestra mayor el arte. Sigue al cabo una manera de Sacrificio, y parece el pasarlo el Padre al matador por debajo el Tigilo sororio, y todo aquello que Tito Livio va prosiguiendo. Porque tambien en el testero del Arca que está tras esto, estan dos, que teniendo un Ara en medio, parece sacrifican. En el otro testero estan dos que parece encierran en un Sepulcro la urna con las cenizas. Este es mi juicio de la Historia: la excelencia de la escultura se puede sumar con lo que dijo Berruguete habiendo estado gran rato como atonito mirandola: *Ninguna cosa mejor he visto en Italia,* (dijo con admiracion) *y pocas tan buenas.* Tambien el Cardenal Poggio, despues de haberla mirado despacio, con espanto, dijo al Secretario Gracian el Padre, que estaba con el: *Merecia estar esta Tumba en Roma en medio las mas preciadas antiguallas, que alli hay, por tan buena como todas ellas.*

Lo que yo creo es, que hay mas de 20. figuras, y quando estaba mirando la una, y pensaba que alli se habia agotado la perfeccion del Arte, en pasando à mirar la siguiente, entendia como tuvo el Artifice de nuevo mucho que añadir. Cada figura mirada toda junta tiene estraña lindeza, y en cada miembro por si, por pequeño que sea. Hay otra particular que sin ayudar à todo el cuerpo, el por si solo se tiene su estremado artificio. Está toda la historia muy conservada, si no es una sola figura al un lado, que à lo que yo juzgo por estar muy relavada la quitó algun Artifice por llevarse alguna muestra de tanta maravilla. El lado que está arrimado à la pared puede ser que tenga algunas letras por estar liso segun se juzga por lo que se puede tocar, y dentro hay huesos, sin que se tenga noticia de cuyos son. Lo que se puede pensar es que aquel Conde fundador está alli, y se hizo poner aquella tumba de tiempo de Romanos, que acaso se habia hallado alli en su tierra. Pues la historia da à entender se esculpió por ellos para sepultura de alguno de aquel linage, pues para sepultura de Christianos es cierto que no se hiciera.

SANTA CRUZ. *Tit.*7.

MOnesterio de la Orden de Premostre, una legua de Husillos, à la ribera del Rio Carrion. No fui allá, porque no tuve noticia del hasta haber pasado adelante. Por informacion entiendo que es Fundacion y Dotacion Real, y no pude entender mas que esto. [1]

FRO-

(1) Su primera ereccion se dice hecha en el año de 922. pero el titulo de Real se defiere al Rey D. Alfonso VIII. que en el 1176. introdujo alli los Canonigos Premostratenses, llevando del Monasterio de *Retuerta* à Joan, que fue el primer Abad. Pero lo incomodo del sitio obligó à que en el año de 1627. trasladasen à Valladolid el Monasterio.

FROMESTA. *Tit.* 8.

LA Iglesia de S. Martin es Parroquial, y la Reyna D. Urraca hija de D. Alonso el VI. la dió al Monesterio de S. Zoyl de Carrion, y asi quedandose Parroquial, es Priorato de aquella Casa. El año de nuestro Redemptor MCCCCLIII. Domingo dia de Santa Catalina sucedió el gran misterio del Santisimo Sacramento, que en aquella Iglesia se vé, y fue en suma esto:

El Cura Fernan Perez de la Monja llevó el Santisimo Sacramento à un enfermo llamado Pero Fernandez Teresa, y quando quiso tomar de la Patena dos particulas una mayor que otra para darlas al enfermo, no las pudo quitar de alli por haberse hecho immobiles con pegarse en la patena, y ser imposible quitarlas. El enfermo era buen Christiano, y tambien el Cura buen Sacerdote, por donde pareció luego mayor la maravilla. Porque preguntó el Cura con diligencia al enfermo, si se acordaba de algun pecado? Respondió que no. Prosiguió en preguntarle, si estaba acaso descomulgado? El con su buena simplicidad respondió que no, porque aunque lo habian descomulgado por una deuda, ya el la habia pagado. Preguntandole adelante el Cura, si se habia hecho absolver de aquella excomunion, el perseverando en su simpleza, dijo que no, porque habiendo pagado, creyó no era menester. Entendió el Cura el obstáculo, quitólo con absolverlo, y ministróle luego otra particula, la qual el enfermo recibió sin ninguna dificultad, y murió de aquella enfermedad. Las otras dos particulas se quedaron asi pegadas en la Patena, que nunca mas se han despegado, y agora à cabo de mas de cien años estan las especies sin corromperse : y es mayor el milagro, porque si la Hostia se pega en plata con agua, ò con otra cosa humeda, no ase, y solo dura pegada hasta que se seca el licor. Hay mas, que la una particula tamaña como la uña del pulgar, está toda pegada en la Patena : mas la otra particula mayor está pegada por solo lo bajo aun no la quarta parte, y todo lo demas está en el ayre desviado de la plata. Y es toda del tamaño de un real. Otra parte muy principal del milagro, à mi pobre juicio,

cio , es el sentimiento que pone este misterio aun en un tan
pecador , como yo. Los Cabellos se rizan ; el cuerpo todo tiem-
bla ; y el alma , aunque indigna , concibe algo de temor y
reverencia , que se debe al que por su Omnipotencia por tan
gran misterio quiso mostrar la verdad de su presencia en el Santisimo Sacramento , y el gran poderio que dejó en su Iglesia
para abrir y cerrar el Cielo , manifestando tambien en particular la fuerza de la Excomunion.

Esta Patena con el misterio está en el Sagrario detras de la
Custodia ordinaria del Santisimo Sacramento en otra mayor , y
muy rica de tres qüartas en alto con sus viriles , y está levantada , y no tendida , que tambien es parte del milagro.

La Custodia tiene cubierta muy rica de Carmesi raso , con
bordaduras harto delicadas , y entre ellas las Armas de los Señores del Lugar , que la diéron. Muestran este misterio à muy
pocas personas , y con mucha reverencia. El Cura se viste y
dos Monges lo acompañan con grandes Cirios encendidos.
Dicen la Confesion general de rodillas , porque se limpien aun
de los pecados veniales , los que han de adorar tan alto misterio. Cantan luego al descubrir *Tantum ergo Sacramentum* , &c.
y todo lo demas se hace harto devotamente. La Iglesia es pobre , y desean S. M. les impetrase un Jubileo siquiera para
una Lampara de plata y su gasto. Hanse hecho algunas averiguaciones de este misterio , y la ultima que yo vi , harto grave y autorizada , en tiempo del Obispo Valtodano , que agora
es Arzobispo de Santiago , en que se tomaron por testigos personas harto graves , Dignidades , y Canonigos de Palencia , y
asi otros que habian visto este misterio : y todos deponen con
grande admiracion del.

Hay en esta Villa un Monesterio de Monges Benitos , que
de cien años atrás , ò poco mas han fundado los Marqueses ,
y tienen alli su enterramiento.

S. ZOYL DE CARRION. *Tit. 9.*

DE la Orden de S. Benito , fuera de la Villa , de la otra parte de la Puente. Es Perroquial todavia , aunque es Monesterio , y quando se fundó tuvo la advocacion de S. Juan
Bau-

Bautista, y asi tien el bulto de este Santo en medio del retablo. Mas como se trujo alli el Cuerpo del Santo Martyr Zoylo,
comunmente se comenzó à llamar de su nombre. No es fundacion Real, sino de la Condesa D. Teresa, hija del Rey D.
Ordoño, hija del Infante D. Ordoño, hijo del Rey D. Ramiro
de Leon, y casó esta Señora con el Conde D. Gomez Diaz de
Carrion. Marido, y muger, y muchos de sus hijos, y muchos nietos estan alli enterrados.

Reliquias.

ENtre estos está el Conde D. Fernando Gomez, primogeni-
to de los Fundadores, que como por Escrituras de la Casa parece, trujo alli de Cordoba los Cuerpos Santos de S. Zoylo Martir, que padeció alli en tiempo de Diocleciano, y el de
S. Felix el Monge, que tambien padeció en Cordoba, muchos
años despues en tiempo del Rey Moro Mahomat, hijo de Ab-
darrahaman el tercero. Los Monges dicen, que este Caballero
se fue à Cordoba à servir al Rey Moro, y que despues por premio de su servicio le pidió estos Cuerpos Santos: no es buena
esta mi conjetura, [1] porque murió este Caballero, como parece en su sepultura, cinco años, ò poco menos, antes de esta
jornada de Cordoba. [2]

Despues de venidos los Santos Cuerpos, todos los de aquel
linage que donan al Monesterio, los nombran por sus Patro-
nes, y à ellos ofrecen lo que dan, que es tambien un gran
testimonio de los Cuerpos Santos, y su verdad, y estan puestos en el Altar mayor desta manera.

En medio del retablo alto del Altar, como à los pechos en
dos nichos dorados à los lados de la Imagen de S. Juan Bautista, estan dos arcas de madera tumbadas de una vara en largo, y tres quartas en alto. Estas arcas estan cubiertas de planchas de plata, en unas partes doradas, y por la frontera labradas algunas imagenes de mas que medio relieve. Por todas las
ar-

(1) Parece debe leerse, no es bueno esto, à mi congetura.

(2) Vease el Tomo X. de la España
Sagrada, sobre la *Translacion de S. Zoyl.*

arcas hay muchos engastes con piedras, y algunas muy grandes, y todas à mi parecer falsas. No tienen ninguna manera de cerradura, sino que clavaron con las chapas de plata las junturas de la madera, asi que quasi se ha de deshacer la chaperia por alli, quando se abran, y por esto se puede bien creer lo que los Monjes dicen, que jamas se han abierto despues que alli se pusieron. Y en la obra de la plata se parece bien ser antiquisima, como lo es, habiendo muerto el Conde D. Fernando Gomez, como se dice en su sepultura, el año de nuestro Redemptor de DCCCCLXXXIII. y este es otro de los grandes testimonios de los Santos Cuerpos. El de S. Zoylo está al lado del Evangelio, y el de S. Felix al de la Epistola, y no deben ser muchos los huesos de este Santo; pues S. Eulogio el Martir de Cordoba, escribe hablando como testigo de vista, que despues de degollado quemaron los Moros su cuerpo y echaron los huesos en Guadalquivir con las cenizas. Mas los Christianos con el piadoso cuidado que entonces en esto ponian, cogerian del agua los huesos que pudiesen.

Los Monjes dicen que tambien está en aquellas Arcas el Cuerpo de Agapio Obispo de Cordoba à quien ellos nombran Santo. Esto tiene muchas dificultades. [1]

Pudo bien ser, que hizo tambien traer el Conde con los Cuerpos Santos el del Obispo; no por tenerlo por Santo, sino por haber sido Ministro escogido de Dios, para hallar aquel Santo Cuerpo, como en la Historia de su invencion se lee. Y no era bien dejarlo en Cordoba sin tan buena compañia, como estando sepultado en la misma Iglesia habia tenido. Mas no es creible que encerraron sus huesos en las Arcas con los de los Santos. De cuyos milagros, que alli han hecho, hay una gran tabla escrita en la Iglesia.

Encima de estas dos Arcas estan otras dos chiquitas, la de sobre la de S. Zoyl es de marfil harto antigua. En la de marfil, como parece por su inventario, tienen Reliquias de S. Pelayo, y de S. Juan Bautista, y estas de este Santo tienen

mu-

_____

(1) *Vease el Tomo X. de la* España Sagrada *sobre el Obispo de Cordoba Agapio II.*

mucha autoridad, pues parece seran las de sobre que se fundó el Monesterio, à la santa costumbre de entonces que no fundaban quasi Iglesia, sino sobre fundamento de tener Reliquia para ella, aunque estas las encerraban comunmente en los Altares; sin que mas se pudiesen sacar.

Tambien tienen un dedo de S. Geronimo, aunque no certifican si está en estas arquitas, ò en uno de dos brazos de madera cubiertos quasi todos de planchas de plata, que estan à los lados de la Imagen de S. Juan Bautista, de los quales el uno está tan robado de la plata, que ya estan descubiertos dos pequeños huecos, que en la madera tenia. Otras mas Reliquias menudas tienen en la otra arquita, que es dorada nueva, y en otra antigua que tambien está alli en el Altar. De todas no hay testimonio, sino tradicion, y en algunas antiguedad.

Libros.

Tienen pocos Libros, mas entre ellos uno de Concilios, que con razon puede y debe ser mucho estimado: es de letra Gothica, y tiene luego al principio pintada la Santa Cruz de Oviedo, y luego la cifra ordinaria en que dice: *Theodemiri Abbatis Liber.* Digo la cifra ordinaria que suelen tener estos Libros Gothicos, que se lee à todas partes, dice luego en otra plana: *Inchoatus est liber iste XIIII. Kalendas Februarij Era DCCCCLXXXVI.* Siguen luego los Versos como estan en el grande del Real Monesterio de S. Lorenzo: *Celsa terribilis est,* prosiguiendo el indice en diez libros por lugares comunes, como alli está. Mas tiene mas que ambos los de el Real Monesterio, lo siguiente:

Las dos Epistolas del Arzobispo de Toledo Montano à Toribio el Monge, y à los de Palencia.

La Homelia de S. Leandro en el tercero Concilio de Toledo.

El quarto Concilio de Braga en tiempo del Rey Uvamba: todo esto no anda impreso.

Tiene mas el Concilio Emeretense, que está en los del Real Monesterio, à lo menos en el uno: mas tampoco está

im-

impreso. No tiene fin este Libro, y está bien enquadernado nuevamente en Becerro Leonado.

BENEVIVERE. *Tit.* 10.

ABadia de Canonigos Reglares una legua de Carrion, comenzóla à fundar el Rey D. Alonso el de ls Navas, y dióla luego à Diego Fernandez Sarmiento su Mayordomo : está alli enterrado con muchos de su linage, y el y los mas en los vultos tienen Alcones en la mano. Los Canonigos eligen Abad : no tienen Reliquias, ni Libros.

LA VEGA. *Tit.* 11.

MOnesterio pequeño de la Orden de Cister, dos leguas de Carrion Rio arriba : no es fundacion Real, sino de aquel Caballero Ruy Diaz Manzanedo, que se halló con el Rey D. Alonso en la de las Navas, y el y otros de su linage, que estan por alli enterrados, tienen tambien en los vultos Alcones en las manos.

Aqui no hay otra cosa notable, sino una, que lo es mucho.

Reliquias.

EN un brazo de plata, obra nueva, está un brazo entero, del codo à la mano con dedos y uñas, y carne harto fresca de Santo Torcato, uno de los siete verdaderos Apostoles de España, que S. Pedro, y S. Pablo enviaron acá desde Roma : insigne Reliquia, quanto puede ser, aunque no tiene otro testimonio mas que la antiguedad, y tradicion. La Caja de plata está metida en un Cofre forrado de Carmesi pelo por de dentro, y despues está hecha una Custodia particular de talla en el Altar mayor debajo de la del Santisimo Sacramento, donde está encerrado, y mostraronmelo con gran solemnidad de Canto, revestido, y acompañamiento y lumbre. En toda la tierra es tenida en mucha reverencia esta Santa Reliquia.

E

SA-

S A H A G U N. *Tit.* 12

MOnesterio Real de Benitos en la Villa de su nombre, y ambos lo tomaron de los Santos Facundo, y Primitivo. Su principal fundador fue el Rey D. Alonso el III. llamado comunmente el Magno, como parece por Privilegio suyo del año de nuestro Redemptor DCCCLXXV. [1] à los XX. de Noviembre, y este yo le ví en letra Gothica harto cerrada, y comienza por estas palabras: [2]

,, In nomine Sanctæ & individuæ Trinitatis vobis Domnis
,, Sanctis, gloriosisque Martyribus, nobisque post Christum
,, Jesum fortissimis Patronis Facundi & Primitivi, quorum
,, corpora in hanc venerabilem Ecclesiam sepulta est, in hunc
,, locum Calciata, quæ est sita super ripam fluminis cui no-
,, men est Ceja in finibus Galleciæ. Ego Adefonsus gratia Dei
,, Rex, cum conjuge Scemena qui studuimus hanc baselicam
,, restaurare, ampliare, & ditare, quam ab Hismaelita hoste
,, dignoscitur fuisse diruta, &c. Asi parece como esta del Rey D. Alonso fue reedificacion, y que el Monesterio estaba aun de antes de la destruccion de España, y aun hay Escritura de un año antes de esta del mismo Rey, y otras de los años siguientes.

Despues de este Rey nunca dejaron los sucesores de dár y acrecentar al Monesterio hasta el Rey D. Alonso el Sexto, que como fue Monge alli, aunque contra su voluntad, se aficionó al Monesterio, y de nuevo le dió mucho: todo parece por Privilegios.

Por el hacen Anniversario solemne dos veces en el año, y asi por otros pocos Reyes, mas no hacen memoria particular por el Rey D. Alonso el Magno, y el à la verdad en aquel Privilegio no dice ni pide mas que con estas palabras: ,, Idem obsecramus tam Abbates quam & ceteri qui ibi-
,, dem advenerint fratres, ut pro sospitate nostra vel incolu-
,, mi-

---

(1) *Debe leerse Era DCCCCXLIII. año 905.*
(2) *Ponele entero Sandoval en la Fundacion de Sahagun, con la Era 643.*

,, mitate Regni orare non desinant : ni se usaba tampoco entonces pedir mas particularidad. Sin esto dicen cada dia una Misa perpetua en general por los Reyes bienhechores, y entre año Responsos, y otros algunos sufragios.

RELIQUIAS.

LOS Cuerpos Santos de los dos Martires bienaventurados estan harto bien puestos en la Capilla Mayor al lado de la Epistola en un arco muy alto, que está cerrado, primero con reja dorada, y despues con puertas de pintura. Dentro está un arca de plata donde estan los Santos Cuerpos juntamente con la Cabeza de S. Mancio, uno de los 70. Discipulos de nuestro Redemptor, que vino à predicar en España, y fue martirizado en Ebora, y quando llegáre, placiendo à Dios, à donde está su santo Cuerpo, diré mas de el. Habrá treinta años, que con gran solemnidad de convocacion de Pueblos y muchas Fiestas, se trasladaron alli de detras del Retablo donde estaban. El Abad que es agora, y los Monges viejos, los vieron entonces los Santos huesos envueltos en muchos cendales, y Escritura en forma se hizo de todo ante Escribano y testigos: yo no la ví por no estár el Abad en casa.

En la Sacristia con la plata rica tienen sus Reliquias otras: una Cruz de oro de quatro dedos en ancho, y mas de tres quartas en alto, labor antigua y muy menuda con muchos engastes de piedras menudas, todas à mi juicio finas, aunque poco preciosas, como Nicles, Cornerinas, Turquesas, y asi otras. Tiene en medio una Cruz de *Ligno Domini*, tan larga como un dedo, y gruesa como medio. Su testimonio es grave con su antiguedad y riqueza, y con que por memorias fidedignas de la Casa de tiempo del Rey D. Alonso el VI. se sabe como la dió el, y que se la habia enviado à el el Emperador Alegio de Constantinopla. [1]

En una Caja quadrada, larga, de plata, labor moderna, y muy rica, una Canilla de uno de los dos Santos Martires,

que

(1) Convivió Alfonso VI. con el Emperador Alejo Comneno.

que se vé por unos viriles, y del testimonio de los Cuerpos Santos y de este su hueso no hay que repetir, habiendo puesto el principio y cabeza del Privilegio del Rey D. Alonso el Magno de cerca de setecientos años atrás, y de la misma manera continuan y razonan todos los Reyes siguientes.

Un Relicario como Custodia de plata dorada, tres quartas en alto, labor rica, y algo antigua, muchas Reliquias menudas de Santos bien repartidas, con sus titulos: tradicion, y el cuidado y riqueza de colocarlas es su testimonio.

El Altar mayor es el mayor que creo hay en España, pues tiene XVI. pies en largo. Está todo cubierto de planchas de plata de antiquisima labor, que con encasamentos, y figuras de Santos de medio relieve, hacen un rico frontal, y lo mandó hacer el Rey D. Alonso el VI. Cubrese este, y guardase con una tabla engoznada en lo bajo, y esta se alza à trozos y se cierra con quatro cerraduras, y sobre esta tabla se ponen los frontales ordinarios: mas en las Pasquas, y otras fiestas principales echanse las tablas abajo, que vienen justas con la peana, y cubrense con alfombras, y queda el frontal de plata descubierto.

Tambien en el Altar está una Imagen de Nuestra Señora de plata de tres quartas en alto: parecióme de planchas algo gruesas con madera dentro.

En medio de la Capilla mayor está enterrado el Rey D. Alonso el VI. con harta magestad de sepultura: sobre Leones grandes de alabastro está una arca grande de marmol blanco de ocho pies en largo, quatro en ancho, y alto, y el cobertor es llano y liso de una pizarra negra: sobre este tienen con madera hecha representacion de gran tumba, que de ordinario está cubierta con un tapiz tegido en Flandes aposta para aquello, de harto buena estofa, y debujo con mucha seda. En lo que cubre lo llano mas alto de la tumba está el Rey armado, y coronado: y en los lados, en buenos festones, armas de Castilla, y Leon: y en el testero de la cabecera está un Crucifijo, y asi en lo demás otras imagenes. En fiestas principales le echan encima un Dosel de Brocado. Otra co-

sa

sa les ví hacer à los Monges, que aunque tiene respecto de acatamiento, mas parece demasiado, y que excede. En unas Visperas solemnes incensó el Preste el Altar mayor, y luego los Santos, y luego la tumba del Rey: porque aunque estando vivo se habia de hacer asi; despues de muerto si no en obsequias, no se incensa nadie, si no es Santo. Otra cosa hacen de harto acatamiento con los Santos y con el Rey, que no consienten à nadie, si no es Persona Real, estar à oír Misa dentro de la Capilla mayor.

Al lado de la Epistola arrimada à la pared está una tumba alta de piedra con vulto, y es la Reyna D. Constanza, muger de este Rey: y al otro lado en el suelo cabe la tumba del Rey está una piedra lisa, donde dicen estan enterradas otras dos de sus cinco mugeres. *Hoy no existe.*

Al cabo del crucero al lado de la Espistola en tumba alta de piedra con vulto, está Doña Beatriz Fadrique, hija del Infante D. Fadrique, hijo del Rey D. Fernando el Santo. La Coronica de D. Sancho el Quarto dice como el la hizo pasar alli de un Luxoso (asi dice) lugar do yacía [1]

En la Claustra en una Capilla grande está una Infanta D. Elvira, que no se puede leer en su epitafio cuya hija es: parece debe ser del Emperador D. Alfonso, hijo de D. Urraca. [2]

En la Iglesia quasi à la entrada del Coro del un lado está enterrado en sepultura de piedra alta, llana, el Arzobispo de Toledo D. Bernardo, que fue el primero despues de ganada la Ciudad, y antes Abad de esta Casa: no tiene epitafio. Al otro lado está en una tumba de piedra como marmol, sin vulto, sino con buenos follages, un hijo del Conde D. Peranzurez, llamado Alonso: murió mozo.

Li-

(1) En la Chronica que hoy tenemos de D. Sancho el Quarto, no hay tal voz (cap. 3.) sino que aquellos enterramientos *no eran convenibles.*

(2) ¿Tuvo acaso Don Alfonso VII. hija, llamada *Elvira*? Don Alfonso VI. tuvo una de aquel nombre.

Libreria.

DE la Libreria se han perdido muchos Libros, que alli huvo, muy antiguos. Agora hay unos Concilios de letra Gothica, enquadernados en envesado, y no tiene fin : tiene todo lo que el de S. Zoil de Carrion. Dice en la cifra ordinaria *Superi Abbatis liber.* Si tuviera fin alli digera el año que se escribió, mas bien parece ser mas antiguo aún que el de Carrion.

Aug. Civ. Dei, letra Gothica, y pergamino muy grande.

Liber Sententiarum Beati Isidori, en pergamino, letra comun, mas muy antigua en tablas coloradas, y pliego pequeño.

Petrus Lombardus in Psalterium, de mano, pergamino grande, tablas envesado : al cabo dice como se escribió el año Ɔ.CLXXVII. para el Abad Guterio : creo no está impreso.

Las Obras de Santo Augustin en siete Tomos de pergamino grande : tambien se dice alli como se escribieron para el Abad Guterio, y asi son del mismo tiempo que el pasado.

Biblia en Hebreo, pergamino, algo antigua la letra : dos Tomos.

Sanctorale, de mano, en pergamino, letra antigua harto : en tablas coloradas : parecióme de los muy buenos.

En un libro donde está al principio la exposicion de San Gregorio sobre Ecechiel, en pergamino de mano, letra harto antigua, estan tambien otras cosas : y al cabo dice un Titulo: *In Christi nomine incipit liber Scintillarum Alvari Cordubensis, collectus de Sententiis Sanctorum Patrum.* Escribióse, como al fin dice, V. Kalendas Octobris. Era MCCXIII. Es cosa singular, por haber sido este Alvaro Cordobes condiscipulo y grande amigo del Martir de Cordoba S. Eulogio, y el que escribió su Vida, y à quien S. Eulogio escribió algunas Cartas, y el al Santo ; no debe haber otro original sino este. [1]

Sin estos tiene el Obispo de Palencia otros Libros de este Monesterio prestados, y no pude saber que eran, por no estar

---

(1) *Ni este es original, (habiendose escrito tantos años despues de morir el Autor) ni hay falta de otros egemplares.*

tar el Abad en casa, que tiene la Cedula, mas creo sin duda tiene otro original de Concilios, pues este que está en la Libreria no es el que tuvo de aqui el Arzobispo Fr. Bartholomé de Miranda, porque al que el alega, dice le faltaban hojas en los postreros Concilios de Toledo, y este las tiene alli todas sanas y enteras: tambien me dijo un Monge, que el sabe como el Obispo tiene prestados de aqui algunos libros de S. Isidoro de letra Gothica.

En este Monesterio hay en el Claustro tres ò quatro piezas de un Jaspe, ò Porfido morado, que estando donde agua y viento lo pueden mucho perjudicar, y siendo muy antiguo de quinientos años, tiene su lustre y resplandor tan entero, como si ayer lo pusieran. Y otras columnas de Marmoles y Jaspes, que estan donde estas, estan sin lustre ninguno. Estas son unas columnas pequeñas de seis pies con vultos labrados en ellas.

S. PEDRO DE ESLONZA. *Tit.13.*

DE la Orden de S. Benito, cinco leguas de Leon, Fundacion Real de una Infanta Doña Urraca, y otros me digeron del Rey D. Garcia, que no me supieron decir cuya hija los que me digeron la relacion, [1] porque yo no fui à este Monesterio, y no está enterrada alli: otros me dijeron que si.

La Orden pocos años ha quiso deshacer este Monesterio, y pasar la renta al Colegio de Salamanca. La Ciudad de Leon se opuso à esto, reclamando por via de ser aquella dotacion Real, y asi no pasó aquello adelante, aunque ya estaba efectuado.

Todos los dias, acabada la Misa mayor, dicen Responso solemne por la Fundadora, y hacenle solemne Aniversario, un dia despues de los Difuntos en Noviembre.

En

Tres leguas.

(1) Aquella D. Urraca fue hija de D. Fernando I. hermana de D. Alfonso VI. como ella misma dice en la Estritura de restauracion, donde expresa tambien, que el Rey D. Garcia hizo aquel Monasterio, y dando en manos de Clerigos, y de Legos, le redujo à Estado Monacal la referida Infanta, dotandole tan cumplidamente, que es tenida por Fundadora. El Rey D. Garcia dice tambien, que aquella Iglesia estaba fundada desde lo antiguo con titulo de S. Eulalia, y S. Vicente Martir. Vease Sandoval sobre aquel Monasterio.

En las Comunidades padeció mucho esta Casa, y se desparecieron Escrituras y muchas cosas de ella : con esto tampoco hay Reliquias, ni Libros antiguos.

SANDOVAL. *Tit.* 14.

DE la Orden de Cister, junto à Mansilla, y tiene corrompido su nombre verdadero, que es *Sotonoval*, como en Escrituras antiguas parece.

No es Fundacion Real, sino del Conde D. Ponce de la Minerva, Caballero Catalan, Mayordomo del Emperador D. Alonso, hijo de D. Urraca, diferente de otro Conde D. Ponce de Cabrera, tambien Catalan, y del mismo tiempo.

En medio del Capitulo en el Claustro en una sepultura alta de piedra lisa está enterrada la Infanta D. Urraca, [1] hija del dicho Emperador, y hermana de D. Sancho el Deseado. Dejó al Monesterio cierta heredad con cargo de un Aniversario. Este se hace muy solemne un dia despues de S. Juan, y por ella, y por su hermano D. Fernando el Rey de Leon se hacen otros sufragios entre año, como por bien hechores.

No tienen Reliquia insigne, sino unas pocas menudas. En una Ermita muy antigua de la Casa, media legua de ella, llamada *Santa Marina*, se derribó pocos años ha el Altar, y à la costumbre antigua se halló dentro del una Arquita con Reliquias menudas, que todas tenian sus titulos, y buen testimonio con la antiguedad. Resistieron los Vecinos el traer las Reliquias al Monasterio, y por bien de paz quedaron alli.

Libros.

NO hay duda sino que huvieron buenos Libros antiguos, mas todo está ya perdido : con todo eso hay un *Santoral* de los muy buenos, letra y pergamino de mas de trescientos años.

En

(1) Arriba en el titulo de *Palencia* dice que está alli, y es asi, como mostramos en el Tomo I. de las Reynas. Esta sepultura de Sandoval fue algun dia labrada con intencion de sepultarse alli : pero quedó vacía.

En un Libro viejo de Vidas de Santos está tambien todo lo que escribió el Papa *Calixto* del Apostol *Santiago*, letra, y pergamino del pasado. Comunmente atribuyen aquel Libro al Papa *Calixto*, hermano de los dos Yernos del Rey D. Alonso el VI. mas yo tengo por cierto que no lo escribió el.

Hay un Libro de la misma letra y pergamino, todo deshojado: era exposicion de Berengario sobre el Apocalipsi: bueno fuera, à no faltarle tanto.

De la misma letra y antiguedad hay muchas de las Obras de los Santos Augustino, Ambrosio, y Bernardo, y Gregorio: son de las que tenemos impresas, y en algunas se dice como ha mas de trescientos años que se escribieron.

Un Libro antiguo sin nombre de Autor, que en particular trata quantas cosas se entienden en la Sagrada Escritura por cada cosa, como *virga*, *brachium*, *&c.* sacado de los Santos Doctores, en tablas coloradas, pergamino delgado. Es Libro muy provechoso, y ya el Prior de aquel Monesterio lo va reconociendo, y le parece digno de publicarle.

LEON. *Tit.*15.

SANTO ISIDORO. *Num.*1.

ES Fundacion Real de muchos Reyes: la mas antigua es la del Rey D. Sancho el Primero, llamado el Gordo, que para traer el Cuerpo de S. Pelayo de Cordoba edificó aqui un Monesterio de Monjas, llamado S. Pelayo.

Despues el Rey D. Alonso el V. habiendo sido destruída la Ciudad y llevado el Cuerpo Santo del Martir à Oviedo, el restaurando la Ciudad reedificó el Monesterio de S. Pelayo, mas con nombre y advocacion de S. Juan Bautista, porque puso en el la gran Reliquia de la Megilla baja toda entera de este Santo, de quien se dirá luego.

Despues el Rey D. Fernando el primero, quando trujo aqui el Cuerpo del Glorioso Doctor *S. Isidoro*, edificó mas ampla y ricamente, y dotó de nuevo, y llamó el Monesterio del nombre del Santo Doctor, quedandose todavia de Monjas, pues

que

que hasta el Emperador D. Alonso, hijo de D. Urraca no vinieron à el los Canonigos Reglares que agora estan, como por Escrituras de Privilegios parece.

El enterramiento de los muchos Reyes que aqui estan sepultados, es una Capilla de Santa Catalina, que está al cabo de la Iglesia, entendiendose manifiestamente como ellos escogieron este lugar tan apartado del Altar mayor por humildad, pues estubo en su mano, quando edificaban, escoger otro. Y el Rey D. Fernando el primero por reverencia del Santo edificó adonde los dejase à los Reyes muy lejos de su enterramiento, y colocacion de el.

La Capilla está siempre cerrada, y no la abren sino para mostrarla à personas que es razon, y porque estan los sepulcros llanos y muy juntos unos con otros, no se consiente que nadie suba à hollarlos para leer los Epitafios, y no se dice ordinariamente Misa alli, porque como estan las sepulturas muy juntas con el Altar, hay poco espacio, y tambien se teme el entrarse gentes alli à la Misa, y perderse aquel acatamiento: y en la Iglesia, asi por ser consagrada, como por estar los Reyes acá bajo, no se entierra jamas à nadie, y otras buenas costumbres guardan, todas por respecto de los Cuerpos Santos, y de los Reyes. La Capilla es escura, y no puede estar solada, ni aderezada por las paredes, segun son muchas las sepulturas Reales. Asi está con su antiguedad, y en aquel ser, magestad de la vegez.

Las sepulturas, que estan en dos ordenes juntas unas con otras, tienen todas sus Epitafios en latin, en verso algunas, y otras en prosa, y otras en verso y prosa, y tienenlos muy fielmente sacados los Canonigos en una tabla, que yo los cotegé, y los llevo, mas por abreviar aqui los porné por lista. [1]

En

En la primera orden, junto al Altar, comenzando del lado de la Epistola àcia el Evangelio.

1. La Reyna D. Elvira, muger del Rey D. Bermudo, Madre del Rey D. Alonso el V.

2. El Rey D. Bermudo su marido.

3. La Reyna D. Gimena, muger del Rey D. Bermudo el III.

4. El Rey D. Alonso el V. con un muy largo Epitafio.

5. La Reyna D. Elvira su muger.

6. El Rey D. Bermudo el III. hijo de los Reyes precedentes.

7. El Rey de Navarra D. Sancho el mayor : fue trasladado de Oña, y por esto dicen tambien allá que lo tienen. Mas en el Epitafio dice como lo trasladó aquí su hijo el Rey D. Fernando.

8. El Rey D. Fernando hijo del precedente : y en su Epitafio se dice como trajo aqui los Cuerpos Santos de S. Isidoro, y S. Vicente de Abila.

9. La Reyna D. Sancha, su muger.

10. La Reyna D. Isabel, muger del Rey D. Alonso el VI. que gañó à Toledo. Intitulase en su Epitafio hija del Rey Luis de Francia.

11. La ultima de esta primera orden, no tiene tumba alta, sino sola una losa harto humilde en el suelo, y es de la Zaida, muger del dicho Rey. Llamase en el Epitafio Isabel hija del Rey de Sevilla, y que se llamó antes Zaida.

12. En la sepultura que está debajo del mismo Altar con el Epitafio en las piedras de el, está el Infante D. Garcia, que fue muerto aqui en Leon, por los hijos del Conde D. Vela, y asi lo dice en su Epitafio. Hase de entender, que aunque las diez sepulturas de las dichas son tumbas de piedra altas, y algunas muy grandes, ninguna es tumba, sino llanas todas las losas del Cobertor, y no teniendo vultos, tienen algunas de ellas las figuras de los Reyes esculpidas como debujo.

La

La segunda orden , comenzando como antes.

1. La Infanta D. Sancha hija de la Reyna D. Urraca, y del Conde D. Raymundo : es la que prometió virginidad à Santo Isidoro , y por esto la llaman su Esposa , y el Santo hizo grandes milagros por ella.

2. La Reyna D. Urraca su Madre de la pasada , y aunque en los Versos de su Epitafio dice que está enterrada en hermosa sepultura , no es mas que una arca de marmol lisa con la cubierta lisa.

3. La Infanta D. Estefania , hija del Emperador D. Alonso, hijo de D. Urraca , intitulase muger de D. Fernan Rodriguez de Castro , y Madre de D. Pedro Fernandez el Castellano. Esta es la Señora à quien mató su marido por el gran desastre que el Conde D. Pedro cuenta.

4. La Infanta D. Urraca , hija del Rey D. Fernando el primero : intitulase en su Epitafio Reyna de Zamora : su sepulcro es estrañamente rico. El arca de marmol blanco muy excelente. La cubierta , en que está à la larga el Epitafio , es tumbada , y de aquel Porfido morado, que dige en Sahagun. Asi resplandesce agora como si ayer lo acabáran de pulir.

5. La Infanta D. Elvira , hermana de la precedente.

6. El Rey D. Garcia de Galicia , hijo de D. Fernando el Magno. Está debujado con su argolla al cuello , y cadena que desciende de alli à las esposas , y baja à los grillos , por haberlo hecho morir en prision su hermano el Rey D. Sancho.

7. La Infanta D. Maria , hija del Rey de Leon D. Fernando, hermano de D. Sancho el Deseado. [1]

8. La Reyna D. Teresa , muger del dicho Rey D. Fernando de Leon.

9. El Infante D. Fernando , hijo del precedente , y está atra-

ve-

(1) Equivocóse Morales : pues D. Fernando no tuvo hija : y la alli enterrada fue hija de S. Fernando , y de su muger primera D. Beatriz , como expresa el Epitafio.

vesada su sepultura entre sus Padres , y es pequeña.

10. La Infanta D. Leonor , hija del Rey D. Alonso de las Navas. [1]

La tercera orden.

Todas son sepulturas bajas , quasi nada levantadas del suelo , y no tienen mas que los nombres , y no son Reyes , ni Infantes. Hay arrimados à las paredes otros tres Lucillos altos pequeños , no tienen letra , deben ser de Infantes.

Reyes sin titulos.

Sin estos Reyes que tienen asi sus Epitafios , hay enterrados en esta Capilla muchos otros Reyes mas antiguos , como por el Arzobispo D. Rodrigo , y D. Lucas de Tuy parece , y los trasladó aqui de diversas partes el Rey D. Alonso el V. y son los siguientes.

El Rey D. Alonso el Quarto.

Los Infantes D. Alonso , D. Ordoño , y D. Ramiro , hijos del Rey D. Ramiro el II. murieron sacados los ojos.

El Rey D. Ramiro el II. que venció la de Simancas.

D. Ordoño el Tercero.

D. Sancho el Gordo. Y creese que estan todos en uno como medio cubo de muro bajo , que está al lado del Evangelio al rincon.

Por todos estos Reyes tienen los Canonigos en comun cuidado de muchos sufragios , y en particular los Lunes en la procesion de Defuntos entran en la Capilla Real , y dicen un Responso solemne incensandose las sepulturas Reales : y la Misa cantada de Defuntos , que se ha dicho antes de esta procesion , es perpetuamente por los Reyes : y la Misa de Prima , que se dice cada dia cantada , se puede decir que es por ellos , pues en general va por los bien hechores. Tambien entre año les echa el Prior à los Canonigos ciertas Misas por los

Re-

(1) Tambien faltó aqui Morales à la fé del Epitafio , que la expresa hija del Rey D. Alfonso y de la Reyna D. Berenguela , que son los Padres de S. Fernando.

Reyes, pues tambien son apropriadas à los bien hechores. Aniversarios dicen tambien por los Reyes entre año con obsequias solemnes : el dia siguiente despues de la Epiphania : el dia de Santa Catalina : un dia despues de los Defuntos, y asi otros.

Reliquias.

EL Cuerpo del glorioso Doctor S. Isidoro está tan rica y venerablemente colocado, y guardado, quanto Reliquia lo puede estar en el Mundo, porque está en medio del Altar mayor detras de una reja dorada de mas de una vara en alto y dos en largo. El Arca, que está detras de esta reja, es de poco menos que dos varas en largo, y media en alto, que está por la mayor parte cubierta de planchas de oro, y las demas de plata dorada, con los doce Apostoles, y Dios Padre en medio, y con otras muchas imagenes en rondos esmaltadas. Hay asimismo por toda esta frontera muchos engastes de oro, grandes, y pequeños, con piedras finas al parecer, aunque no preciosas. Los dos testeros, que se pueden bien ver, son cubiertos de una red muy menuda de plata dorada, harto bien labrada. La frontera de la Arca se la dejó de oro el Rey D. Fernando, mas el Rey D. Alonso de Aragon quando estuvo casado con la Reyna D. Urraca, llevó mucho de este oro, como mucho de Sahagun, y otras Iglesias : suplióse con plata dorada : y las planchas de oro y de plata todas son gruesas, y tienen lo labrado sobrepuesto por si. Tambien el Cobertor de esta arca fue de oro, y tomado por el dicho Rey. Agora es tumbado como de una tercia en alto, forrado de planchas de plata blanca con engastes dorados, grandes, y chicos, y en ellas piedras como las ya dichas, y figuras por la delantera de mas que medio relieve, que parecen mazizas. La trasera y el suelo tambien estan cubiertas de planchas de plata lisa. Dentro de esta arca está otra menor de plata, sobre quatro Leones de lo mismo, y no tiene ninguna cerradura, sino que está clavada con la plata ; y asi nunca se abre jamas : y dentro está el Santo Cuerpo. Estotra se abre quando los Abades vienen de nuevo y visitan. Tambien hay memoria

en

en casa, que el Altar tuvo frontal de oro, como el de Sahagun de plata, sino que tambien lo llevó el Rey de Aragon
ya dicho. Y en la Historia Compostelana hay mencion de haber este Rey metido mano à la riqueza de las Iglesias de acá.
La reverencia y devocion que en esta Casa, y en esta Ciudad,
y su tierra se tiene à este Santo, se parece muy bien en procesiones, plegarias, votos, y romerias: y de esta devocion y reverencia procede que en toda la tierra nunca se nombra sen-
cillamente S. Isidoro, sino Señor S. Isidoro, y asi se usa, y se
conserva en Escrituras publicas, y en otros Autos judiciales.
Y delante el Santisimo Sacramento y de su Santo Cuerpo arden siempre dos Lamparas de plata, y nadie entra à oir Misa
en la Capilla, si no es Señor de Titulo: y nadie dice Misa en
su Altar, sino los Canonigos, y alguna persona digna à quien
ellos quieren hacer la gracia.

Del testimonio de estar aqui este Santo Cuerpo no hay
que tratar, pues seria culpa dudar en ello. Jamas se saca de
donde está el Arca, por ninguna necesidad, despues de un
gran milagro que sucedió, y anda entre los impresos. Y el
Arca está de ordinario cubierta con un velo de tafetan carme-
si por dentro de la reja. El Santisimo Sacramento está descubierto en este Altar con un viril delante, asi que siempre
se ve.

A los dos lados de esta reja hay otras dos menores en
alto, y largo, asi que dejan à la de en medio mas levantada, y en la del lado de la Epistola está una arca de marfil
con tanta guarnicion de oro, que tiene mas de metal que de
hueso, y será de mas que media vara en largo, y algo mas
en alto con la tumba. Está muy bien labrada para ser tan antigua, como lo muestran estos versos, que van escritos por lo
alto en un Freso de oro que rodea el arca.

*Arcula Sanctorum micat hæc sub honore duorum Baptistæ Sanc-
ti Joannis, sive Pelagij*

*Ceu Rex Fernandus Reginaque Santia fieri jussit. Era millena
septena seu nonagena.* (Año de 1059.)

Esta Arca ya se ve como se hizo para guardar la Megilla
de S. Juan Bautista, que aqui estaba desde tiempo del Rey D.
Alon-

Alonso V. y para Reliquias de S. Pelayo, que se trugeron de nuevo de Oviedo. Mas despues en la Era MCIII. quando trujo el Rey el Cuerpo de S. Vicente de Abila, se encerró aqui en esta Arca, y la Megilla de S. Juan Bautista, y las Reliquias de S. Pelayo se pusieron en otras custodias, como agora estan, y asi se reverencia alli el Cuerpo de solo el Santo Martir, y en su Arca se saca alguna vez por el Claustro, y alguna vez tambien se lleva hasta la Iglesia Mayor en grandes necesidades. Para testimonio de esta Santa Reliquia basta una Piedra de tiempo del Rey D. Fernando el primero, que lo dice como lo trujo aqui, sin las Historias, y otras muchas buenas confirmaciones: no se abre esta Arca. La otra Arca del lado del Evangelio tiene las Reliquias de S. Pelayo, y otros Santos, y es de oro y plata, y asi lo es tambien otra menor que está con ella, y tiene muchas Reliquias menudas: hay buen inventario, porque estas se abren, mas no hay particulares testimonios, mas de la tradicion y antiguedad.

En lo alto del Altar mayor está un Crucifijo no muy grande, mas es muy grande el paño que tiene ceñido. La Cruz en que está es mayor harto que no para el tamaño de la imagen: es toda forrada de planchas de plata con relieves y follages, y hartos engastes de piedras grandes y chicas. Diólo la Infanta D. Sancha, Esposa del Santo Doctor, y sucedió en este Crucifijo los dos milagros que se cuentan en el libro impreso.

La Capilla mayor se hizo habrá sesenta años de labor de este tiempo, y muy grande. Tienese por cierto, aunque no hay Escritura, que se tuvo cuidado de conservar en las gradas, y en el suelo las piedras antiguas de que manó agua milagrosamente en la muerte de los dos Reyes Fernando Primero, y Alfonso Sexto, como en nuestras Historias se cuenta. Labró la Capilla à su costa el Abad D. Juan de Leon, y que hizo otras muchas y grandes obras en la Casa, y por eso se enterró alli en la Capilla mayor, y dudando de ello dicen que se resolvió con decir, que si otro Abad hiciese mas que el, lo quitase de alli, y tomase para si la sepultura.

Dentro de la Sacristia está una gran Capilla, que llaman de San-

Santo Martino, y tiene tambien rejas pequeñas por donde desde la Iglesia se ve el Altar. En medio de el en Arca dorada, y bien labrada de talla, está el Cuerpo del Santo Martino, que fue Canonigo de esta Casa mas ha trescientos años, y es en quien sucedió el milagro de darle à comer Santo Isidoro en sueños un libro, con que de idiota que antes era, quedó despues con gran sciencia infusa, y asi predicó y escribió muchas obras en buen estilo latino, y las tienen en Casa escritas de letra antigua de mas de doscientos años, y todo es cosa de gran santidad. Aunque no está canonizado, le celebran fiesta en sola esta Casa, y su vida está pintada en el Retablo, que es rico. Y estando sus huesos consumidos harto, sola la mano derecha está entera, y en figura que parece tiene la pluma en ella, y que está escribiendo aquellas obras tan santas. Trasladaronle de un sepulcro, que estaba en la pared donde el dejó un titulo lleno de santidad, y cuidado Christiano. En vida y en muerte hizo muchos milagros, y es grande la devocion con el en esta Ciudad y su tierra.

Al lado de este Altar está un Relicario harto bien labrado, con puertas de talla bien pintadas y doradas en buena proporcion, y con un velo de seda delante, aunque estan cerradas. Tienen tres apartamientos, el de en medio mas alto, y los dos menores, como la reja del Altar. Dentro hay las Reliquias siguientes.

En una Cruz de plata dorada, de media vara en alto, labor menuda y moderna, una Cruz de un dedo en alto, y medio en grueso *de Ligno Crucis*. En la peana dice: *Esta es la Cruz del milagro*, este se cuenta en el libro impreso de los milagros de S. Isidoro Capitulo XXXVI. y es gran testimonio y muy antiguo.

En un Relicario de plata dorado, de labor nueva, de mas que media vara en alto con tres viriles grandes en triangulo, está la megilla baja del glorioso Precursor S. Juan Bautista, con dos muelas y un colmillo à una parte y à la otra dos muelas. Está el hueso estrañamente conservado: es tan insigne Reliquia como se deja entender, y tiene testimonio de seiscientos y mas años en la fundacion de D. Alon-

G

so el V. que digimos, y en los Versos del Arca con la tradicion y veneracion. Dos cosas quisiera yo en esta tan preciosa Reliquia, la una que estuviese en el Altar mayor, metida en caja por sí, como ya estuvo, y asi no estaria tan patente y ordinaria: la otra que quando se hizo este Relicario nuevo, se guardára tambien el antiguo, donde la Reliquia estuvo, que fuera de mucha autoridad.

Un Caliz de Agata de tres piezas, una para la copa, y otra para el pie, y otra para la manzana, con travazon y engastes de oro de labor harto menuda y muy antigua, y con muchas piedras menudas finas, aunque no preciosas. La copa está por dedentro forrada en oro, porque la sangre no toque à la piedra quando se consagre. La Patena dicen era muy rica, y fue llevada por el Rey de Aragon. Agora es de plata dorada con muchos engastes de piedras. Dicen es el conque decia Misa S. Isidoro, y no hay mas de decirlo, que nuestros Historiadores no escriben se trujo con su cuerpo, y parece no lo calláran. Lo que yo hallo escrito es al derredor de la Manzana con letras esculpidas en oro: *In nomine Domini Urraca Fredenandi Filia*, y creo que ella dió aqui este Caliz por rica joya, y no mas, y puede tambien ser que haya sido del Santo.

Una Portapaz antiquisima de estraña hechura: tiene letras de la misma antiguedad, que dicen las Reliquias que hay en ella.

De Ligno Domini. De vestimento ejus sorte partito. De capillis Sancti Petri Apostoli, & os Sancti Stephani Protomartyris.

Tengolas por insignes Reliquias, aunque deben ser menudas, por la estraña antiguedad, que tiene todo.

En los otros dos Almarios colaterales hay muchas Arquitas ricas, grandes, y pequeñas de plata, y de Calcedonia, y Marfil, y Taraceas llenas todas de Reliquias menudas, de que tienen buena lista, porque se visitan. Mas no mas testimonio de la tradicion.

Como por Reliquia muestran tambien un gran Pendon qüadrado de tres varas, de un Cendal como tafetan, que fue colorado, y con la antiguedad ha perdido la color. Es del Emperador D. Alonso hijo de D. Urraca, que hizo bordar

dar en el toda la manera con que le apareció S. Isidoro, quando le apareció sobre Baeza, y se la hizo ganar. Está bordado el Santo Doctor acaballo vestido de Pontifical con capa, con una Cruz en la mano, y en la otra una Espada levantada, y en lo alto un brazo, que sale del Cielo con una Espada tambien levantada, porque el Santo le mostró al Rey como salia del Cielo el brazo de Santiago en su defensa. Esto está asi bordado de ambas partes, y aunque la bordadura es antigua, está buena. Este Pendon usaron los Reyes llevar en la Guerra contra los Moros, por devocion y plegaria de la ayuda de este Santo. Y duró esto hasta la Toma de Antequera, donde refiere la Historia del Rey D. Juan el II. con quanta devocion envió el Infante D. Fernando por este Pendon, y con quanto acompañamiento se llevó, y con quanta reverencia lo quiso salir à recibir si fuera posible. Tambien dicen que traró el Emperador Carlos V. de gloriosa memoria de llevarlo en alguna jornada.

FIN DE LAS RELIQUIAS.

Libros de S. Isidoro de Leon.

MOrales de S. Gregorio de letra Gothica, en pergamino muy grande. Al cabo se parece, à lo que alli escribió el Escritor, como ha mas de seiscientos años que se escribieron. Singular Codice.

Casiodorus super Psalmos : pergamino muy grande : letra Gothica : tambien parece al cabo como ha mas de seiscientos años que se escribió. Admirable Codice, y que à lo que yo puedo juzgar del vulto, tiene mucho mas que el impreso, que por no haberlo no pude cotejar algo.

Una Exposicion sobre el Apocalipsi, que es como Catena aurea, sacada de Geronimo, Augustino, Ambrosio, Fulgencio, Gregorio, Ticonio, Ireneo, Apringio, Isidoro, que todos estos nombra en la Prefaccion. [1] No tiene el nombre de quien lo

(1) De estos mismos Escritores está sacada la Obra sobre el Apocalipsi, que de orden del Obispo *Etherio* escribió en el año de 786. el Presbitero de Lievana *Beato*. Es Tomo en folio entre mis manuscritos, que espero dàr à luz, por ser muy digno de ella.

G 2

lo escribió, mas si yo estuviera en mi Estudio en Alcalá, bien lo averiguára, rastreando por lo que se sigue.

Valcabado es un Lugar pequeño, en este Obispado de Leon, cerca de Saldaña, y alli veneran un Santo por nombre S. Viezo, cuyo brazo tienen. Tienen tambien un Libro semejante al que yá he dicho, sobre el Apocalipsi, y afirman alli que lo escribió aquel Santo. Este Codice en la Prefacion tiene el nombre de la persona à quien se dirige (lo qual no tiene el de S. Isidoro) y es Etherio. Por solo esto se podrá rastrear quien es el Autor, habiendo yo visto, y sacado algo de un Libro Gothico, que tiene la S. Iglesia de Toledo. Este Libro de Valcabado habian traido agora aqui à Leon, para cotejarlo con estotro de S. Isidoro, y asi yo le ví. Esta obra, à mi pobre juicio, es excelente, y dignisima de andar impresa, y sospecho es una de que el Padre Prior del Escorial tiene noticia, por haver otro Codice de ella en Guadalupe. Ambos adós Codices ha mas de 550. años que se escribieron, como por lo que al cabo se dice, parece. [*Al margen de la Relacion original añadió aqui Morales*: Yo he visto otro tercer original de esta obra en Oviedo.]

Martirologio, en pergamino, de letra Gothica : no puedo entender el Autor, mas creo es el de Adon, y no el de Usuardo, ni Beda. Quarto grande, pergamino, no tiene fin. Es insigne Codice.

Un *Fuero Juzgo* en latin, de letra Gothica. Ha mas de 550. años que se escribió, como parece al cabo.

Santoral, antiguo, grande, de letra comun, y pergamino, de mas de trescientos años à lo que se puede juzgar.

Tienen encerrados en un Arca las obras que tienen de S. Isidoro, y son estas:

Sanctus Isidorus, in Penthatheucum. Item : *In libros Regum.* Todo es poca cosa, y faltan hojas al cabo, letra comun: y ella y el pergamino de trescientos años al parecer.

Sinonymorum Divi Isidori, semejante al pasado, aunque tiene el titulo de *Sententiarum.*

Liber Sententiarum, seu de summo bono Beati Isidori, parece aun menos antiguo.

En

En esta misma Arca, las Obras de Santo Martino, su Canonigo de esta Casa. Letra, y pergamino de mas de trescientos años.

Hay hartos Libros grandes de pergamino de letra comun: como del mismo tiempo, y en algunos se dice al cabo. Son Biblia, Morales de S. Gregorio, Santo Augustin sobre los Psalmos, y otros asi comunes : todos muy grandes.

Y no puede haber duda en que faltan muchos libros antiguos de la Libreria, porque siendo tan ricos, y tan devotos de su Santo Isidoro, no es posible que no tuvieron sus Obras dobladas y redobladas. Tambien se puede pensar tuvieron Concilios, pues una tal Casa no habia de estar sin ellos.

LA IGLESIA MAYOR LLAMADA
Santa Maria de Regla. *Num. 2.*

FUndacion Real de algunos Reyes, y mas en particular del Rey D. Ordoño el II. que está enterrado en rico sepulcro, aunque antiguo, detras del Altar mayor, en el trascoro. El y otros Reyes les dieron quasi todo lo que tienen.

Por el y por los demas Reyes en general se hacen muchos Sufragios, y la Misa del Alba que se dice cada dia, es perpetuamente por ellos, y en todas las Procesiones despues de Tercia, aunque sea dia de Navidad, dicen en acabandola, un Responso cantado por los Reyes. En particular hacen por el Rey D. Alonso el Onceno, y por su hijo el Rey D. Henrique, ciertos Aniversarios cada año, como ellos lo dejaron mandado, y dotado. Hay asi tambien otros Aniversarios, y Misas, dotados por otros Reyes, y todo se tiene en tabla publica, y todo se cumple siempre con mucho cuidado.

Reliquias.

EN medio del Altar mayor en las Arcas de plata, que parece una, está repartido el Cuerpo de S. Froylan Obispo de aquella Iglesia. El Arca es rica y nueva. El testimonio de este Cuerpo Santo es una tradicion tan notoria, que sería culpa dudando en ella buscar otro: y nuestras Historias, y la Fiesta en que rezan de el, lo confirma todo.

Lo mismo es de los otros dos Cuerpos Santos, Santo Alvito, y San Pelayo, Obispos tambien de aquella Iglesia, los quales tienen à los lados de la Capilla mayor en tumulos altos, dos estados del suelo con rico ornamento de arcos, que suben de abajo, todos dorados la piedra en muchas partes, asi que tienen toda la decencia que se puede desear.

En la Sacristia tienen algunas Reliquias en buenos Relicarios. En uno de plata, un poquito *de Ligno Crucis*, y es de lo mesmo que está en S. Isidoro, por tradicion, que lo repartió alli la Infanta.

En un Relicario de plata dorada, con cristal, hay un poquito de lienzo teñido en sangre, que dicen la que se le limpió al Niño Jesus de nuestra Señora *del Dado*. Esta es una Imagen de nuestra Señora, que está algo alta, en un poste, à la entrada, en una puerta de la Iglesia. Es tenida en mucha veneracion, y llamada nuestra Señora del Dado, por este milagro. Un Tahur despechado de perder, tiró con los Dados à aquella Imagen, y uno que acertó al Niño Jesus en el rostro le hirió, y salió sangre de la herida. No hay otro testimonio de este milagro mas de la tradicion antigua, y la veneracion, y nombre de la Imagen, y de la puerta de la Iglesia.

Una Canilla de Santo Alvito guarnecida de plata con buen ornamento.

El Caliz con que decia Misa S. Froylan, es de plata dorada, y es muy ancha la copa, de poco menos de un geme de diametro

Su vaso con que bebia, es de cristal guarnecida de plata dorada.

Chrismeras y Vinageras de la misma materia, y engaste, y son las que usaba el mismo Santo. De todo esto no hay mas que tradicion, y alguna antiguedad.

Quatro Arquitas ricas de plata y marfil con diversas Reliquias menudas, de que ni hay lista particular, ni mas testimonio que tradicion.

Li-

Libros.

L A Libreria está à tanto recaudo, que estan antes de ella dos piezas de pertrechos, y no se atrevieron à desembarazarla en tres dias, por esto no la pude ver.

El aderezo, que en esta Iglesia tienen para sacar el Santisimo Sacramento el dia de su fiesta, es la mas insigne cosa que hay en Europa; que asi refieren lo han afirmado los Generales de Franciscos, y Dominicos, viendolo, y porque andan por toda la Christiandad, y lo ven todo, se les puede creer, y en breve es esto.

Custodia grande y rica, aunque hay otras por ventura mejores. Andas de plata de diez pies en alto, y cinco ò poco menos en qüadro. Tan costosas en obra y labor, que ponen admiracion. Todo esto se pone encima de un Carro Triumphal de madera, à manera de Coche, sin cubierta, ni arcos, labrado de talla, y dorado, y pintado con mucha lindeza, con sus toldos de brocado por lo bajo, asi que se encubren las ruedas. Tiene dos primores de harto ingenio, y encubiertas con buena gracia. En la delantera un nivel con sus gradicas con que facilmente se alza, y baja la delantera del carro conforme à lo cuesta arriba, ò cuesta abajo de la calle, para que siempre el asiento de las andas vaya llano. En lo detras tiene un timon asimismo bien encubierto con que se tuerce el Carro à una parte y à otra, conforme à lo que la manera de la calle y las vueltas requieren, para que siempre vaya por lo mejor y mas llano de la calle, y para revolverlo à la entrada de una en otra : meneando con mucha ligereza tres hombres que van metidos dentro, y los encubre el brocado. Esta Galera de tierra, que asi la podemos llamar, fue invencion de un Flamenco, que ya es muerto.

En la Iglesia tienen una obra harto estraña. Sobre un arco de piedra no redondo, sino harto escazonado, y harto delgado, vuela por ambas partes un asiento de Organos de cinco pies de vuelo à cada parte fuera de lo grueso de la pared, ò arco.

SAN

SAN CLAUDIO. Tit.16.

FUera de la Ciudad de Leon de Monges de S. Benito, fundacion antiquísima de tiempo de los Godos, pues padeció alli, como se dirá, un su Abad en aquel tiempo. No dudo sino que despues de la destruicien de España, dieron y añadieron mucho los Reyes, mas quemóse todo el Monesterio habrá 40. años, y no quedó Escritura ninguna, y asi no hay poder tratar de cargos, ni descargos.

San Vincencio Abad de este Monesterio padeció en el ha novecientos años, martyrizandole el Rey de los Suevos Richila, Arriano, como en una piedra de mucha antiguedad tienen escrito, y rezan del à los once de Marzo, y tienen solemne Altar con su vulto en el lugar de su martyrio.

Su Cuerpo de este Santo está en Oviedo en la Camara Santa, en Arca de plata. Los testimonios de este Santo despues de su fiesta, que es el mas principal, son aquella piedra antigua, y lo que en el Arca de plata está escrito en Oviedo, como allá se dirá.

Mas antiguo y mas insigne que este, es el martyrio de los tres Santos hermanos hijos de S. Marcelo, y Santa Nonia, Clodio, Lupercio, y Victorico, que fueron martirizados delante las puertas de este Monesterio en tiempo de Diocleciano. Sus santos Cuerpos están en tres Arcas de madera labradas de talla, y doradas, puestos en el Altar mayor en medio el Retablo. Tiene gran testimonio de estar aqui estos Cuerpos santos, pues ha muy poco menos de quatrocientos años que el Cardenal Jacinto, Legado Apostolico, levantó estos santos Cuerpos de lugar humilde al que agora tienen, y como vuelto à Roma le hicieron Sumo Pontifice, confirmó los perdones que à este Monesterio por esto habia dado. Todo se refiere en una piedra antigua, que está en un poste de la Iglesia, frontero de otro donde está lo de S. Vicente.

En otro sepulcro de piedra tosca está el Cuerpo de S. Ramiro, compañero que dicen fue de S. Vincencio el Abad Martir: no está canonizado, ni se reza del, ni hay mas que tradicion,

cion, y devocion que el pueblo alli tiene : yo vi los huesos y pedí al Abad huviese mas decencia y cuidado en aquella sepultura, ya que asi la veneran.

En este Monesterio no hay mas Reliquias, ni Libros, ni otra cosa notable.

Cerca del está un Pozo, que es el en que dicen hundió Dios milagrosamente à Santa Nonia, Madre de los ya dichos, y otros nueve Martires, quando ella despues de haber su Marido y ellos padecido, lo pidió asi: hay Ermita, y gran devocion.

SAN MARCELO.   Tit. 17.

ES Iglesia Parroquial en Leon, y corruptamente la nombran S. Marciel. Su Cuerpo está en el Altar Mayor de esta Iglesia, traido alli desde Tanjar en Africa, donde el padeció, porque un Abad de esta Iglesia, llamado Fulano de Isla, teniendo noticia como los Christianos, que los Moros dejaban siempre vivir en Tanjar, habian siempre conservado el santo Cuerpo, se movió con devocion à irlo à traer. Asi paso en Africa, y ayudóle Dios en todo, y no sin milagro trajo el santo Cuerpo en tiempo que el Rey D. Fernando el Catholico se hallaba en Leon, y acompañado del Cardenal D. Pedro Gonzalez de Mendoza, y de toda su Corte, salió à recibir el Cuerpo santo, y se puso en la Iglesia con gran solemnidad. De todo hay Escritura en forma publica, y otra de perdones, que el Cardenal aquel dia concedió.

La Ciudad tiene gran devocion con el Santo, y en sus necesidades sacan su Cuerpo, y vienen los de sus hijos al encuentro, y hacen sus santos comedimientos de bajar las Arcas como en reverencia, y otras cosas ansi devotas. Esta Iglesia es la Parroquia mas principal de Leon, y es medio Colegial, pues hay Racioneros, y se dicen todas las Horas. El testimonio son aquellas Escrituras.

Cerca de esta Iglesia se muestra una Casita harto humilde, que agora es Oratorio : y aunque no tiene cosa que parezca antigua, por tradicion se ha conservado ser la donde moró este Santo con su Muger, y Hijos.

H   SAN-

SANTO DOMINGO DE LEON. Tit. 18.

NO es fundacion Real, ni hay que decir del mas de que tienen por Reliquia muy preciada y engastada en Relicario de plata dorada una piedra, que dicen es de las que se tiraron à S. Esteban: tiene letras y caractéres de lo grabado con agua fuerte y cera, y por ellos me parece sería bueno quebrar aquella piedra.

Tienen tambien una Escudilla algo lisa, aunque algo grande de Agata, y dicen que sirvió de Salero en la Cena de nuestro Redemptor, y tienela esmaltada en medio. Lo que yo veo es que tiene al rededor letras de tan mal concertadas razones como esto:

Istam Esculam fuit ad sinum Domini nostri Jesu-Christi, & fuit ACTZCTA in pecunia ad Regem Chilam. Ave Maria gratia ple.

Otras Reliquias menudas muestran.

En la Libreria tuvieron un buen Libro de mano, que era la *Historia Compostelana*. Sabemos cierto que la tuvieron: ya no parece.

No tienen Libros ni Reliquias notables.

Tienen un Priorato con una Iglesia antiquisima de Santo Adrian, que da nombre al Lugarejo. Fundóla un particular, y puso piedras con harto devotas razones: yo las llevo. [1] En una tambien se dice como hay alli Reliquias de Santo Adriano, y su Muger Santa Natalia.

S.

(1) *En la Chronica aplica el Autor el Priorato de S. Adrian al Monasterio de Eslonza, y pone las piedras con sus devotas razones, lib. 16. c. 4. fol. 214. Sandoval en el libro de Fundaciones, las pone tambien en el Monasterio de S. Adrian en las Montañas de Boñal: pero este Priorato nunca perteneció à S. Domingo de Leon.*

S. MIGUEL DE ESCALADA. *Tit.* 19.

PRiorato à presentacion de S. M. con mas de quatrocientos ducados de renta: debe ser reedificacion , y nueva Dotacion Real , porque en lo antiguo fundacion es de un Abad, que vino de Cordoba , como parece por una piedra. No hay Reliquias , ni Libros , ni yo puedo decir mas de lo que tuve por relacion , que yo no fui allá. Las columnas de la Iglesia son lindos jaspes.

SANTO TORIBIO DE LIEBANA. *Tit.* 20.

EL Obispo de Leon tenia hecha la Visita de Santo Toribio de Liebana en Asturias por un su Visitador. Por ella se entiende que hay alli estas Reliquias con testimonio de grande antiguedad , y veneracion con que son visitadas de muchas partes , y milagros que se cuentan muchos.

Gran parte de la Cruz de nuestro Redemptor , en largo tres palmos y medio , y al traves dos palmos , y mas : y hay un agugero de uno de los Sagrados Clavos , y no se puede bien representar la gran veneracion en que este Santo Madero es tenido , y el perpetuo concurso que à el hay.

El Cuerpo de Santo Toribio , en un arco con vulto de madera con cinco Discipulos suyos , sepultados tambien en aquella Iglesia.

Doce Cuerpos de Inocentes enterrados con el Santo en su sepultura.

Dos Anillos del Santo.

A la Cabecera del vulto del Santo dos Arquitas , que nunca se han abierto jamas. Dentro hay muchas Reliquias , y las mas son de la Tierra Santa , como en la lista se escribe. Todo esto tiene testimonio de antiguedad y tradicion. [1]

Es Monesterio de Benitos , y por su grande antiguedad no hay memoria de su fundacion. No hay Libros ningunos.

PIAS

---

(1) Sandoval trató mas à la larga de este Monasterio y sus Reliquias.

PIASCA NARANZO. *Tit.* 21.

SAnta Maria de Piasca, de la Orden de S. Benito, está allí cerca de Santo Toribio, y es Monesterio de Benitos.

En una Arquita sobre el Altar Mayor, Reliquias menudas, y con ellas la Cabeza de S. Pastor, y no es el Martir, sino un Compañero de Santo Toribio. No hay Libros, ni habia mas en la relacion del Obispo.

Por ella entiendo como S. Juan de Naranzo, de la Orden de S. Augustin, es Fundacion de los Reyes antiguos de Leon en Liebana. No hay mas que Reliquias menudas, y no hay Libros.

CELORIO, SANTO ANTOLIN. *Tit.* 22.

AMbos de la Orden de S. Benito, media legua uno de otro à la ribera del Mar, alli en Liebana. No son Fundacion Real, ni tienen Reliquias, ni Libros. Asi me lo dieron por relacion, que yo no pude ir allá.

COVADONGA. *Tit.* 23.

LAS Asturias están divididas en dos partes, unas que llaman de Oviedo, y otras de Santillana. Las de Oviedo estan repartidas por *Concejos*, que llaman y son como unas uniones de Pueblos y Comarcas, que entre si eligen cada año un Juez, dos Alcaldes, y un Merino, que los administran justicia ciertos dias de la semana en el Lugar que es Cabeza del tal Concejo. Uno destos Concejos se llama *Cangas de Onis*, à diferencia de otro que llaman de *Cangas de Tineo*, tambien en estas Asturias de Oviedo, muy al Occidente de la Ciudad, y ácia Galicia. Este otro Cangas de Onis, y otro junto con el llamado Mercado de Cangas, Cabeza del Concejo, está al Oriente de Oviedo, once leguas à la junta de los dos Rios Sella, y Bueña, tres leguas de la Mar, y no lejos de las Montañas llamadas de Europa, notables en esta parte, por conservar la nieve, que en toda Asturias no dura aun hasta Junio.

En este Concejo de Cangas, y dos leguas pequeñas de los Lu-

Lugares asi llamados, está la insigne Cueva, y digna de ser
por toda España reverenciada, como Celestial principio, y milagroso fundamento de su restauracion, llamada Covadonga,
con el Monesterio de nuestra Señora, que aunque es muy pequeño, es grande la devocion que con el en esta tierra se
tiene. La estrañeza de este Santo Lugar no se puede dar à
entender bien del todo con palabras, mas siguiendo llanamente la descripcion, se comprenderá mucho de lo que hay
en todo.

Saliendo del Mercado de Cangas al Oriente Estival, algo
inclinado al Medio-dia por la ribera arriba del Rio Bueña, se
va por un Valle harto ancho, y como todo lo de Asturias,
muy fresco, de grandes arboledas, hasta que à media legua
otro Rio llamado Diva por el Arzobispo D. Rodrigo, entra
en el, y aunque ya alli no se llama Diva, sino Rinazo, es por
haberle este poco atras recibido. Mas yo Diva le llamaré, porque se entienda mejor lo que se ha de proseguir. Llegados,
pues, à la junta de los dos Rios sin pasar à Diva, tuerce el
camino sobre la mano derecha, acostando del todo al Medio-
dia, y entramos su agua arriba por su Valle, que tambien es
fresco, y no muy ancho, y las dos sierras que lo cierran son
mas altas que las de Bueña, y van siempre creciendo en altura, y estrechando el Valle, hasta que llegado à un pequeño Lugar llamado Soto, ya va mucho mas cerrado, y mas as-
peras las cumbres. No está el Soto mas de una legua del Mercado de Cangas, y del à la ribera otro Lugar no hay mas que
media, siempre Rio arriba por Diva. Ya desde aqui à Covadonga, que hay otra media legua, lo estrecho del Valle y el
torcer con vueltas, y el ser sus lados mas peñas, que no montañas, hace una aspereza espantosa no dejar mas de anchura de quanto el Rio Diva lleva de corriente, ò mas verdaderamente de despeñadero. Ya quando se llega aqui, no se pue
de dejar de pensar en la misericordia de Dios, que asi cegó à
los Moros para que no mirasen à donde se metian, porque si
alguna, aunque poca consideracion de esto huviera, bastaba
para detenerlos, y buscar otra manera de tomar al Rey D.
Pelayo, y à sus Christianos.

Siem-

Siempre el Valle va cerrandose mas con mas aspereza, hasta que sin tener salida se cierra al cabo con una peña muy alta y ancha que lo toma de través, y aun antes que se llegue al pie de ella, se sube la cuesta muy agra, sin que buenamente se pueda subir acaballo por ella. Esta peña es la de Covadonga, y aunque es tajada, no es derecha, sino algo acostada acia afuera, asi que pone miedo mirarla desde un llanito pequeño que tiene al pie, por parecer que se quiere caer sobre los que alli estan. El alto de esta peña es mucho, y el ancho, al parecer, será hasta quatro picas, ò poco mas. Como à dos picas del pie está una como ventana muy grande que entrandola la peña adentro, aunque no mucho, hace Cueva harto abierta como en arco por lo alto, y suelo llano, donde podian caber quando mucho hasta trescientos hombres, y esto con harta estrechura, teniendo la Cueva en lo de mas adentro un agugero grande, que entra en hondo, y derecho, donde debe haber mayor espacio para encerrarse alli tambien mas gente con necesidad, aunque el agua que por alli corre les hiciese mal abrigo. Desde el llanito del pie de la peña hasta el suelo de esta Cueva se sube agora por dos escaleras, ò tres, parte de piedra, y parte de madera, labradas todas à manos, con haber en todas noventa escalones. Asi parece que hay desde el llanito al suelo de la Cueva pica y media, ò mas, y el abertura ò ventana tiene como una pica de su suelo à lo mas alto de su arco, y desde alli hasta lo mas alto de la peña, y de la montaña, que es poco menos yerta, y enriscada que en ella, hay una altura espantosa.

(1) Infante le llaman comunmente aqui en Asturias, y no Rey.

Esta Cueva llamada agora Covadonga, es aquella donde el Infante [1] Pelayo se encerró con estos pocos Christianos, que entonces le seguian, y aqui obró Dios por ellos de sus acostumbradas maravillas, como en todos nuestros Historiadores se lee, razonando de lo mismo los Naturales de esta tierra, como si pasára ayer, à veces con verdad, à veces con fabulas, à que la grandeza de los hechos da ocasion: y desde el llanito del pie de la peña hablaba D. Opas, y de alli le quiso combatir, y alli bajó el Infante con los suyos à la pelea, con el

es

esfuerzo milagroso del Cielo, y con ayuda tambien de parte de sus Christianos, que como dicen los de la tierra, y la oportunidad del lugar lo testifica, desde la cumbre de la peña y montaña derribaron sobre los Moros grande multitud de piedras, con que mucho los defendieron, y los comenzaron à desvaratar.

Del pie de la peña hasta una vara, ò poco mas del llano, se descuelgan dos chorros derechos de agua con gran ruido, y de otro lado sale otro gran golpe de agua, que juntandose con los chorros en una balsa, sale della el pequeño Rio *Diva*, que entonces, como el Arzobispo D. Rodrigo encarece, creció y se hizo grande con la sangre de los Moros, durandole muchos dias el correr muy teñido con ella.

Asi estaba entonces la Cueva, habiendo yo querido describirla en su natural para que mejor se entienda como está agora. Para hacer Iglesia en la misma Cueva, porque el suelo era muy pequeño (habiendo hecho las escaleras ya dichas de piedra y madera para la subida) encajonaron en la peña vigas, cabando agugeros, las quales vuelan tanto sin ningun sosteniente, que parece milagro no caerse con todo el edificio, y desto tiene temor quien mira de abajo. Quedó ya asi suelo, parte de la peña, y parte de esta madera, para hacer una Iglesia que no tiene aún treinta pies de largo, porque aunque la Cueva es algun tanto mas larga, no toda tuvo altura bastante, y hay cobachas y otras entradillas, que no quisieron picar, à lo que yo creo, por dejar lo mas que ser pudiese de lo natural. Hay forma de Capilla mayor con un arco labrado de piedra, y otro al lado, que parece hace Nave, mas todo tan pequeño, que estando el Sacerdote y el Ministro en la Misa, no cabe nadie mas dentro de lo que es Capilla. Anchura tiene mas la Iglesia, aunque desigual, y no conforme nada con el lado contrario, que es el de la madera: y porque si el Coro estuviera abajo, ocupará mucho, allá arriba lo repartieron bien con otro Altar, porque se alcanzaba mal el bajo.

Esta Iglesia dicen que labró el Rey D. Alonso el Casto de la manera que agora está, y que asi dura desde entonces mila-

milagrosamente , sin podrirse la madera. Dios mas que esto puede hacer : mas yo veo manifiestas señales en todo de obra nueva , y no de tiempo de aquel Rey.

En lo postrero de la Iglesia , frontero del Altar mayor, está una cobacha alta hasta la cinta , y que entra como doce pies , y lo mas es cueva natural con solo tener un arco liso de canteria à la entrada. En esta Capilla , ò pequeña Cueva , está una gran tumba de piedra , mas angosta à los pies que à la cabeza , el Arca de una pieza , y la cubierta de otra, todo liso sin ninguna labor ni letra. Esta dicen todos que es la sepultura del Rey D. Pelayo , añadiendo que el Rey D. Alonso el Casto , quando edificó esta Iglesia , pasó à ella el Cuerpo de este Rey de la Iglesia de S. Eulalia , que el alli cerca (como luego se dirá) habia edificado y enterradose en ella. Esto es lo que todos dicen agora en Asturias , sin poder dar mas razon de ello , de haber asi venido de unos en otros. Lo que yo se es que el Obispo de Oviedo Pelayo vivió y escribió en tiempo del Rey D. Alonso el Sexto , que ganó à Toledo , y el dice que el Rey D. Pelayo está enterrado en S. Eulalia juntamente con su muger. Y por haber sido este Perlado de esta tierra y muy curioso , se le debe dár mas credito , asi que ò no está el Rey D. Pelayo enterrado en Covadonga , ò si es asi que lo está , fue trasladado de quinientos años à esta parte , despues que el Obispo Pelayo escribió. Y esto postrero tengo yo por lo mas cierto , porque el Sepulcro no representa tanta antiguedad como la del tiempo del Rey Casto : y aunque en S. Eulalia se muestra el del Rey D. Pelayo , todos afirman que no está alli , y asi de muy antiguo entierran junto à él por cierta costumbre , ò fuero , à muchos : y este fuero tiene fundamento en no estár alli el Cuerpo del Rey.

Dentro de la Capilla mayor , al lado de la Epistola , está otra tumba de piedra lisa , alta , que aun parece mas antigua que la pasada , y unos dicen que está alli su hermana del Rey D. Pelayo , y otros que su hijo D. Favila. Lo que yo creo cierto es que está alli el Rey D. Alonso el Catholico , yerno de D. Pelayo , porque asi lo dice el Obispo de Ovie-

Oviedo Pelayo, y por lo dicho es grave Autor, y aquel lugar tan cerca del Altar mayor, no se lo dieran à la muger, y de Favila luego veremos con certidumbre donde está enterrado.

Al mismo lado de la Epistola, en el cuerpo de la Iglesia, donde la Cueva se mete mucho por la peña, está un arco y tumulo en el de piedra, todo bien labrado de follages, y es enterramiento de los Abades. Parece cosa de doscientos años acá conforme à la labor. Desde entonces se atrevieron los Abades à tanto como es ponerse aun mejor que el Rey D. Pelayo: que entonces acá abajo en el Claustro del Monesterio se enterraban, y asi se ven alli dos Sepulcros de ellos en arcos bien labrados, y aunque no tienen letras, por tener los Baculos, se entiende ser de ellos.

Tambien hay dos, ò tres lucillos llanos, en el suelo, fuera de la Iglesia, en lo bajo, junto à la entrada de la segunda escalera, y cerca de ella está el Monesterio, que ni es muy pequeño, ni todo puesto en llano: y en el fue la habitacion de Abad, Prior, y Canonigos, y no debe haber mucho tiempo que se dejó, pues no es muy antigua alguna parte del edificio, y ya se entiende como los Canonigos desde esta su habitacion subian para ir à la Iglesia la segunda escalera de cinquenta escalones, los primeros de piedra en macizo, y los postreros de madera que buelan en el ayre como parte de la Iglesia.

En el Altar está una Imagen de nuestra Señora de obra nueva, bien hecha. Con esta Santa Imagen se tiene gran devocion en esta tierra, y se hacen à ella grandes Romerias, y hay grande concurso el dia de nuestra Señora de Septiembre, y por ella se llama el Monesterio Santa Maria de Covadonga. En el Altar mayor está siempre una Cruz harto grande y antigua, de plata.

El Monesterio tiene un Abad con hasta doscientos ducados de Renta, presentacion de S. M. y un Prior y dos Canonigos, que no tienen aun cada uno quarenta ducados, y lo mas de esto es de limosnas: ya no viven en el Monesterio de arriba, sino en el lugar de la Ribera, donde el Abad, y los Canonigos tienen sus casas, y à semanas suben Prior,

I

y

y Canonigos (segun ellos dicen) à decir Misa arriba, cada
dia. Su habito es el comun de Clerigos de Asturias, pobre
y corto, con un Escapulario de lienzo encima del sayo, poco ancho, y largo hasta mas de la cinta.

El Abadia tiene su jurisdicion Eclesiastica, y Seglar en aquellos sus dos Lugares, la Ribera, y Relices otro que está el
Valle arriba en lo alto, aun mas cerca del Monesterio. Tuvo harta mas hacienda el Monesterio, pues fue suyo el Priorato de Naranzo, que es en Lievana, y es presentacion de
S. M. y vale cien ducados, ò mas. Tambien tuvo otras Ren-
tas como de Trianos, y S. Nicolás cerca de Sahagun, mas
ya de muy antiguo estan enagenadas, y anejadas, y el Monesterio de Villanueva, de quien se dirá luego, se lleva la
mitad de los Diezmos de todo lo de Covadonga. El remedio
de la pobreza que agora hay, quando S. M. fuere servido en-
tenderlo, allá se platicará, placiendo à Dios quando yo vuelva.

En el Monesterio no hay una sola letra de privilegios, porque los que habia los llevó un Abad à Castilla para confir-
marlos, y murió presto, sin que dejase dicho donde estaban,
y asi no han parecido.

S. EULALIA. *Tit.24.*

EN otro Valle junto con este de Covadonga el Rio Bueña
arriba à media ladera de una sierra harto alta, está una
Iglesia, llamada Santa Olalla de Pamia, por un Lugar que
está alli cerca, de donde se toma el sobrenombre. Esta Iglesia
edificó el Rey D. Pelayo, y se enterró con su muger en ella.
Esto se tiene asi en el comun, y tambien el Obispo Pelayo lo escribe, y de aqui fue despues trasladado à Covadonga conforme à lo que se ha dicho. La Iglesia fue muy pequeña, conforme à todas las de aquellos tiempos, y por fuera arrimada à ella
estaba la sepultura del Rey, y algo mas apartada la de su muger. Agora han edificado de nuevo la Iglesia mas grande por
su mucha feligresia, y asi quedó dentro la sepultura del Rey,
y fuera la de su muger: y son dos tumbas de piedra de las
mas angostas, à los pies de media vara en alto, y aun la de

la

la Reyna ya no tiene cubierta, ni aun tierra. El dia que yo alli estuve era Domingo, y parecia que estaba alli el Real del Rey D. Pelayo, pues habia al derredor de la Iglesia mas de doscientas lanzas hincadas al derredor de la Iglesia de los que venian à Misa. Y dan su razon del traerlas que, como vienen à Misa por aquellas breñas, pueden encontrar un Oso de que hay hartos, y quieren tener con que defenderse del.

Puedese bien creer edificó el Rey esta Iglesia por alguna otra gran victoria de los Moros, que alcanzó en este Valle, que por ancho y llano era harto aparejado para rehacerse los Moros, y valerse de su muchedumbre.

Una de las cosas que à mi me ha parecido muy notable en todo esto de Covadonga, y por aqui, es que aqui fue la furia de la Guerra de Augusto Cesar con los Asturianos quando los sujetó, en aquellos mismos años en que nació nuestro Redemptor, que parece se habian acogido à la fortaleza natural de Covadonga, y sus contornos, y asi se pudo tener mas noticia deste lugar en tiempo del Rey D. Pelayo para acogerse à el, como ya se sabia que otros antiguamente lo habian hecho. Hallase memoria desto del tiempo de Augusto Cesar en este Valle sobre que cae la Iglesia de S. Eulalia en un Lugar llamado *Corao*, donde los viejos vieron mas de veinte piedras de Sepulturas Romanas con letras, y asi otras piedras de aquel tiempo, las quales se han consumido en edificios, que no quedan ya mas de tres, y estas yo las llevo sacadas. Tambien las Aras Sextianas, que como todos los Historiadores Romanos dicen quedaron por memoria desta victoria de Asturias, no estan quatro ò cinco leguas de aqui deste Valle, que por solo averiguar donde estaban, y averiguarlo, fui à ver esta costa de la Mar.

LA IGLESIA DE S. CRUZ. *Tit. 25.*

NO es muy pequeña, y está en lo llano y mas abierto de los Valles, junto al Mercado de Cangas, y esta anchura y llanura hace verisimil lo que dicen los de la tierra, que aqui fue la mayor batalla, en que el Rey D. Pelayo venció

à

à los Moros, y el campo raso asegura que los Moros tendrian aqui à placer su multitud de gente. Aqui dicen los de la tierra que se le dió del Cielo al Rey la Cruz de madera, que se llevó despues de aqui à Oviedo, y está en la Camara Santa, engarzada en oro. Añaden que en caer la Cruz del Cielo y alcanzarse con ella tan gran victoria, edificó el Rey D. Pelayo esta Iglesia. De la Cruz despues diremos en su lugar. De la Iglesia digo, que es fabrica antiquisima, aunque agora está renovada por defuera de cal, y dentro blanqueada, mas no la edificó Pelayo, sino su hijo Favila, ò Fafila, que es todo uno, como se vé en una piedra que está sobre el arco de la Capilla, y aunque con dificultad, yo la leí, y tiene estos versos sacados fielmente con sus desvaratados latines y razones. Mas enviolos por ser la mas antigua Escritura que hay en España despues de su destruicion, y por esto son de estimar.

> Resurgit à preceptis divinis hæc macina sacra.
> Opere suo comptum fidelibus votis.
> Perspicue clareat hoc templum obtutubus sacris.
> Demonstrans figuraliter signaculum alme Crucis.
> Sit Christo placens hec aula ob crucis tropheo sacrata.
> Quam famulus Fafila sic condidit fide probata.
> Cum Froiliuba conjuge ac suorum prolium pignera nata.
> Quibus Christe tuis muneribus sit gratia plena.
> Ac post hujus vitæ decursum preveniat misericordia longa.
> Hic valeas Kirio sacratas ut Altaria Christo
> Dei revolutis temporis annis CCC.
> Seculi etate porrecta per ordinem sexta
> Discurrente Era septingentesima septu IIIIIIII. III. [1]

Si dice LXXIII. como parece, será el año de nuestro Redemptor DCCXXXV. y habia sido vencido el Rey D. Rodrigo veinte y un año antes, del DCCXIIII. y quando mucho puede haber en lo quebrado de la piedra un año mas, y ya en la piedra se hace en alguna manera mencion de la milagrosa victoria, que por la Cruz alli se huvo.

Den-

(1)   *Imprimió Morales en su libro* 13. *c.* 9. *la Era DCCLXXVII.* (año 739)

Dentro en la Iglesia está una Cueva, à que se entra por una boca como pozo, y allá hay Capilla, y Altar. Y allá estará el enterramiento de Favila, que como el Obispo Pelayo dice, está aqui sepultado, que acá fuera no hay señal de enterramiento.

Cerca desta Iglesia al pie de una sierra alta muestran un repecho los Naturales, donde dicen que Favila esperó al Oso que alli le mató.

VILLANUEVA. *Tit.26.*

MOnesterio de Benitos, media legua de esta Iglesia de Santa Cruz, à la ribera del Rio Sella. No tienen una sola letra de Privilegios, y dicen que lo fundó el Rey D. Alonso el Catholico, y es verisimil, pues es suya, y sujeta al Monesterio la Iglesia de Santa Cruz ya dicha, y tienen la mitad de los diezmos de todo lo de Covadonga. Dicen Aniversario por el dicho Rey, como por su fundador, y ni tienen libro, ni Reliquia, ni hay otra cosa que decir. [1]

Ya con esto vá todo lo que hay hasta Oviedo.

OVIEDO. *Tit.27.*

La Camara Santa. Num.1.

LA Camara Santa, que es verdaderamente lo que suena su nombre, está con mucha dignidad y magestad devota, desta manera.

En el testero del Crucero de la Iglesia al lado de la Epistola está una escalera de piedra bien labrada, aunque lisa, que por veinte y dos escalones lleva à una quadra de boveda, que sirve como de sala, y está cerrada, y tiene un Altar. Alli está una puerta no muy grande con arco y follages dorados, pintadas las puertas, y cerradas con cerrojo fuerte. Por aqui se entra à otra quadra de boveda, menor que la pasada, por donde

con

(1) *A la puerta de la Iglesia habia unas piedras esculpidas, ae que habla Sandoval en la Obra de los Cinco Obispos, pag. 95. Hoy persevera una de donde sacamos la estampa del Tomo I. de las Reynas Catholicas, pag.35.*

con otra puerta de buena cerradura se baja con decender dos escalones à la Camara Santa, que tiene forma de Iglesia, cuyo cuerpo es de veinte y cinco pies en largo, y diez y seis en ancho. Todo esto, como lo pasado, es muy antiguo, y tambien de boveda, aunque mas ricamente labrado, porque los pilares sobre que se sustenta la boveda, son ricos marmoles en que estan entallados los doce Apostoles de dos en dos, en cada columna, seis à cada lado, y la advocacion de esta Iglesia es de S. Miguel, como el Arzobispo D. Rodrigo, y los demas Historiadores dicen el Casto la intituló. El suelo de una argamasa con la dureza de piedra, y tiene con gran concierto puestos en la haz cascos pequeños de piedra de diversos colores, que hacen un jaspe poco menos hermoso, que si fuesen losas de el. En este mismo cuerpo de esta que yo llamo Iglesia, arden siempre tres Lamparas de plata, la de en medio mayor que las de los lados, y estan delante la reja de hierro que cierra la Capilla, y es del mismo ancho de la Iglesia, y del mismo suelo con diez y ocho pies en largo, mas baja que la Iglesia un estado, à uso desta tierra, donde las Capillas son mas bajas que el cuerpo de sus Iglesias. Tiene la Capilla dos buenos marmoles en el arco de su entrada, y la boveda está de pintura tan antigua, que se le parece bien, como es del tiempo del Rey Casto.

Dentro desta reja de hierro, que es cruzada como de Monjas con grande antiguedad, hay otro cerramiento con baranda baja de madera hasta en bajo de los pechos, para que segun la dignidad de los Peregrinos, ò se detengan fuera de la reja de hierro, ò entren hasta esta de madera, admitiendose dentro de ella solos Sacerdotes puestos en dignidad, y destos no tampoco todos.

Con esto se ha descrito el sitio de la Camara Santa material. Lo espiritual y devoto que tiene con los Santos Thesoros que guarda, y el sentimiento que entrandose en ella pone, no se puede decir, sino darse infinitas gracias à nuestro Señor, porque es servido darlo à gozar hasta un indigno como yo. Esto estoy escribiendo en la Iglesia antes de la reja, y Dios sabe que estoy como fuera de mi de temor, y reverencia, y no se mas de pedir à Dios me conforte para proseguir lo que yo no puedo.

Den-

Dentro de la baranda baja de madera estan todas las Santas Reliquias por esta orden.

En medio arrimado à la baranda asi que se anda al rededor por las tres partes, está la Santa Arca tan celebrada (y con mucha razon, à lo que agora he visto) en nuestras Historias de España. Es de seis palmos en largo, tres y medio en ancho, y otro tanto en alto, y está mas levantada, por estar sobre peana de piedra hecha para ella. Es llana en la tapa, y no tumbada, y por todas partes cubierta de planchas de plata de razonable grueso, doradas en algunas partes. En la delantera tiene los doce Apostoles de medio relieve, y à los lados historias de nuestra Señora. Mas en lo llano de la tapa está de debujo un Crucifijo con quatro clavos, y muchas imagenes al rededor, y los Ladrones tienen de estraña manera metidos los brazos por agugeros de los de sus cruces, asi que abrazan la media madera por lo alto, sacando despues las manos por medio della. La otra parte del Arca Santa está toda labrada sobre la plata de un enladrillado menudico, y todo representa bien tanta antiguedad, como de haberla hecho el Rey D. Alonso Tercero, llamado el Magno, como alli lo afirman todos, aunque yo creo cierto es todo de D. Alonso Sexto, que ganó à Toledo, segun lo dicen estas letras que estan al rededor en la tapa en quatro renglones que andan al rededor della.

,, Omnis Conventus populi Deo dignus catho-
,, lici cognoscat quorum inclitas veneratur reli-
,, quias intra preciosissima presentis arche latera,
,, hoc est, de ligno plurimorum sive de cruce
,, Domini. De vestimento illius quod per sortem divisum est.
,, De pane delectabili unde in Cena usus est. De sindone do-
,, minico ejus atque sudario, & cruore sanctissimo. De terra
,, Sancta quam piis calcavit tunc vestigiis. De vestimentis ma-
,, tris ejus Virginis Mariæ. De lacte quoque ejus, quod multum
,, est mirabile. His pariter conjuncte sunt quedam Sanctorum
,, maxime prestantes reliquiæ, quorum ut potuimus huic no-
,, mina subscripsimus. Hoc est, de Sancto Petro, de Sancto
,, Thoma, Sancti Bartholomei. De ossibus Prophetarum, &
,, de omnibus Apostolis, & de aliis quam plurimis Sanctis,
,, quo-

Está fielmente sacada con sus malos latines al uso de aquel tiempo. (Morales)

,, quorum nomina sola Dei sciencia colligit. His omnibus egre-
,, gius Rex Adefonsus humili devocione preditus fecit hoc re-
,, ceptaculum Sanctorum pignoribus insignitum argento deaura-
,, tum exterius adornatum non vilibus operibus : per quod post
,, ejus vitam mereatur consortium illorum in celestibus Sancto-
,, rum juvari precibus hec quidem saluti & re::: *Aqui falta plata*
,, *con letras.* Novit omnis provincia in terra sine duvio. *Aqui*
,, *tambien falta plata con letras quasi un palmo.* Manus & industria
,, Clericorum & Presulum qui propter hoc convenimus cum
,, dicto Adefonso Principe , & cum germana letissime Urraca
,, nomine dicta,quibus Redemptor omnium concedat indulgen-
,, ciam & suorum peccaturum veniam per hec sanctissima pig-
,, nora Apostolorum & Sancti Justi & Pastoris , Cosme & Da-
,, miani , Eulalie Virginis , & Maximi , Germani , Baduli , Pan-
,, taleonis , Cypriani , & Justine , Sebastiani , Facundi , & Pri-
,, mitivi, Christophori, Cucufati, Felicis, Sulpicij. *Asi acaba sin*
haber mas.

Lo que yo por este lettero entiendo es , que dentro del Arca
no hay mas Reliquias de las que el Rey en particular y en general dice. Asi que no estan en ella algunas Reliquias insignes
que suelen contar , como la Casulla de S. Ildefonso , y otras,
porque estas tales no hay duda sino que el Rey las relatára.
Tampoco parece esten alli otras Reliquias de las que quitan la
autoridad al Arca , como *partem piscis asi* , y *favum mellis* , y
otras semejantes. [1]

Mas considero, que hasta agora yo no tenia à la Santa Arca
en tanta reverencia, ni veneracion , por no saber mas de ella
de lo que asi à vulto las gentes que la han visto dicen , y en la
Relacion se envió à S. M. tan secamente. Mas agora en solo ver
el Arca , y su antiguedad , y riqueza , y leer estos renglones de
aquel Santo Rey , me ha puesto un sentimiento de gran magestad toda del Cielo. Veo tambien otro gran testimonio de la antiguedad , y veneracion de esta Santa Camara , y Arca , en una
piedra que está en la pared de fuera de la Iglesia , que llaman
del

(1) Estas las refiere el Obispo de à la Chronica de Sebastian, Obispo de
Oviedo D. Pelayo en la interpolacion Salamanca , impresa por Sandoval.

del Rey Casto, de quien despues diremos; y la piedra es del
Rey Don Alonso el Magno, que es el tercero deste nombre, y
tiene estas letras:

,, In nomine Domini Dei & Salvatoris nostri Jesu Christi,
,, sive omnium ejus gloriose Sancte Marie Virginis bisenisque
,, Apostolis, ceterisque sanctis Martyribus ob cujus honorem
,, templum edificatum est in hunc locum Oveto à quondam re-
,, ligioso Adefonso Principe. Ab ejus namque discessu usque
,, nunc quartus ex illius prosapia in regno succedens consimili
,, nomine Adephonsus Princeps dive quidem memorie Ordonii
,, Regis filius hanc edificari sanxit munitionem cum conjuge
,, Scemena duobusque pignore natis adjutione muniminis the-
,, sauri aulæ hujus Sancte Ecclesie residendum indemnem ca-
,, ventes, quod absit, dum navale gentilitas piratu solent exer-
,, citu properare ne videatur aliquid deperire. Hoc opus à no-
,, bis offertum idem Ecclesiæ perhemni sit jure concessum.

Esto dice el Rey por la Fortaleza y Muros que edificó en la
Ciudad: y pues lo edificó para guarda de las Santas Reliquias,
llamandolas precioso thesoro, es gran testimonio de quanto las
estimaba, y por quan verdaderas y ciertas las tenia.

Es otro testimonio aun mayor que todos estos la fiesta, que
en esta Iglesia de tiempo antiquisimo acá se celebra de la venida de esta Santa Arca à ella con gran solemnidad à los trece de
Marzo, diciendose las Visperas y Misa mayor en la Camara Santa, y hay gran concurso de la tierra à ella. Hay Oficio proprio
entero, donde se refiere la venida del Arca Santa desde Gerusalen à Africa, de alli à España, y ultimamente de Toledo acá.
Este es un gravisimo testimonio, pues los Theologos tienen por
tal, y de verdad quasi irrefragable, instituir la Iglesia fiesta de
un suceso como el Triumpho de la Cruz, S. Juan Ante portam
latinam, y otros semejantes.

Encima del Arca Santa estan siempre los Relicarios siguientes.

Un Relicario de plata todo dorado con viriles redondos,
bien acompañados de molduras, y otras labores, estan dos Espinas de la Corona de nuestro Redemptor, que no tienen cosa
notable que se pueda referir: y un Denario de los porque fue

K   ven-

vendido nuestro Redemptor, de que tampoco hay cosa notable para escribirla aqui, y en general esto de los Denarios que asi se muestran en algunas partes, es cosa incierta, y de poco fundamento, [1] porque los Judios no tenian en aquel tiempo Moneda propia, sino que corria entre ellos la de los Romanos sus Señores. Asi respondieron à la pregunta de nuestro Redemptor : *Cujus est imago hæc? Cæsaris.*

Conforme à esto está claro que ningun Denario, que no tuviere la imagen de Augusto Cesar, ò de los Romanos, que antes del batieron Moneda, no pueden ser de aquellos porque fue vendido nuestro Redemptor ; y los que hasta agora yo he visto mostrar por tales, no son Denarios Romanos : y aunque esto basta para no haberlos de tener por de los treinta, tienen otros hartos achaques en esta su verdad. De estas Reliquias no hay mas testimonio de la tradicion y antiguedad.

En un Barco grande de plata con pie rico dorado, que tiene formada encima una Caja de un brocadillo antiguo, tapada, con viril, está un buen pedazo del cuero del Apostol S. Bartholomé, que está doblado y encogido, como quando pergamino, ò cuero mojado, se seca. Por esto parece que tendido será de un palmo. No tiene mas testimonio de la tradicion, que antiguamente se sacó del Arca Santa.

En un Relicario pequeño de plata dorada en Ampolla de Cristal está envuelta con tierra de la sangre que manó del Santo Crucifijo de la Ciudad Baruth : tradicion y antiguedad.

En otro Relicario mas alto de plata dorada, dentro en un Cristal está un poco de la Vara de Moysen, que será como un dedo pequeño en largo, y mucho menos en grueso. Parece de Laurel, ò de Acevo en lo verde. El mayor testimonio que esta Reliquia tiene es una cagita de bronce, que muestran en que vino desde Gerusalen con la Santa Arca. Asi dicen ellos, y nuestros Historiadores tambien lo escriben. Esta cagita tiene grande antiguedad.

Dos tablas cubiertas de chapas de plata con engastes à lo an-

(1) Las que yo he visto son Monedas de Rodas, como refiere D. Antonio Agustin al principio de su Dialogo 2.

antiguo de piedras finas, mas poco preciosas. Tienen tambien algunas figuras de marfil. Un Crucifijo, Dios Padre, y otras, y con goznes se cierran juntandose una con otra. Hay dentro dellas Reliquias (aunque deben ser menudas) como se dice en estas letras que estan en la plata al rededor.

,, In nomine Domini nostri Jesu Christi. Gundisalvus Epis-
,, copus me jussit fieri. Hæ sunt Reliquiæ quæ ibi sunt. De lig-
,, no Domini. Sanctæ Mariæ Virginis: Sancti Joannis Aposto-
,, li: Lucæ Evangelistæ: Matthæi Evangelistæ: Marci Evangelis-
,, tæ: De Pane Domini: De Sepulchro Domini.

Este Obispo D. Gonzalo es de mas de trescientos años atrás: y asi tienen estas Reliquias el testimonio de toda esta antiguedad.

Dos Relicarios de plata muy antiguos con engastes, y son quasi en triangulo, y tienen con viriles dos bolsas sin ninguna cosa notable que de ellas se pueda decir. Son segun alli refieren de los dos Apostoles S. Pedro y S. Pablo. No hay mas testimonio que la mucha antiguedad.

Lo mismo es de un Crucifijo de marfil muy antiguo con quatro clavos de hasta una tercia, que tiene dentro un poquito *de Ligno Crucis*.

Tambien es muy antigua una Caja de plata con forma de suela aunque harto diversa de la que agora usamos, asi es tambien estraña y de hechura nunca vista una Sandalia de S. Pedro que está dentro. No es mas que la suela bien labrada con hierro y con fuego, y de otras maneras parecen las señales donde estuvieron las ataduras: al derredor de la plata dice un letrero:

Hic jacet Sandale dextrum Beati Petri Apostoli.

Este letrero con su antiguedad es por si testimonio desta Reliquia, y ayuda à la tradicion.

Sobre el Arca Santa no hay mas Reliquias que estas.

En el medio del testero de la Capilla está una ventana por donde se recibe la luz, y alli en aqueste testero estan las dos Cruces de los Angeles, y del Infante D. Pelayo, y el Santo Sudario por esta orden. Al lado derecho esta un Relicario de madera, dos varas y mas en alto, y una en ancho. Es de talla

lla

lla muy rica y costosa, dorada, y estofada dentro y fuera en
las dos puertas que tiene, aunque dentro está mucho mas cos-
toso. Levantase en medio un hermoso pie con Angeles que de
rodillas lo sustentan, y sobre el está la Cruz de oro y piedras
que como es notorio, labraron los Angeles. Es de dos·tercias
en alto, y otro tanto en ancho, porque los brazos son igua-
les con el asta derecha. [1] Tiene alguna semejanza de la de
los Comendadores de S. Juan, sino que no es aguda al juntarse los brazos, ni tiene aberturas afuera, acabando en liso.
La labor de la haz es plancha lisa de oro, y sobre ella so-
brepuesta redecica estrañamente menuda,
de lo que llaman gusanito, y hace vueltas, y como follages. Tiene muchos engastes de piedras finas, aunque pocas muy
preciosas. Mas un Rubi de en medio re-
dondo y relevado como media bola, lo tienen por finisimo, y
es tamaño como una Castaña grande: está retratada razona-
blemente (si bien me acuerdo) en el Libro grande antiguo de
Concilios, que está en el Real Monesterio de S. Laurencio,
aunque está mucho mas pequeña.

Despues acá he hallado en la Iglesia de Santiago de Galicia el Retrato desta Cruz de los Angeles que la dejó allí el Rey D. Alonso el Magno, como parece por las letras que tiene. Morales.

     Yo creo cierto que los Angeles no labraron mas que esta
faz que es sutil, todo lo demas de lados, y trasera parece de
obra hecha despues para meter la madera, y asi viene à tener
una pulgada de grueso. En las planchas lisas de las espaldas
estan estas letras por los brazos, sobrepuestas de oro, y ellas
me confirman en mi opinion, de que no labraron esto los Angeles, y si lo labraron, otro puso despues estas letras, como
facilmente se deja considerar.

En el brazo de arriba como agora está fijada:

   „ Susceptum placide maneat hoc in honore Dei
   „ Offert Adefonsus humilis servus Christi.

           En el brazo derecho.
   „ Quisquis auferre presumpserit mihi
   „ fulmine divino intereat ipse.

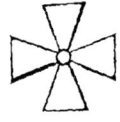

                                           En

(1)   La figura es como se sigue al lado de la Inscripcion.

En el izquierdo.

„ Nisi libens ubi voluntas dederit mea.

„ Hoc opus perfectum est in Era DCCCXXXVI. [1]

En el brazo de abajo.

„ Hoc signo tuetur pius

„ Hoc signo vincitur inimicus.

En las espaldas tambien tiene algunas piedras, y los brazos tienen al acabar tres dedos grandes de ancho, y disminuyen al juntarse uno. En el grueso, por lo bajo, tiene asitas de donde dicen colgaban el A & ꝏ con que la vemos siempre pintada, mas agora ya no las tiene. Tiene velo de tafetan delante, y quando se ha de descubrir, los dos Canonigos que siempre enseñan las Reliquias, dicen de rodillas Verso de Hymno, Antiphona y Oracion de la Cruz.

Luego sigue frontero de la ventana la Cruz de Roble que el Rey D. Pelayo traia por vandera en las batallas. En Cangas cuentan que cayó del Cielo: lo mas cierto es que el Rey la hizo hacer para salir con ella de Covadonga: es muy grande, y está cubierta de oro de rica labor con tres ordenes de engastes bien espesos, y un relieve por medio mas alto que la labor de los lados. Al cruzar tiene por todas partes mucha labor de esmalte, y aunque las figuras son gofas, [2] mas son las colores muy vivas, y todo está fresco y bien entero. Los remates de los cabos son en alguna manera como los de Calatraba, aunque mal formados: tiene de largo quasi vara y quarta, y mas de tres quartas en los brazos, y no cruzan por medio como en la de los Angeles, sino que dejan el pie mas largo: el canto es de mas de un dedo, y el ancho de la tabla de quatro dedos grandes. En las espaldas tiene lisas las planchas con estas letras sobrepuestas al modo de la de los Angeles.

En

(1) En el lib. 13. cap. 37. de la Chronica, imprimió Era DCCCXXVI. tomando la Era por año de Christo. Pero reconocida nuevamente la Inscripcion se halla la Era DCCCX VI. que por el rasgo en la X. consta ser la 846. año de 808. cien años antes que la Cruz siguiente de D. Alonso III. donde Morales tuvo el mismo defecto de no dar à la X. el valor de 40. por despreciar el rasgo.

(2) Lo mismo que groseras, ò toscas.

En el brazo de arriba:

Susceptum placide maneat hoc in honore Dei, quod offerunt famuli Christi Adefonsus Princeps & Scemena Regina.

En el brazo derecho:

Quisquis auferre hæc donaria nostra presumpserit, fulmine divino intereat ipse.

En el izquierdo:

Hoc opus perfectum est, concessum est Sancto Salvatori Ovetensis Sedis.

Hoc signo tuetur pius, hoc signo vincitur inimicus.

En el pie:

Et operatum est in Castello Gauzon anno Regni nostri XVII. discurrente Era DCCCCXVI. [1]

Este Castillo donde la Cruz se labró, creo cierto es el que este Rey hizo à la Marina en las peñas de Gozon, quatro leguas de Oviedo, para defensa de aquellas Costas.

No hay mas testimonio de que sea esta la Cruz del Rey D. Pelayo, de la tradicion de unos en otros. Yo quisiera que el Rey lo digera en su letrero, y aun me parece no lo callára, si no es que quiso imitar al Casto, que tampoco dijo nada de los Angeles en su Cruz.

Esto he podido enviar agora de lo de Oviedo, y el no haber buen mensagero aun me pone miedo de enviar esto.

Continuacion de la Camara Santa de Oviedo.

AL otro rincon deste testero de la Camara Santa está la Caja rica con el Santo Sudario, asi que corresponde à la Cruz de los Angeles, y su Caja, y toman en medio la Cruz grande, dicha comunmente del Rey D. Pelayo. La Caja es de madera labrada por defuera de oro y azul, larga quasi vara

y

(1) Reconocida nuevamente la inscripcion consta ser la Era 946. y año 42. del Rey, con rasgo en la X. que la hace *quarenta*: año de 908. en que el Rey D. Alfonso contaba su año 42. La figura de la Cruz es como va señalada.

y media, y ancha una vara, y en lo alto aun no una quarta. Está puesta llana, y no levantada: mas sobre ella, por mas devocion, y magestad, está un Tabernaculo de vara y media en alto con su frontispicio bien labrado de molduras: y está pintado en el un Crucifijo, aunque mas à proposito viniera el Descendimiento de la Cruz, ò el sepultar à nuestro Redemptor, pues está alli la preciosisima Reliquia del Sagrado Sudario, en que entonces fue envuelta su divina Cabeza. Es esta desta forma.

En un Marco de madera cubierto de terciopelo negro de una parte, y de otra hay por la parte de delante un rebajo, siendo el de la madera terciopelo por si, y por si tambien el que pasa de una madera à otra. Por toda la madera van hincados clavos de plata con grandes cabezas redondas, teniendo en lo bajo à los lados dos asas grandes de plata, por donde el marco se toma para tenerlo derecho: sobre este de terciopelo hondo está tendido el Santo Sudario, y prendido por arriba en la seda, y tambien por abajo, para que el ayre no lo pueda menear, y tiene un velo de tafetan delante, que se corre con un cordon. El Santo Sudario es quadrado de tres quartas en largo y media vara en ancho, poquito mas ò menos todo. El lienzo no está muy blanco, y aunque se mire con atencion, se estraña en cierta manera para no poder bien verse que tal es. Tiene manchas de sangre deslavada mayores, y menores, por muchas partes: unos dicen que en una gran mancha destas hay representacion del rostro de nuestro Redemptor, y otras cosas particulares. Lo que yo, aunque indigno, vi, es que pone notable devocion, asi que enagena en cierta manera aun hasta un pecador como yo, para que no pueda tener advertencia à cosas de estas.

Muestrase al pueblo el Santo Sudario tres veces en el año: el Viernes Santo, y las dos fiestas de la Cruz, siempre con gran solemnidad, y porque yo pudiese dar à S. M. relacion cumplida della, se mostró solemnemente como suele el diá de Santiago. Pregonase por la Ciudad y por la tierra, como se mostraria el Santo Sudario tal dia. Toldase en la Iglesia con paños ricos que tienen, toda aquella parte del crucero donde

es-

está la Camara Santa. En la Sala, ò primera pieza de su entrada, está hecho un corredorcito de quince pies, cubierto con arco, y cubrese entonces por defuera con dos cortinas de terciopelo negro corredizas, echandose tambien otro paño grande de terciopelo sobre las varandas. El Obispo agora, como lo hace siempre, dijo Misa de Pontifical, predicó y amonestó al cabo del Sermon reverencia y devocion, y lo demas que convenia para dignamente adorar la sagrada Reliquia. Acabada la Misa vestido como estaba, y con sus asistentes y los demas que le acompañabamos, subió à la Camara Santa y sacó el Santo Sudario cubierto con su velo, y rezando siempre en tono con ayudarle los que ibamos con el, fue al corredor, y quando estuvo puesto en medio, abrieron las cortinas, corriendo cada una à su lado. Luego se corrió tambien el velo de tafetan pequeño, y al punto comenzaron los Cantores abajo el *Miserere*. El Obispo está un poco quedo, y luego pasa despacio al un lado del corredor, y luego al otro, deteniendose otra vez en medio. Quando se quiere volver à la Camara Santa el Obispo, ven muy de cerca el Santo Sudario los que estan con el, y luego se cubre, y el Obispo con los que le acompañan, dice el *Miserere*, y por su mano toca Cuentas y Relicarios hasta que la sagrada Reliquia se pone en su Caja. El testimonio es la veneracion antiquisima en que se tiene esta Reliquia, y la tradicion tambien antigua de que se sacó del Arca Santa, donde, como se ha visto en su letrero, se dice que hay parte de la Sabana de nuestro Redemptor, y no hay duda sino que no está en esta Reliquia todo el Sudario de nuestro Redemptor, sino parte del, pues no fue posible envolverse toda la Divina Cabeza en esto solo.

Por esta misma grada donde estan asi las dos Cruces y el Santo Sudario, y un poquito mas alto, estan las Arcas grandes y pequeñas siguientes.

Una de oro, y de Agata, yendo por toda ella engastadas las piezas de Agata, que son LXXXII. en el oro. Y algunas piezas hay de la piedra mayores que la palma de la mano, y estan bien repartidas, y con mucha proporcion, y correspondiencia. Sin esto tiene por todas partes muchos engastes

tes

tes de las piedras ordinarias finas, y no preciosas. Es joya harto rica, porque tiene mas de media vara en largo, tercia en ancho, y con lo tumbado quarta en alto, con que viene à tener buena proporcion, y está cerrada con un candadico dorado. Tiene dentro muchas Reliquias menudas, y tienen lista de algunas dellas en tabla, que anda junta con el Arca. En el suelo de esta Arca, que es de plata, con retrato de la Cruz del Rey D. Pelayo de debuxo, y los quatro animales de los Evangelistas, y tambien estas letras:

„ Susceptum placide manet hoc in honore Dei, quod offe-
„ runt famuli Christi Froyla, & Nunilo cognomento Scemena.
„ Hoc opus perfectum & concessum est Sancto Salvatori Ove-
„ tensis. Quisquis auferre hec donaria nostra presumpserit,
„ fulmine divino intereat ipse. Operatum est Era DCCCC-
„ XLVIIII. (año de 911.)

Aqui se vé como la dió el Rey D. Fruela II. de este nombre, que tuvo la muger de aquel nombre, y ha mas de seiscientos cinquenta años. No se me abrió esta Arca, porque habia tabla della fuera, y no parecia haber Reliquia insigne.

Cabe esta hay otra Arca de vidrio cristalino del tamaño de la pasada, y algo mayor, dorada en algunas partes. Abrióse, y hallóse dentro otra Arquita de plata chapada, y por eso no se abrió. Dicen son todas las que estan dentro Reliquias menudas, y entre ellas algunas de la Magdalena.

En esta grada cabe estas hay otras seis Arquitas pequeñas, y grandes. Dos de madera, las mayores. Otra tercera cubierta de carmesi, y la quarta pequeñita de plata. No se abrieron por ser todas Reliquias menudas, y haber fuera algunas listas dellas, sin razon de Reliquia notable: y asi es de la quinta.

Otra sexta Arca es un Cofre como de tres quartas de Flandres con el cuero dorado, y labrado, y algunas barras, y tiene sin esto por mayor decencia, y veneracion encima un pañito de brocado, y de carmesi.

Abrióseme, y hallóse en ella harta quantidad de huesos, y Cabeza quebrada, todo muy tomado de la humedad, que en toda aquella tierra de Asturias es muy grande: mas con

L

todo eso los Santos huesos tienen notablemente un olor sua-
visimo diferente de todos los que conocemos, y siendo esto
asi, de este Santo Cuerpo hay un daño doloroso, que se ha
perdido alli la noticia del Santo, ò Santa cuyo es, porque lo
que alli refieren todos, y está en una Visita de cien años acá,
que es de S. Serrano, [1] es cosa sin ningun fundamento, y
aun se podria tener por vana y fingida, porque en todos
los Catalogos mas copiosos de Santos que tenemos en Mar-
tirologios, y en otros Libros, no hay nombre ni mencion
de tal Santo. Y ya que no es de este Santo, pues no lo hay,
no se puede descubrir cuyo sea, pues congeturas no valen
mucho en cosa tan ciega, y yo aunque pienso en algunas,
no oso parar en ellas, porque tambien la dignidad de la materia las ataja: y no hay mas que esto en el testero de la Camara Santa.

Al un lado donde está la Cruz de los Angeles, en otra
grada, al alto de la pasada, junto al Relicario de la dicha
Cruz está un Arca antigua de madera labrada de talla dorada, y algun azul mezclado con el oro, de mas de vara en
largo, y alta tres quartas con lo tumbado. Abrióme el Obispo esta Arca por su mano, como todas las demas, y en otra
menor que habia dentro en unos Cendales negros, ò mora-
dos, no muy delicados, se hallaron envueltos muchos huesos
pequeños por estar quebrados, y pocos algo grandes, y cascos de cabeza, y con ellos estaba un pergamino pequeño, letra de mas de cinquenta años al parecer, y dice: *El Cuerpo
de S. Julian Obispo y Martir.* Asi dice: mas yo tengo por cierto que es este Santo Cuerpo el de S. Juliano Arzobispo de
Toledo, por estas causas. Todos alli en Oviedo por tradicion antigua tienen que está alli en la Iglesia de Oviedo el
Cuerpo deste Santo Arzobispo, y no lo muestran en otra parte, ni saben donde esté: tambien como supieron los Antiguos
que aquel era el Cuerpo Santo de S. Julian Obispo, y no
sabian que Juliano Arzobispo de Toledo fuese Santo, porque

se

(1) *Vease D. Nicolas Antonio en la
Censura de Historias fabulosas lib. 7.
cap. 7. pag. 384. y 386. Carvallo en la*
*pag. 223. dice ser de S. Serrano Obis-
po de Oviedo, que floreció al medio del
siglo nono.*

se comenzó tarde à celebrar su Fiesta, añadieron *Martir*, y
asi pasaron con esto. Este es mi camino de rastrear esto, que
está tan escuro, y sin mas certidumbre, y con todo eso sé
que en el lib. XI. del Obispo Equilino hay mencion de un Santo Juliano Martir, y Obispo de Leon de Francia, mas no
hay siquiera principio de rastro para pensar que este Cuerpo Santo sea suyo. Habia otras tres Arquitas dentro de la grande dorada, y abiertas parecieron muchas Reliquias menudas en
ellas: y solo parecieron notables entre ellas dos costillas de
Santa Leocricia, de quien luego se ha de decir.

Cabe esta Arca mas afuera ácia la reja está otra Arca del
tamaño de la pasada, y aun mayor. Está toda chapada de plata con imaginería de mas que medio relieve. Dentro estan
los Cuerpos de San Eulogio, Presbitero, Doctor, y Martir
de Cordoba: y el de S. Leocricia Virgen y Martir, que fue
martirizada con él, y el padeció por causa de ella. Por lo alto, en lo agudo de la tumba tiene estas letras de relieve, en
la plata de la manera que aqui se pornan.

,,Anno Domini MCCC. quinto nonas Janu. Dominus.
,,Fernandus Alvari Ovetensis Episcopus transtulit. *Aqui falta*
,,*un palmo de plata con la letra*: *claro esta que decia Corpora Sanc-*
,,*torum* m. Eulogij, & Lucricie in hanc capsam argenteam [1]
Aunque aqui dice Lucricia, Leocricia es el verdadero nombre
de esta Santa. Celebra la Iglesia de Oviedo Fiesta particular
cada año de la translacion destos Cuerpos Santos, refiriendo
en las Liciones como se trugeron de Cordoba, y se pusieron
en la Capilla de Santa Leocadia debajo de la Camara Santa:
y como de alli se pasaron donde agora estan por un milagro notorio. [2] Todo lo refiero à la larga en lo que he escrito

(1) *Vease el Tomo X. de la* España
Sagrada pag. 458.

(2) El milagro fue con un Arcediano de Oviedo, llamado D. Rodrigo Gutierrez, à quien de repente se le
torció la boca, y quedó mudo. En
esta afliccion recurrió al patrocinio de
estos Santos, y clamando con fervor,
fue restituido à su salud. Desde entonces los sacaron del sepulcro de piedra
que tenian debajo del Altar de S. Leo-
cadía, y los trasladaron a la Camara
Santa en una Arca de plata, que es
la referida. Asi consta por las Lecciones que la S. Iglesia de Oviedo usa en
el Oficio de la Translacion de estos
Santos, como propone Morales en las
Notas à la Vida de S. Eulogio entre
sus Obras, fol. 12. b.

to sobre las Obras deste Santo, que siendo Dios servido saldran
luego impresas : y por ser de mi tierra y haberle yo servido
tanto, sabe Dios con quanto deseo y aficion yo deseara ver
estos Santos Cuerpos. Mas aunque el Obispo me los abriera
de muy buena voluntad, yo reprimí todo mi deseo, por reverencia de los Santos, que tienen su Arca chapada al rededor, y clavada, y no es bien cada dia andarse abriendo la
que muchos años ha con gran cuidado se cerró. Y para el
mandato de S. M. yo estoy bien satisfecho que los Santos
Cuerpos estan allí dentro, siendo esto cosa cierta y averiguada.

Al otro lado frontero en semejante grada, junto al Santo Sudario, está un Arca mas alta que larga, de plata maziza, sin madera, labrada à la Morisca de atauxía, y de nie-
lado. Abriéronse tres cerraduras, que tiene, y hallóse dentro
otra Arca menor de plata, en que estan algunos huesos y cabellos de Santa Eulalia la de Merida, y fuera estaba un lienzo
teñido en algunas partes al parecer con sangre, y asi parece
del velo desta Santa, de que hay mucha mención en la Vida
de Masona, Arzobispo de Merida. No se abrió esta Arca pequeña, ni otra de marfil, que allí dentro tambien está, por
ser muy dificultoso el abrirlas. Esta Arca con el Cuerpo de
Santa Eulalia sacan en procesion en las mayores necesidades
de aquella tierra, y siempre hallan notable misericordia en lo
que à nuestro Señor demandan, y asi es tenida esta Arca en
grandisima veneracion. El Obispo de Oviedo Pelagio, que vivió y escribió, en tiempo del Rey D. Alonso el Sexto que ganó à Toledo, un poco de la continuacion de la Chronica de
España, dice como el Rey D. Silo trujo de Merida el Cuerpo
Santo desta Virgen y Martir en una Arca de plata que el mandó hacer, y la puso en *Pravia*, Puerto à seis leguas de Oviedo en la Iglesia de S. Juan Bautista, donde el está enterrado.
Prosigue como trujo esta Arca de allí el Rey D. Alonso el Casto, y la puso en la Camara Santa. Al fin cuenta como el con
sus Canonigos encerraron aquel Arca en otra mayor de plata,
habiendo mostrado primero el Santo Cuerpo à cien hombres
y treinta mugeres, como por testigos de lo que allí estaba
guar-

guardado : y esta Arca de plata mayor, dice la habia mandado hacer el dicho Rey D. Alonso el Sexto.

Siguese tras esta ácia la reja de fuera otra Arca de plata sobre madera con imaginería de mas que medio relieve, como la de S. Eulogio, y poquito menor en todo el tamaño. Aqui está el Cuerpo de S. Vicente Abad y Martir, que padeció en Leon, como se ha dicho en la relacion del Monesterio de S. Claudio de aquella Ciudad. Y ya lo dicen las letras que estan relevadas en la plata por lo agudo de la tumba, en lo alto.

,, Hoc opus fieri fecit Magister Garsias hujus almæ Ecclesiæ
,, Archidiaconus, ad honorem Sancti Vincentii Martyris, quon-
,, dam Abbatis Monasterii Sancti Claudii Legionensis Civitatis.
,, Cujus corpus reconditur in hac Arca. Era MCCCVI.

No se abrió esta Arca por estar chapada y clavada como la de Santo Eulogio.

Estas son todas las Reliquias que hay en la Camara Santa, las quales se muestran siempre con gran reverencia y solemnidad à todos los Peregrinos, sin dejarse de mostrar à ninguno, que llegan hasta la reja grande de mas afuera. Las llaves tienen dos Canonigos, diputados para esto con salario, entrando ellos con los Peregrinos, encienden demas de las lamparas dos velas en dos candeleros, y una hacha en su blandon. Esto por reverencia y solemnidad, y tambien porque la Camara Santa es harto escura. Entrando los dos Canonigos con los Peregrinos, hacen de rodillas su oracion secreta, y luego en tono dicen la Antiphona : ,, Corpora Sanctorum in pace sepulta sunt, & vivent ,, nomina eorum in æternum. ℣. Exultabunt Sancti in gloria. ℟. Le- ,, tabuntur in cubilibus suis. Oratio. Propitiare Domine nobis famu- ,, lis tuis per horum Sanctorum tuorum, quorum Reli- ,, quiæ hic continentur, merita gloriosa, ut eorum pia ,, intercessione ab omnibus semper muniamur adver- ,, sis. [1] El Canonigo mas antiguo va relatando à los Peregrinos todas las Reliquias, por escrito que hay para esto, el qual el aprende de coro, y es harto bien ordenado. Y por la pobreza de la Iglesia no estan en Relicarios, ni en Arcas ricas, mas de las Reliquias y Cuerpos santos, que aqui van señalados. Y por acabar de una vez lo que toca à Reliquias,

(1) Es la Oracion que se dice en la fiesta de estas Santas Reliquias, que como se ha dicho, se celebra.

por-

porné la de la Idria de las seis de Caná de Galilea, aunque está fuera de la Camara Santa, acá bajo en la Iglesia en una Capillita cerrada, que para sola ella se hizo, y se sube allá por algunas gradas. Es de marmol blanco, alta vara y quarta, ò poquito menos. El diametro de la boca es de tres quartas con lo grueso del marmol, que es por alli redondo, y formado à manera de labio de tinaja con buena gracia de proporcion, y al parecer será como quatro dedos, y mas por aqui lo grueso del marmol, que abajo no hay duda sino que es mas grueso: cabe nueve arrobas: tiene dos asas, y debajo su agugero para vaciarla.

Si los Christianos la llevaron de acá por tierra, particular esfuerzo y ayuda de Dios fue menester para llevarla tantas leguas y pasar la aspereza de las Montañas de Europa. Pudose navegar desde el Andalucia, ò Portugal, y asi no anduvo mas que quatro ò cinco leguas por tierra. Es de esta forma:

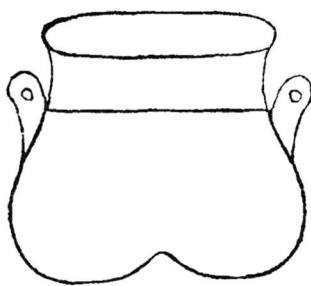

Tambien se sabe de muy antiguo, y aun hay alguna Escritura de ello, que el Cuerpo de Santa Florentina hermana de Santo Isidoro, está alli en la Iglesia de Oviedo, mas no saben donde, ni como, y lo que el vulgo tiene desto, luego aqui adelante se mostrará ser vano.

La Iglesia del Rey Casto.   Num. 2.

LA Iglesia que llaman de Recasto, corrompiendo con esta brevedad el vocablo, aunque es Templo por si, está dentro de la Iglesia Mayor, sin que tenga otra entrada, sino la que es-

está dentro della frontero à la Camara Santa en el otro testero del Crucero.

Es grande como de cien pies en largo y convenible ancho, repartido en tres Naves con buena proporcion, y cada Nave tiene seis claros de arcos muy semejantes en los postes, y vueltas, y en toda la cantería, y en pocas molduras, à los Claustros de los arcos que ya estan hechos en el Real Monesterio de S. Lorenzo, aunque estos son mucho mas altos. El Altar mayor, y sus dos Colaterales tienen ricos marmoles, y muy grandes à la entrada, y allá dentro para formar las bovedas à los rincones hay otros menores, mas muy ricos, y son todos doce. La advocacion es de nuestra Señora, y los dos Altares Colaterales de S. Julian, y S. Estevan, como tambien algo desto se halla en nuestras historias. Toda la fabrica de las tres Capillas es de Godos, y mucho mas los arcos de la entrada harto semejantes à los de S. Roman de Hornija, y à los de Vamba, enterramientos de dos Reyes Godos, de quien despues se ha de decir. Y esta entrada con su buena proporcion hace linda vista. Solas las tres Capillas son de boveda, y todo lo demas de la Iglesia es una mala teja vana, que parece no acabó el Casto aquello, segun está pobre. El suelo de toda la Iglesia es de la misma argamasa de la Camara Santa.

Los Reyes que están aqui enterrados, estan por esta orden. En el cuerpo de la Iglesia, al lado del Evangelio, arrimada à la pared está una tumba de piedra sin vulto, de labor harto antigua, y tiene estas letras.

,, Hic requiescit famula Dei Urraca Regina, & confamula
,, uxor Domini Ranimiri Principis. Obiit die secunda Feria
,, hora XI. octavo Kal. Julias. Era DCCCCLXIX. [1]

En otra sepultura mas abajo en otro sepulcro sin vulto en tumba de piedra debajo de arco, dicen las letras à la larga por la tumba.

,, Incolit hic tumulus ex Regali semine corpus Geloire Re-
,, gine, hoc loculo qui ejus.

Lo demas de este Epitafio no se lee bien por la mucha antiguedad,

dad,

(1) *Vease el Tomo I. de las Reynas Catholicas, pag.*100.

dad : solo se entiende como dice adelante , que la pasó alli à
esta Reyna otra llamada Doña Teresa. Por esto parece que sea
la sepultura de la Infanta D. Elvira , Monja , hija de D. Ramiro Segundo , y que la puso aqui la Reyna Doña Teresa , muger
de D. Sancho el Gordo , y si por intitularse D. Elvira aqui Reyna , esto no se sufre , podemos decir que sea la Reyna D. Elvira , muger de D. Bermudo Segundo , y que la pasó la Reyna
D. Teresa , muger de Bermudo Tercero. [1]

Ya por esto se ve quan vana es la opinion comun en Oviedo de tener esta sepultura por la de Santa Florentina.

Tras este en la misma pared hay otro sepulcro con tumba de piedra lisa , sin letras , y asi no se entiende cuyo es , sino
que por el lugar adonde está , se cree con probabilidad es de
Persona Real.

Tambien hay en el suelo aqui en el cuerpo de la Iglesia
tres piedras de sepulturas , las dos no tienen ningunas letras. En
la otra , que es de marmol , solo se leen estas pocas palabras:
Adepti ; y en otro renglon : *Regna celestia potiti*. Tienese esta
sepultura en veneracion , por la sospecha que hay por estas palabras del Epitafio , que estan alli cuerpos Santos. Yo por algunas conjeturas creo que si alli los huvo , ya estan sacados.

Por los enterramientos Reales de la Iglesia de S. Isidoro de
Leon se entiende ya como nuestros Reyes muy antiguos no se
enterraban en las Iglesias , parte por hümildad , y parte por
guardar la costumbre antigua de la Iglesia , de no enterrarse nadie dentro en ella , sino en el Cimenterio , que tomó este nombre de los enterramientos. A este modo está tambien en esta
Iglesia del Rey Casto el golpe de las sepulturas Reales en una
Capilla , y aun harto menos que Capilla , al cabo , y como fuera
de

(1) Mas proprio parece decir , que
fue D. Elvira , segunda muger de
D. Ordoño III. porque la muger de
D. Bermudo II. yace en Leon en la
primera sepultura que refirió Morales
en la pag. 43. Y D. Elvira muger de
D. Ordoño III. tuvo por immediata
sucesora à D. Teresa , que se dice aqui
haberla trasladado alli , acaso del Convento donde murió , (pues entró en
Religion) y es creible que habiendola
conocido y tratado (pues fueron coetaneas) se moviese por eso à sacarla del
Convento , y trasladarla à Oviedo con
otras personas Reales. A esto favorece el que la sepultura está seguida à la
de D. Urraca , que habia muerto antes.

de la Iglesia , porque en el testero de frente del Altar mayor,
por una puerta pequeña , con red de hierro muy antigua , se
entra à una Capilla tan chica , que no tiene mas de doce pies en
largo , y ancho lo que es la Nave mayor , y el techo es bagito,
y hollado encima. Toda esta Capilla está llena de sepulcros de
Reyes, poco altos del suelo , tan juntos uno con otro que no se
puede andar en la Capilla, sino sobre ellos, por lo qual la tienen
siempre cerrada, sin abrirse mas que à las personas que es razon.

La tumba de piedra , que está en entrando frontero de la
puerta , alta del suelo hasta dos pies , como todas las demas,
mas angosta à los pies que à la cabeza , si tuvo alguna labor ò
letra , ya está gastada. Tienese por cierto por tradicion de unos
en otros , que es sepultura del Rey D. Alonso el Casto , y en
estar frontero de la puerta se cree mas. Y nuestras historias
dicen como se sepultó en esta Iglesia , y no hay duda sino que ·
la labró para esto.

Al lado izquierdo deste está otro sepulcro mas levantado , y
de marmol , con labores por todo el, de follages harto buenos,
y por lo alto de la tumba van estos dos versos de buena letra:

,, Inclusit tenerum pretioso marmore corpus

,, Æternam in sedem nominis Itatij.

A los pies tiene levantada otra piedra en alto , donde está retra-
tada la Cruz del Rey D. Pelayo , que llaman , de quien en la
Camara Santa se ha dicho , y es perpetua insignia del Rey
D. Alonso el Magno , como parece en la Fortaleza , y en una
Fuente que el labró fuera de la Ciudad , y en otras partes.
Conforme à esto , creo yo cierto que esta sepultura es de la
Reyna D. Gimena , muger de este Rey , que muriendo antes
que el Rey su marido , el le hizo hacer tan rica sepultura , [1] y
el

(1) Esto no puede aprobarse: porque habiendo sido enterrados en Astorga D. Alfonso III. y su muger , (como luego reconoce Morales) no pudo
el marido labrar para su muger aquel
sepulcro en Oviedo , donde fue trasladada. Tampoco el *corpus nominis Ita-
tii* favorece à cuerpo de muger , ni al
nombre del artifice: porque ni *entonces*
(como dice el Autor) ni jamas se ha

usado , poner en el sepulcro el nombre del artifice, omitiendo el de la persona sepultada. Es pues mejor decir
con Carvallo , pag. 255. que yace alli
algun infante de pocos años , à quien
favorece el *tenerum corpus* mejor que
à los huesos de una muger anciana:
pues quando se hizo la traslacion desde Astorga , no era ya cuerpo , sino
huesos.

el Artifice , como se usaba entonces , puso su nombre en tan rica obra , y el decir *tenerum corpus* , muestra como es de muger. Y el Obispo D. Lucas de Tuy refiere como estos dos Reyes marido , y muger , fueron trasladados de Astorga à aqui.

Entre esta sepultura y la pared hay poquito espacio , y este ocupa otra sepultura llana sin titulo , ni tumba , y con algunas labores. Puedese bien creer sea del Rey D. Alonso el Magno , que se hizo poner , ò lo pusieron cabe su muger.

Al otro lado y como entramos à mano derecha del Casto, en otra tumba con algunas labores , estan estos versos à la larga con lo demas.

,, Ordonius ille Princeps quem fama loquetur.

,, Cuique reor simelem sæcula nulla ferent.

,, Ingens consiliis & dexter belliger actis. [1]

,, Omnipotensque tuis non reddat debita culpis.

,, Obiit sexto Kal. Junij Era DCCCCIIII. (*año* 866.)

Es D. Ordoño el primero Padre de D. Alonso el Magno.

En la sepultura siguiente deste lado , semejante à la pasada , dicen las letras:

,, Obiit divæ memoriæ Ranimirus Rex die Kal. Februarij.

,, Era DCCCLXXXVIII. [2] Obtestor vos omnes qui hæc

,, lecturi estis, ut pro requie illius orare non desinatis.

Es D. Ramiro el primero , Padre del Rey D. Ordoño , que está cabe el , y asi Abuelo del Magno.

¶ En otra sepultura siguiente no se puede leer bien el Epitafio , porque falta el nombre del Rey , y otras letras : se lee esto al cabo:

,, Obiit prid. Kal. Aprilis Era DCCCCLXVII.

Por aqui podriamos pensar fuese D. Alonso el Quarto , aunque parece está en Santo Isidoro de Leon. Mas cierto yo creo sea D. Garcia , hijo del Magno , pues todo este linage se enter-

---

(1) Mi copia tenia *dextere belliger actus.* Castela imprimiò , *dexter belliger actus.* (fol.436.) Carvallo , *dextera veligeratus.* Yo en contraposicion al consiliis, leo *actis*, como que fue grande en los Consejos, y diestro Soldado en las Campañas.

(2) Es año de 850.

terraba por entonces alli, y nuestras Chronicas alli le dan sepultura. [1]

Parece hay señal de otra sepultura mas adelante, mas no
se entiende cuya es: tambien hay otras tres chiquitas que deben ser de Infantes niños.

Esta Iglesia del Rey Casto se junta, y se continua agora con la Camara Santa por la Capilla mayor, y Sacristia, y
Capilla que llaman de los Romeros, porque entierran alli los
Peregrinos. Continuóse antiguamente con los doce Altares en
honra de los doce Apostoles, que como luego se verá, los
edificó el Rey D. Fruela, primero deste nombre con otro ter-
ciodecimo en medio de S. Salvador, y aun ha menos de 20.
años que se derribaron los tres en la Sacristia, y en ella parece un poco del suelo de argamasa à la entrada de la Capilla mayor, y al otro lado de la Capilla mayor en la Capilla
de los Romeros, y siendo esta argamasa de la que digimos
del suelo de la Camara Santa es mucho mas linda que
ella, y que la de la Iglesia del Rey Casto, porque debió de
tener mejor Artifice el Rey Fruela. Despues Moros destruye-
ron parte de esta Iglesia y Altares, y por esto reedificó de
nuevo todo esto el Rey Casto, y de todo habia memoria en
dos piedras que estuvieron à los lados del Altar de S. Salvador,
y parece la puso el mismo Rey Casto. Ya no está alli, mas
el Obispo Pelagio que la vió agora quatrocientos años la dejó puesta, refiriendo donde estaba, en el libro que recopiló
de las Antiguedades, y Privilegios de la Iglesia de Oviedo, y
agora lo tienen en la Libreria, y lo llaman el libro de los
Testamentos. La piedra decia asi:

,, Quicunque cernis hoc Templum Dei honore dignum,
,, noscito hic ante istum fuisse alterum hoc eodem ordine situm,
,, quod Princeps condidit Salvatori Domino supplex per omnia
,, Froi-

(1) En la Chronica resolvió mejor el Autor, aplicando esta memoria à alguna Reyna: pues el Rey D. Garcia no murió en la Era 967. año de 929. en que reynaba D. Alfonso IV. Yo despues de examinar las memorias de D. Sancho Ordoñez, Rey de Galicia, no conocido en la serie de nuestros Reyes, por no haberlo sido de Leon, hallo que murió en aquel año de 929. y antes de Agosto, en que habia otro Rey en Galicia (su hermano D. Alfonso IV.) lo que sale bien con el que aqui se dice muerto en ultimo de Marzo del 929.

,,Froila duodecim Apostolis dedicans bisena altaria, pro quo ad
,, Dominum sit vestra cunctorum oratio pia, ut nobis det Do-
,, minus sine fine premia digna.

La otra piedra al otro lado decia.

,,Preteritum hic ante edificium fuit partim à gentilibus di-
,, rutum sordibusque contaminatum, quod denuo totum à fa-
,, mulo Dei Adefonso cognoscitur esse fundatum, & omne
,, in melius renovatum.

,, Sit merces illi pro tali Christe labore.

,, Et laus hic jugis sit sine fine tibi.

Tambien escribe como estaban alli otras dos piedras que tenian escrito lo siguiente.

,,Quisquis hic positus degis jure Sacerdos, per Christum
,, obtestor, ut sis mei Adefonsi memor, quatenus sepe aut sal-
,, tem una die per singulas hebdomadas semper Christo pro
,, me offeras sacrificium, ut ipse tibi sit perenne auxilium. Quod
,, si forte neglexeris ista, vivens sacerdotium amittas.

Por esta piedra tiene el Cabildo de la Iglesia constituidos
Capellanes que le dicen al Rey Casto alli en su Iglesia una
Misa cada dia : digo que se le dicen siete cada semana por
todas, y no mas, y asi interpretaron esta piedra, y asi la cum-
plen con dar un tenue salario à los Capellanes.

La otra piedra decia:

,,Tua sunt Domine omnia quæ tu inspiras, vel conferre no-
,, bis dignatus es. Tibi Domine tibi tua offerimus hujus per-
,,fectam fabricam templi. Exiguus servus tuus Adefonsus exi-
,, guum tibi dedico muneris votum, & quod de manu tua ac-
,, cepimus, in templo tuo dantes tibi gratanter offerimus.

Hacese un solemne Aniversario cada año en Enero por el
Rey Casto, à que concurre el Cabildo de la Ciudad, que traen
su cera, sin la que pone la Iglesia, y todos los dias de
procesion solemne entran con ella, y andan la Iglesia del Rey
Casto.

Otros dos Aniversarios solemnes hacen por el Rey D. Henrique II. y por su hijo el Rey D. Juan, que estan dotados
por Obispos, à quien estos Reyes presentaron para aquel Obispado.

Res-

Resta lo de los Libros de Oviedo, y otras cosas de alli que se enviarán luego.

Libros antiguos en Oviedo.

EN la Libreria de la Iglesia de Oviedo hay mas libros Go- thicos que en todo junto lo demas del Reyno de Leon, Galicia, y Asturias, y puedolo decir con la seguridad de ha- berlo visto todo, y todos los que yo aqui pusiere, son de le- tra Gothica, hasta que al cabo señale unos pocos que estan en letra comun.

Un volumen grande de Concilios antiquisimo todo de le- tra Gothica mayuscula, asi que es muy diferente de la que co- munmente llamamos Gothica, ò Mozarave. Es muy cumpli- do original, pues tiene las Epistolas del Arzobispo Montano.

La Homelia de S. Leandro.

Los diez y siete de Toledo bien enteros.

El Emeretense y el quarto Bracarense.

Puedese muy bien creer que este libro se trujo de Toledo, quando huyeron los Christianos de alli en la destruicion de Es- paña, y se llevaron à Asturias con las Reliquias *los libros de las Iglesias*, como nuestras Chronicas lo refieren.

De la misma letra mayuscula, y antiguedad, es otro libro que tiene al principio una exposicion sobre los Canticos, y no se entiende cuya es, por no leerse el Titulo de muy gas- tado: parece muy buena. Siguen luego algunas vidas de San- tos: y tambien tiene lo de S. Juan Chrisostomo *de reparatione lapsi*, que es mucho estar trasladado de tan antiguo. Tam- bien como el pasado parece de los que se llevaron de Tole- do: está maltratado de la humedad.

Tambien se puede tener por de los mismos libros de To- ledo, por la semejanza de la letra y lo demas, un libro don- de está lo de S. Isidoro: *De natura rerum ad Sisebutum*. Item hay en el mismo libro: *Breviarium Ruffi Festi Victoris. Antoni- ni Imp. itinerarium*, y otras cosillas pocas: y por que al princi- pio y al fin le faltan algunas pocas hojas, se las añadieron de otra letra Gothica, mas muy diferente de la mayuscula del li- bro. En una hoja blanca del cabo está una lista de libros, que

co-

como en ella parece ha mas de seiscientos años que se hizo,
y yo creo que era de los libros que entonces habia en aquella libreria de la Iglesia de Oviedo , pues estan agora en ella
muchos libros de los contenidos en la lista : ella dice asi de letra Gotica bien antigua:

„ In nomine Domini hoc est Inventarium librorum adno-
„ tatum Deo adnuente. Era DCCCCXC. [1]

„ Bibliotheca Veteris & novi Testamenti

„ Expositum Danielis & Apocalipsis & Canticum Cantico-
„ rum. In unum corpus.

„ Expositum Ecechielis.

„ Liber Orosij.

„ Liber Psalterium.

„ Liber Storiæ Eglesiasticæ.

„ Beati August. de Civit. Dei.

Apringi Episcopi & Junili. In unum corpus.

Homeliarum Beati Gregorij.

Liber Collationum.

Chronicon Beati Isidori.

Domini Augustini ad Probum.

Pastoralium.

Liber virorum illustrium.

Prognosticon.

Antiphonarium malorum.

Ordinarium.

Todos faltan. Antiphonarium ex quotidianis.

Martyrologium Romense *En este renglon hay mas escrito
y no se puede leer.*

Elipandi.

Liber Cœnam nuptiarum Beati Cypriani.

De Prædestinatione & libertate arbitrij.

Domini Hieron.

Glosematum.

Geometricæ artis.

Ex diversis opusculis Beati Eugenij.

Bea-

(1) Una nota marginal de letra diversa pone la Era DCCCCXX.

{ Beati Prosperi ad Julianum.
{ Item ex opusculis Poetarum.
,, Liber Canonum. (Creo señala los Concilios)
,, Liber de Natura rerum.
,, Jubenci Presbyteri.

Todos faltan.
{ Alchimi Episcopi.
Adelelmi Episcopi.
Sedulij Presbyteri.
Catonis.
In laudem Justini minoris.
In laudem Anasthasij.
Dracontij.
Vita Virgilij. Ovidij Nasonis in libris.
Æneidarum & quædam sententiæ Philosophorum : corpore in uno.

{ Virgilij poetæ. Corpore uno.
{ Juvenalis. : Corpore uno.
Prudentij libri XI. Corpore uno.
Collationum artis Grammaticæ.

F I N I S.

Esposicion del Apocolapsi. Es la misma que ya he señalado en lo de S. Isidoro de Leon : y por muy buena conjetura entiendo que la recopiló muy pocos años despues de la destruicion de España un Clerigo bien docto llamado *Beato*, que tambien escribió otra obra contra el Arzobispo de Toledo Élipando, en compañia de Etherio Obispo, à lo que parece, de Osma. Este libro está en la Iglesia mayor de Toledo de letra Gothica.

Homiliæ Origenis in Leviticum , Numeros & alios sacros libros , Ruffino interprete.

Paulus Orosius.

Un Testamento nuevo , que en letra y pergamino parece notablemente mas antiguo , que otros Gothicos. En la cifra ordinaria al principio dice : *Justi Liber*. Y al fin dice : *Obiit Justus Notarius die XII. Kal. Januarij Era DCCCL.* Ha mas de setecientos y cincuenta años que se escribió.

Un libro grande mas que los Ordinarios , y de lo muy antiguo.

tiguo. Contiene vidas de Santos con sus Autores graves. Es insigne libro, y muy de preciar, y señaladamente por tener una grande Obra en prosa y en verso del Abad S. Valerio en tiem-

En S. Pedro de Montes, que ya he enviado. po de los Godos, de quien se dirá adelante.

Asi tiene tambien algunas otras cosas de S. Fructuoso, y otros Santos.

Otro Libro tiene al principio el retrato de la Cruz de los Angeles, y en la cifra ordinaria dice: *Adefonsi Principis sum.* Contiene exposicion breve de S. Gregorio sobre todo el Testamento Nuevo. Es insigne libro y de mucha estima, por no andar aun impreso.

Un Libro que recopiló el Obispo Pelagio de Oviedo en tiempo del Rey D. Alonso el Sexto, que ganó à Toledo, à quien el dió este libro y en el hay escritas cosas de mano del mismo Obispo. Contiene las Historias mas antiguas de España: de Sebastiano Obispo de Salamanca: de Sampiro Obispo de Astorga: y del mismo Pelagio, y otra. Estan alli tambien obras que escribió el Rey Sisebuto de los Godos, y otras cosas de aquel tiempo. Libro raro.

Otro Libro que recopiló el mismo Pelagio, y es Historia de la Iglesia, y de la Ciudad de Oviedo, con poner en el todos los Privilegios y Bulas que los Sumos Pontifices otorgaron à la Iglesia y à la Ciudad. Con esto es verdaderamente Tumbo, que *Tumbos* llaman en Asturias, Galicia, y Portugal, à sus Libros semejantes, que en Castilla llamamos *Becerros.*

En dos cuerpos muy grandes estan cosas de Santo Augustin, y de S. Ambrosio, de las que andan impresas. Creo no hay cosa nueva.

Un Libro que tiene al principio la Regla de S. Benito, y mas adelante algunas cosas de S. Geronimo. Al cabo tiene un Prologo de S. Isidoro, sobre los Canticos: y otro del Abad Valerio sobre los Psalmos, que parece escribió sobre ellos.

Un Santoral grande. Codice insigne, y de mucha estima, pues se escribió mas ha de ochocientos años, porque en una letra grande al principio de la vida de S. Alejandro Obispo y Martir dice: *Froylani Principis liber.* Y lo mismo dice otras dos

dos veces en la letra grande de la Vida de S. Bartholomé , y
en la de S. Afra , y sus Compañeros , y el Rey D. Fruela , Fundador de la Ciudad de Oviedo , y su Iglesia , comenzó à reynar año DCCLIII. y reynó once años , y para el primero de
este nombre se hizo , y no para Fruela el Segundo , como se
deja bien entender. Ha mas de DCCC. años que se escribió.

Homelias de S. Gregorio sobre los Evangelios : y no puedo cotejar , mas creo cierto que hay mas que las impresas , ò
hay otras , y tienen una Prefacion à Secundino Obispo. Al
cabo dice como se acabó de trasladar à los diez y ocho de
Julio año de nuestro Redemptor DCCCCI.

Un Psalterio falto de principio , tiene algunas breves anotaciones y Argumentos por la margen.

En un Libro pequeño de quarto , hay Homelias , y por no
tener titulo no pude entender cuyas son. Mas parecieronme
muy buenas. Y hay sin esto otras obras pequeñas , como al
cabo parece.

La Vida de S. Martin por Sulpicio Severo, y la de S. Millan
por S. Braulio , y otras cosas pocas de S. Geronimo. de 4.

El Pastoral de S. Gregorio. Al cabo está un titulo para
sola lastima : pues dice : *Epistola Beati Liciniani de libro Regula-*
rum ad Sanctum Gregorium Papam. Esto era muy bueno , y de
Autor Español , y nunca impreso , mas no hay mas de una
hoja : todo lo demas falta.

Algunos quadernos de Homelias de S. Gregorio , de letra
Gothica muy grande.

Un Libro de 4. tiene algunas Vidas de Santos , y al principio confusamente parece haberlo escrito , ò poseido Valerio,
que parece el Santo , de quien atras se ha dicho.

Historia Eclesiastica Eusebij , & Ruffini. Tiene al principio
la Cruz de los Angeles , y en la cifra dice : *Adefonsi Principis*
sum. Alli escribió uno al principio que habia setecientos años
que se escribió. Mas no tubo por donde lo pudiese afirmar.

Sermones de Santo Augustin , de letra grande y harto linda , y antigua : no tiene fin.

Un Libro de muchas Historias juntas , donde está todo lo
que en el otro libro de Pelagio : Codice insigne y raro.

Li-

Liber Sententiarum Beati Isidori. Tiene por guardas à los cabos algunas hojas de Biblia de letra mayuscula muy delicada. Yo truge una hoja por la estrañeza. Puedese tener esta Biblia por de los libros que se trugeron de Toledo.

Hay otro libro : *Sententiarum Dïvi Isidori*, de 4 pequeño, letra menuda, y muy antigua.

No hay mas libros de letra Gothica.

Etymologias de Santo Isidoro : letra y pergamino como de doscientos años.

Unos Comentarios sobre el Psalterio , que al principio se dice es tomado de Casiodoro , Ambrosio , Geronimo , Augustino , y Remigio. Parece de mas de trescientos años , y es buen Codice , y raro por lo menos.

Doctoris frattris Joannis Ægidij Zamorensis de Præconiis Hispaniæ. El libro parece tan antiguo como su Autor , que fue Maestro del Rey D. Sancho el IV.

Hay sin estos una Biblia grande, y algunas cosas de S. Gregorio, y S. Thomas, y quatro, ò cinco Tomos de la Glosa Ordinaria.

Albuacen Alli , liber de *Judiciis Astrorum* : impreso antiguo, que ya no se halla.

SAN PAYO DE OVIEDO. *Num.* 3.

EL Monesterio del Martir S. Pelayo (que comunmente llaman en Asturias y en Galicia S. Payo) está junto con la Iglesia Mayor , y es de Monjas de S. Benito , como siempre lo fue. Fundólo el Rey Casto con advocacion de S. Juan Bautista , y despues por haberse traido alli el Santo Cuerpo de este Martir , ha mudado el nombre. Todo esto , y como fue traido el Santo Cuerpo de Cordova , pocos años despues que padeció à Leon , y despues trasladado aqui à Oviedo , en nuestras Chronicas está bien à la larga.

S. Pelayo.

DEspues el Rey D. Fernando primero deste nombre hizo elevacion deste Santo Cuerpo , como parece por Privilegio suyo dado alli en Oviedo à los ocho de Noviembre el año
de

de nuestro Redentor MXXIII. [1] donde dice que con su muger, y hijos , y Corte hicieron una maravillosa translacion del Santo Cuerpo , que asi la llama maravillosa. Dice luego : *Ut majori surgat in culmine , cujus anima sublimiori exultat in requie.* Por esto creo yo que lo que este Rey entonces hizo fue poner el Santo Cuerpo con la decencia que agora está en el Altar mayor en una Arca de plata , y à mi parecer dorada , sino que la umidad natural de la tierra lo tiene todo tan estragado , que parece cobre : tiene vara y quarta en largo , tres quartas en alto con lo tumbado , y ancha mas de media vara , labrada como todas las de aquellos tiempos , de imaginería de mas que medio relieve. En alguna parte donde está rota la plata , se parece como el Arca es de Cedro , que huele suavisimamente. Padeció este Santo Niño en Cordova el año de nuestro Redemptor DCCCCXXV. à los 26. de Junio, y su Vida y Martirio es cosa de mucha gloria de Dios y de gran devocion. Asi que tuvieron los Reyes que luego siguieron gran razon de solemnizarle tanto como le celebraron. Su Historia escrita bien à la larga por hombre de Cordova que vió su Martirio , saldrá muy presto placiendo à Dios , con las Obras del Martir S. Eulogio.

En el Claustro está enterrada la Reyna D. Teresa hermana del Rey D. Alonso V. en quien sucedió el milagro del Rey Moro de Toledo, quando el Rey su hermano la casó con el por sus respetos particulares. Quando volvió se metió Monja aqui, y fue Abadesa, y tiene un grande Epitafio, que yo traigo. [2]

Es Fundacion y Dotacion Real la deste Monesterio , como parece por nuestras Chronicas , y por Escrituras Reales que alli hay , y el Rey D. Fernando , dandoles mucho en aquella su Escritura , les pide que le hagan Aniversario perpetuo en el dia de aquella translacion : asi lo hacen solemnemente. Otro hacen por el Rey Casto como Fundador , por el Rey D. Bermudo , por Enero. En el mismo mes por la Reyna D. Urraca : en Mayo por el Rey D. Juan , y otros sufragios generales por los Reyes : y el Rey D. Bermudo , ultimo de este nombre,

bre,

(1) *Debe leerse* 1053. (2) *Imprimióle en la Chronica libro* 17. *cap.* 48.

N 2

bre, en un Privilegio en que les da mucho, les pide rueguen
à Dios por el, y por los Reyes pasados y venideros. No me
pareció bien que no hagan Aniversario por la Reyna D. Teresa, habiendo sido tan insigne por tantas partes, y su Abadesa: y por donde no hay duda sino que les dió mucho.

El afirmar como afirman las Monjas que está alli enterrado el Rey D. Silo, mostrando una Sepultura, que dicen ser
suya, tiene fundamento solamente en el decir nuestras Cro-
nicas que fue enterrado en la Iglesia de S. Juan Bautista, y aquella tuvo esta advocacion en su principio: mas esto es falso,
pues adelante se verá con verdad está enterrado en Pravia:
y esta de S. Pelayo la edificó el Casto, muchos años despues de
muerto D. Silo.

LA VEGA. *Num.* 4.

TAmbien se puede tener por Fundacion y Dotacion Real
en cierta manera el Monesterio de nuestra Señora de la
Vega, à quarto de legua de Oviedo, pues lo fundaron Doña Gontrodo Perez, y su hija la Reyna D. Urraca, que asi se llama
Reyna en la Escritura de la Fundacion. Esta Infanta, ò Reyna D. Urraca, fue hija del Emperador D. Alonso hijo de
D. Urraca, que la huvo en esta Señora, y el llamarla siempre
tres, ò quatro veces Reyna à la hija, creo yo que es por ha-
bersele dado el Señorio de Asturias, [1] como en la misma Escritura se refiere: y hay despues otra Escritura del dicho Emperador en que confirma la pasada, y da algo mas.

Las Monjas hacen cada mes Aniversario por D. Gontrodo,
y por el Emperador D. Alonso, y sin estos otros sendos en los
dias de sus muertes, y otros dos al año por sus Fundadores,
y Reyes bien hechores. Por S. M. despues que les hizo merced pocos años ha de doscientos mil maravedis para reparar
la Casa, que se les habia caido, hacen cada Sabado oracion particular con otras plegarias, y cierto son unas benditas Religiosas
y de gran fama en aquella tierra, y aunque labraron harto con
la limosna de S. M. mas no bastó para reparo de la gran ruina.

Do-

(1) *Fue Reyna de Navarra.*

Doña Gontrodo está enterrada en la Iglesia en un arco con un Epitafio en verso, que aunque se hizo agora quatrocientos años en España, agora puede ser estimado por su buena compostura. [1]

S. VICENTE. Num. 5.

ES Monesterio de Benitos harto principal, pegado con la Iglesia Mayor. Su fundacion no es Real, sino de un Abad Fromestano, y ciertos otros que se juntaron a fundar, y dotar aquel Monesterio. Es tan antigua esta fundacion, que ha mas de ochocientos años que la comenzó el Abad Fromestano, pues es la data del año de nuestro Redemptor DCCLXXXI. y refiere como habia ya XX. años que se habia comenzado. La Escritura que los Monges agora tienen es la Original, y no está en Tumbo como otras, y asi es la mas antigua Escritura de pluma que debe haber en España.

Descargos.

CON no ser Fundacion, ni Dotacion Real, hacen demas de los sufragios generales de la Orden, algunos particulares por los Reyes.

Reliquias no tienen mas que pocas muy menudas: ni libros, sino sola una Biblia de letra muy antigua, aunque no Gothica, en pergamino muy grande. Escribióse para este Monesterio, pues en la cifra ordinaria dice *Sancti Vincentij Liber*.

S. FRANCISCO. Num. 6.

MOnesterio fuera de la Ciudad, desta Orden, fundado (segun afirman) por S. Francisco que estuvo alli, y se le murió alli uno de sus Compañeros, cuya sepultura muestran.

En el Altar mayor tienen un Crucifijo muy devoto, como el de Burgos, y asi lo muestran con mucha solemnidad. Es harto antiguo, mas no saben nada de como ni quando vino alli.

SAN-

(1) *Ponese en el Tomo I. de las Reynas Catholicas pag. 300.*

SANTA MARIA DE NARANZO. Tit. 28.

AL Norte de Oviedo, y à media legua está una gran Sierra, que llaman la Cuesta de Naranzo, fértil y de mucha frescura. A la falda della está una Iglesia con advocacion de nuestra Señora de Naranzo, y es la misma que edificó alli el Rey D. Ramiro primero de este nombre, como en nuestras Coronicas leemos, y tienen razon de encarecer la obra de esta Iglesia, y sus bovedas, pues con haber mas de setecientos años que se edificó, estan firmes y durables, como si poco ha se ovieran labrado. Es grande para Ermita, y chica para Iglesia: toda la labor es lisa, y la hermosa vista que el Templo hace, consiste en la buena proporcion y correspondiencia. Tiene debajo otra Iglesia del mismo tamaño, à la usanza de entonces, que comunmente doblaban las Iglesias.

S. MIGUEL DE LIÑO. Tit. 29.

LAbró tambien el Rey D. Ramiro una Iglesia de S. Miguel, como à cien pasos desta de nuestra Señora, y tienen mucha razon nuestras Coronicas [1] de encarecer mucho la lindeza deste Templo, porque con no ser de mas de quarenta pies en largo, y veinte en ancho, tiene toda la buena gracia que en una Iglesia Metropolitana se puede poner. Mirado por defuera se viene à los ojos con mucho contento su buena proporcion, y visto de dentro, alegra la buena correspondiencia, Crucero, Cimborio, Capilla mayor, Tribuna, Escaleras para ella, Campanario, y todo lo demas tiene cierta diversidad en tamaño y en forma, y en alzarse lo uno, y bajarse lo otro, ensancharse aquello, y retraerse estotro, que se goza enteramente las partes del edificio, dandose lugar las unas à las otras para que se parezca lo que son, y que lindas son. Toda la labor es lisa, y solo hay de riqueza doce marmoles, algunos de buen jaspe, y porfido, con que se forma el Crucero, Altar mayor, y sus partes, que

(1) *Vease el Chronicon Albeldense, y el de Sebastian.*

que todas son de fabrica Gothica, aunque tienen bien del Romano.

En la Tribuna hay en ambos lados dos apartamientos, ò mas verdaderamente cobachitas de boveda, en que el vulgo dice dormian el Rey Casto y su muger, despues que se apartaron. Es fabula: porque esta Iglesia se edificó despues de ellos muertos, y sin esto tiene la invencion harta indignidad, y indecencia. Labraronse para tener Libros y otras cosas del servicio del Coro.

La Iglesia de nuestra Señora está encalada de nuevo por de dentro, y ésta de S. Miguel por defuera, y asi creo se han tapado las letras que ambas tenian. A esta de S. Miguel le han arrimado unos portales, que le quitan algo de su bella vista por un lado.

Los Palacios ricos y muy celebrados en nuestras Historias que el Rey D. Ramiro tambien labró aqui cabe estas dos Iglesias, estan por tierra, solo quedan los rastros dellos. Asi se parece bien quanto mas cuidado ponia el Rey y mandaba poner en labrar los Templos, que no su Casa. Aquellos duran enteros y con buena firmeza, y está la Casa ya caída.

EL ABADIA DE TUÑON. *Tit.* 30.

Tuñon es Lugar pequeño à dos leguas de Oviedo, y del tiene la denominacion y la renta la Dignidad, que tiene Silla en la Iglesia. Es Fundacion y Dotacion Real de D. Alonso el Magno, y su muger la Reyna D. Gimena, como parece por Escritura original, que dello tiene el Abad, su data el año de nuestro Redemptor DCCCXCI. [1]

Con esto se acaba todo lo de Oviedo.

Este verná bien para con los dos que hay en San Lorenzo. Desde Oviedo à Santiago no he visto Reliquia notable, y solo un Libro en *Lugo* en la Iglesia Mayor, y es de Concilios. [2] Tiene todo lo que el de S. Zoyl de Carrion, y los demas de que he enviado relacion; es de

(1) *En la Chronica lib.* 15. *c.* 21. *pone el año de* 890.

(2) Abajo en el titulo de *Lugo* dice, que ya se habia recogido este Libro en virtud de la Relacion hecha por Morales. El Secretario del Rey An-

de letra Gothica, y aunque no tiene el año en que se escribió, es cosa clara que es de mas de quinientos años. El Obispo me dijo de suyo, que como S. M. se lo mandase, lo enviaria luego: pareceme se le debe pedir, por ser tan cumplido, y porque aunque yo encomendé la guarda del, veo tan mal recaudo, que podria ser se despareciese.

Suma de lo de Santiago.   [1]   Tit. 31.

ALgunas Reliquias insignes hay, de que yo llevo la razon, asi en la Iglesia Mayor, como en otras. Mas lo mas substancial son los quatro Cuerpos Santos desta manera.

Esto se envió desde Santiago asi en suma, despues estan adelante todo à la larga.

En una Capilla de la Iglesia Mayor, metido en la pared tras una reja cerrada, está el Cuerpo de S. Cucufate Martir en una Arca de mas de tres palmos en largo, y dos en alto, con la tumba cubierta de laton bien labrado de esmalte muy antiguo. El testimonio es de todos los quatro Cuerpos Santos juntos, y asi se di-

Antonio Gracian se le envió a Juan Vazquez del Marmol, Corrector de Libros por el Rey D. Phelipe II. para que diese razon de lo que contenia. Yo tengo el borrador original que formó, y copia en limpio, todo de su mano. Por ella se conoce que los dos Codices del Escorial, con los quales dice aqui Morales que *verná bien* este de Lugo, eran el Albeldense, ò Vigilano, (que dió al Rey el Conde de Buendia, y Morales formó juicio sobre el en el año 1571. como digimos en su Vida) y el Hispalense, que fue del Arzobispo de Valencia D. Martin de Ayala. (El Emilianense no estaba alli todavia) El primero persevera: el segundo pereció con otros muchos en el lamentable incendio que padeció el Escorial en el año de 1671. sin que persevere en España mas que el Indice mencionado. Aunque no tenia razon de quando se escribió este Codice Lucense, afirma el referido Marmol, que

parecia mas antiguo que el Albeldense, pero no se atreve à sentenciar que excediese al segundo. El Señor D. Juan Bautista Perez, Canonigo de Toledo, (y despues Obispo de Segorve) copió el Codice Lucense de orden del Señor Quiroga para remitir al Papa Gregorio XIII. y sirvió mucho para la correccion del Decreto de Gracian, como previno Loaysa en la noticia de Codices antiguos. Yo he solicitado copia de la Romana: pero sin fruto, ni aun noticia cierta de su existencia. Digolo para excitar à otros mas poderosos à que aspiren al logro, por lo muy util que seria para mejor edicion de nuestros Sinodos.

(1) *Esto de Santiago se introdujo aqui fuera de orden, pues en lo antecedente y siguiente trata de Asturias: pero adelante, en el Tit. 45. (donde trata de Santiago) supone ya Morales que lo ha escrito.*

dirá al cabo de todos. Este fue un gran Santo, que padeció en Barcelona, y hermano de San Felix el de Girona. Quando se trujo el Cuerpo de S. Eugenio, vino tambien relacion como el Cuerpo deste Santo Martir estaba en S. Dionysio de Paris, mas es facil de concordar esta repugnancia, con lo que ya he dicho otras veces del santo pundonor con que mas de una Iglesia afirma tener un santo Cuerpo, por tener buena parte de el. No se pudo abrir agora esta Arca, mas afirmóme quien ha visto lo que contiene, que sin duda tiene gran quantidad de santos huesos.

El Cuerpo de S. Fructuoso está en Capilla de su nombre, tambien en ventana de la pared, con reja dorada que la cierra. El Arca es de quatro palmos en largo, y mas de dos en alto, con la tumba de laton y esmalte, conforme à la pasada. Esta se abrió, y yo vi los huesos santos en quantidad que se puede decir está alli todo, ò quasi todo el santo Cuerpo. La Cabeza ò no está, ò está quebrada como los mas de los huesos. Este Santo fue Confesor, del mismo tiempo de S. Ildefonso, y por alli; y fue de la Sangre Real de los Godos, que asi lo dice el Rey Recesvindo hablando del en un Privilegio que le dió.

El Cuerpo de S. Silvestre Martir está en lo alto de un Altar junto al Relicario que la Iglesia tiene en su Sacristia. El Arca es semejante à las pasadas en todo. Deste Santo no tengo agora como dar noticia. [1]

Fuera de la Ciudad en una Iglesia llamada Santa Susana, está el Cuerpo de Santa Susana Martir, en Arca toda semejante à las tres de arriba. Esta es la que por no quererse casar con el hijo de Diocleciano fue martirizada, como se refiere en el Breviario de Pio V. à los once de Agosto.

Estos quatro Cuerpos Santos hizo traer à esta Ciudad mas ha de 400. años su primer Arzobispo D. Diego Gelmirez, y asi se refiere en la Historia Compostelana, y por haber sido este Prelado un singular Varon, tienen mas autoridad estos Cuerpos santos, pues es cierto no se satisfaria de incertidumbres. Mas sin estos testimonios de la antiguedad y gravedad de quien los tru-

(1) *Vease el Tomo* 15. *de la* España Sagrada, *desde la pag.*284.

trujo, hay otro de los irrefragables, que es celebrarse en esta Iglesia fiesta de quando fueron trasladados, en que se lee todo como pasó.

La Cabeza de S. Laurencio.

EStá esta Reliquia en Santa Clara, Monesterio desta Ciudad de Santiago, fundacion de una Señora de los de Ulloa, de doscientos y cinquenta años, ò asi. Han sido siempre Conventuales, hasta agora que en la reformacion por S. M. han tomado la Observancia: yo miré esta santa Reliquia con gran cuidado, y con el mismo hice la inquisicion del testimonio que dello puede haber.

En la Relacion que envió el Arzobispo no tenia esta Reliquia. La Reliquia está en un vulto de plata hasta los pechos poco menos que el natural, y de lindo Artifice, que le dió muy linda gracia à la figura, y le puso una gran Diadema dorada. Con esto está la Reliquia con la decencia y dignidad posible. Por la Diadema van letras grandes, que dicen: *Caput Sancti Laurentii.* En derecho de la mollera tiene la plata una linda redecica por donde se descubre el hueso, y por lo alto de la Cabeza en derredor está el encaje por donde se abre con unas visagritas harto sutiles, y de buena manera cubiertas. Hicela abrir con un Platero, y hallóse un poco del santo Casco no mas, estofado por debajo con muchos Almayzares, y otros Cendales de que está lleno el hueco, para que el pedazo del Casco esté pegado à la red, y haga representacion de Cabeza entera, y visto como viene tapa el justo de lo redondo de la plata que se levanta, y que la Cabeza toda es menor que el natural, se ve claro como nunca huvo alli mas Reliquia que la que agora parece, pues era imposible caber. El santo Casco parece es de lo alto del celebro, y es del tamaño que aqui va señalado.

Y

CASCO DE S. LORENZO.

Y si acaso no es tan grande de diametro, serlo ha con lo combado, y está asi con estas desigualdades al derredor, por haberlo descantillado para tomar del. Mas bien se ve como es muy poquito lo que han tomado.

El fundamento del testimonio de esta santa Reliquia es decir, como aqui cerquita de la Ciudad hay un Monesterio llamado S. Lorenzo, donde en tiempo de la Claustra de S. Francisco residian de ordinario los Provinciales. Uno de ellos, llamado Fr. Carlin, ha mas de 70. años que yendo à Roma trujo de allá esta Reliquia para ponerla en el Monesterio del Santo, como de hecho la puso, y trujola asi como está en su vulto de plata, y asi representa bien la pulicia del Artifice Italiano.

Huvo la Reliquia con licencia del Papa, y trujo Bula dello,

y

y lo uno y lo otro tuvo en su Monesterio hasta que la Reyna D. Isabel se lo quitó, y el se fue à Betanzos, donde murió, y está enterrado, pues como viese que le quitaban el Monesterio, dió la Santa Reliquia à una Abadesa de este Monesterio de S. Clara, llamada Maria Mendez: unas Monjas dicen se la dió porque era su parienta: otras dicen que no habia mas que mucha amistad, y diósela, ò por esconderla, que la Reyna no se la tomase, ò porque quiso quedase en esta Ciudad y en Monesterio de Claustrales. Tambien le dió la Bula del testimonio. Asi quando en las fiestas principales constituidas para esto, se sacaba la Reliquia à un Altar, ponian en el juntamente aquella Bula, que tenia algunos Sellos, aunque no se acuerdan quantos, y quando el Romage de Francia, Flandres, Alemaña, y Inglaterra solía ser freqüentado, todos los Peregrinos iban à visitar à este Monesterio de S. Clara la Cabeza de S. Lorenzo como insigne Reliquia, y asi fue siempre nombrada, como tambien agora se nombra.

Esto todo saqué muy despacio y muy por sus puntos con mucho examen y preguntas de dos Monjas muy ancianas, Francisca Mosquera de cinquenta años de habito, y Lucia Juan de mas de quarenta, y ha sido Abadesa. Lo mismo, ò quasi todo dicen D. Teresa de Tabora, que agora es Abadesa, hermana del Obispo de Astorga, que agora murió, y D. Isabel de Granada hija del postrer Vi-Rey, ambas de mas de veinte y cinco años de habito.

De la buena vida del Provincial Fray Carlin, y del Abadesa Maria Mendez no saben dar razon particular, aunque tienen por cierto fueron buenos Religiosos.

Las mismas quatro ya dichas afirman, las dos de vista, y las dos de oídas, que habrá veinte y cinco años, que un Provincial de la Claustra, de Nacion Aragones, por nombre Fr. Francisco de la Torre, llevó de aqui un pedacito de la Reliquia, y se llevó tambien la Bula del testimonio: pidióla para trasladarla, y nunca mas la volvió. Murió en Aragon, allá se podrá saber donde, y si dejó la Reliquia y testimonio della.

Esto es lo que alli afirman las Monjas como cosa publica y muy sabida entre ellas, y en que nadie ha dudado hasta

ta

ta agora, sino que han pasado llanamente con estas particularidades en todo tiempo.

Despues para concordar testigos yo fui al Monesterio de S. Maria la Nova, que desde esta reformacion es de Monjas Franciscas, y tienen por Abadesa à D. Francisca de Ulloa, que ha sido Monja del Monesterio de S. Clara, con mas de quarenta años de habito. Habla mas limitadamente en todo lo dicho. Al fin no dice mas de lo general, que siempre se llamó aquella Reliquia la Cabeza de S. Lorenzo, y por tal era tenida y venerada, y que es verdad que vió una Bula con Sellos, mas que no sabe si era de la Reliquia, ò no. De que el Provincial la trugese, y la diese, y el otro se llevase la Bula, no depone nada, ni se acuerda de ello.

Lo que yo considero en esta Reliquia es, que siendo tan poca, es mas verisimil la pudo haber aquel Provincial, que no si fuera la Cabeza entera, ò gran parte della.

Tambien tiene ayuda para la verisimilitud el pedir esta Reliquia al Papa mas que otra, por razon deste Monesterio del Santo.

La riqueza del vulto y el ser hecho en Roma para esto, tiene tambien su parte de buena probabilidad, y de mayor inclinacion para tener por cierta la Reliquia.

La publica voz y fama, &c. aunque son cosas generales, tambien no son de poco momento.

El como vino del otro Monesterio à este, no lleva mal concierto.

Lo de Aragon se debria procurar saber, pues aquello puede certificar mas que todo.

PRAVIA. *Tit. 32.*

PUerto de Mar en la boca del Rio Nalon, seis leguas de Oviedo al Poniente: alli está enterrado el Rey D. Silo en la Iglesia del Lugar que el fundó en honra, y con advocacion de S. Juan Bautista. Que el edificase la Iglesia, dicelo la Piedra que dejó en ella con tal manera de Escritura, que poniendo la primera letra como por centro en el medio, discucurre la Escritura à todas partes: y esta es la mas antigua Escritura, ò cifra que se halla desta forma en España, y de alli parece se tomó para usarse despues tanto como en los libros antiguos la vemos, y hay hartos dellos en el Real Monesterio de S. Lorenzo, con otras variedades y enredos que despues sobre esto inventaron: y lo que la piedra contiene es esto:

SILO PRINCEPS FECIT.

Tambien se engañó en esto la Chronica general. Vasco la imprimió de la forma que ella está, aunque se engañó en decir, que la Piedra y el Rey estaban en Oviedo, estando, como estan alli en Pravia. Que esté alli enterrado, dicenlo todos nuestros Historiadores de autoridad, y cierto que parece que labró para eso la Iglesia. A Vasco le engañaron en decirle que esta Piedra estaba en Oviedo, y que el Rey Silo estaba alli enterrado.

Tambien está enterrado en Pravia el mal Rey Mauregato, y asi el Arzobispo D. Rodrigo y D. Lucas dicen del que, *sepultus est pravus in Pravia.*

Estos dos Sepulcros estan lisos, y con la humildad que se mandaban enterrar entonces los Reyes, y como el lugar no es muy grande, no hay añadir mas pompa, ni decencia.

CORNELLANA. *Tit.* 33.

MOnesterio no muy grande de Benitos, dos leguas de Pravia, y seis de Oviedo. No es fundacion Real, sino de un Conde D. Suero de Galicia, habrá mas de 400. años, como parece en su Sepultura. No hay Reliquias, ni libros, ni otra cosa, sino que en su Valle una fuente crece mucho cada dia. La causa es manifiesta, por ser ella dulce, y la creciente salobre. La Mar, que está tres leguas, halla una cueva que viene hasta alli, y la hinche con la creciente.

OBONA. *Tit.* 34.

MOnesterio de Benitos seis leguas de Cornellana, llamado S. Maria la Real de Obona. Es Fundacion Real antiquisima, porque es del Infante Aldegaster, hijo del Rey de Gijon, y de su muger la Infanta Brunilda. Asi parece por la Escritura de la Fundacion, su data à los diez y ocho de Enero año setecientos y ochenta. Añade que se hizo reynando el Rey D. Silo, con su muger la Reyna Adosinda.

Da mucho que pensar este Reyno de Gijon, que asi habia entonces, y lo que yo desto puedo adevinar es que como el Rey D. Pelayo halló que los Moros habian hecho Reyno por sì à Gijon, el tambien lo conservó, y en nuestras historias à Munuza llamamos Rey de Gijon con decir del fue uno de los Capitanes Moros, que entraron acá con Tarife. Mas este Reyno de Gijon se debió acabar luego, pues ninguna otra mencion hay del adelante. [1]

Estos Fundadores estan enterrados en el Capitulo en Tumbas lisas sin titulos. No mandaron hacer sufragio ninguno. Mas en el Monesterio se les dice una Misa cantada cada Lunes, y Responso cantado cada Domingo despues de la Misa mayor.

La Casa ha sido quemada y saqueada, y asi no hay libros, Escrituras, ni Reliquias, sino unas menudas, que estan encerradas en un Arca guarnecida de plata.

CORIAS. *Tit.* 35.

A La salida de Asturias, en los confines de Galicia, en el Condado de Cangas y Tineo está el Monesterio de Benitos, principal, y rico, llamado Corias. No fui allá, mas enviaronme buena Relacion. No es Fundacion Real, sino del Conde Piñolo, *Funda-* y no del muy conocido en nuestras Coronicas, sino de otro menos antiguo, y de su muger Aldonza Munia. Parece por Escritura de 27. de Abril año de MXII. y porque el Conde no tenia hacien-

cien-

[1] *De esto habla Morales mas largamente en la Chronica lib. 13. cap. 5.*

cienda en aquella tierra, dió al Rey D. Bermudo III. la que tenía en Riva de Sella à trueque del Coto de Corias : asi parece
por aquella Escritura, y por otra de nueve años adelante.

Hay dos Iglesias, la mas antigua se llama de la Vega, y
aqui estan enterrados los Fundadores, y el Conde D. Munio,
Abuelo del primer Rey de Portugal D. Alonso Enriquez, y de
D. Alonso Jordan, Conde de Tolosa, ò de S. Gil, porque este Conde D. Munio fue Padre de la Señora, en quien el Rey
D. Alonso, que ganó à Toledo, huvo las dos hijas de quien
nacieron los dos sobredichos Rey, y Conde.

Enterramiento Real.

TAmbien está enterrado en esta Iglesia el Rey D. Bermudo
el Diacono, primero de este nombre. Estaba antes enterrado en una Ermita en aquello de Cangas, y el Rey D. Alonso
el Sabio lo hizo pasar acá; y está con el su muger la Reyna
Usenda. Por sus Fundadores hacen sufragios, y cubren con Dosel rico sus sepulturas en las fiestas. Por el Rey D. Bermudo
no hacen nada en particular.

Sufragios.

Reliquias.

TIenen tres Cajas pequeñas con huesos de Santos, sin que
sepan de quien son. Mas son tan verdaderamente Relíquias, y huesos de Santos, que acostumbrandose mucho tiempo à echarlos en agua, para dar à los enfermos, nunca han perdido un olor muy suave que tienen. Tambien en un Arca
guarnecida de plata están dentro Reliquias, que no deben ser
muy menudas, pues suenan. No tienen Libros, y tienen otra
Iglesia nueva de 400. años atrás, dedicada à S. Juan Bautista.

CELORIO. SANTO ANTOLIN. *Tit.*36.

SON dos pequeños Monesterios, media legua uno de otro
en la Costa de la Mar, à una legua de la Villa de Llanes,
y son de Benitos.

No

No tienen memoria de fundacion, ni de otra cosa, sino que en ambos hay muchas sepulturas de Hidalgos de la tierra. No tienen Reliquias, ni Libros. Los Monges dicen, que de unos en otros ha venido que son fundaciones de aquellos Hidalgos Estradas, y Aguilares, y otros de los que alli están enterrados.

VILLANUEVA DE OSCOS. *Tit.*37.

PAra acabar todo lo de Asturias de Oviedo, no queda sino Villanueva de Oscos, un pequeño Monesterio de la Orden de Cister, alli en los confines de Asturias, y Galicia. En lo muy antiguo de su fundacion fue de Monges Benitos, mas no se tiene memoria de quando, ni por que fue edificado. [1] La translacion de darla à la Orden de Cister es de uno de los Reyes Alfonsos, aunque quien me daba la Relacion, no me la supo dar bien, que yo no fuy allá. No tiene Reliquias, ni Libros.

BELMONTE tambien es otra Casa pequeña de Cister en Asturias. No hay en ella cosa, ni memoria que notar, por no tener Escrituras.

FIN DE TODO LO DE ASTURIAS, Y OVIEDO.

GALICIA.

LORENZANA. *Tit.*38.

GALICIA por su lado Oriental se divide agora de Asturias por los mismos terminos que en tiempo de Romanos se dividia : porque Pomponio Mela, que sigue diligentemente aquella Costa, como Español, que la habia visto, pone por termino entre estas dos Provincias al Rio Nario, que entra en la Mar en el Lugar que el nombra Libunca, y en tal

si-

(1) Se conoce que Morales no estuvo alli, ni le informaron bien. Los principios de este Monasterio vienen desde el año 1137. en que D. Alfonso el Emperador concedió aquel sitio para los que quisiesen vivir alli segun la Regla de S. Benito : y al año siguiente concurrieron unos Ermitaños, que concluida la fabrica, tomaron de *Carracedo* algunos Monges y Abad, como refiere Manrique Tomo 3. pag. 413. donde trata tambien del *Belmonte*, que aqui se sigue.

sitio pone este Lugar , y entre tales dos , uno de Galicia postrero , y otro de Asturias primero , que forzosamente se entiende
como el Rio es el que agora llaman *Eo* , y el Lugar Libunca,
es de *Ribadeo* , que toma el nombre del Rio , al qual tambien
llaman un poco mas arriba Abres , y no Eo : asi el postrero Lugar de Asturias como salimos de ellas para Galicia , es Igueras à
la una ribera del Rio , y el primero de Galicia à la otra ribera
es Ribadeo.

Queda en medio de ambos *Castropol* en una punta que se
hace con otro Rio pequeño, que entra en el grande , y es Lugar de Asturias , y se podria pensar que fuese aquel Libunca,
y no Ribadeo. Mas en esto no hay averiguar cosa cierta.

A dos leguas ò tres de Ribadeo , esta un Monesterio principal de Monges de S. Benito , llamado S. Salvador de *Lorenzana*,
tomando el nombre del Valle donde está.

No es Fundacion Real , sino del Conde D. Gutierre Osorio.
Edificólo y dotólo el año DCCCCLXIX. como en la Escritura
desto parece. [1] Asi se entiende bien ser fabula lo que comunmente alli dicen los Monges , que se halló este Conde con el
Rey D. Pelayo en ganar à España. Tomó despues el habito alli
el Conde , y fue à Gerusalen , y es tenido por Santo en aquella
tierra , y concurren al dia de su fiesta , ultimo de Agosto , y hay
escritos milagros , y dicen que hay concedidos perdones por
respeto deste Cuerpo santo. Yo no fui allá por la gran peste que
alli habia , aunque pasé una legua cerca : por esto no pude averiguar lo dicho , que me enviaron por Relacion.

No tienen Reliquias , ni Libros : y al Conde se le cumple lo
que les dejó mandado , de un Anniversario el dia de S. Juan.

MONDOÑEDO. *Tit.39.*

TAmpoco fui à Mondoñedo , que no está mas de una legua de Lorenzana , por la peste. El Obispo Lujan (que
haya Gloria) me envió buena Relacion à Santiago. No hay
du-

(1) *La Escritura , con la Vida del Santo Conde , está puesta en el Tomo* 18.
de la España Sagrada.

duda sino que es Fundacion Real , mas tan antigua , que no se
tiene dello memoria por escrito , [1] y por los Reyes algo hacen,
aunque poco.

Libros tienen hartos de mano , mas ninguno notable , si no
es el Libro *Scintillarum Alvari Cordubensis* , de quien se ha hecho
ya mencion entre los Libros de Sahagun.

Reliquias tienen muchas menudas , sin distincion , y sin
testimonio , si no son dos Cabezas de las Once mil Virgenes.

M E Y R A. *Tit.*40.

MOnesterio rico, y principal de la Orden de Cister , quatro
leguas de Mondoñedo. No es Fundacion Real,sino de Al-
var Rodriguez,à quien el Emperador D. Alonso,hijo de D. Urraca , dió aquel termino con su Fortaleza, que dura hasta agora.

No tiene enterramiento Real, ni Reliquias , ni Libros.

Aun no una legua deste Monesterio nace el gran Rio Miño , harto diferentemente que los otros Rios grandes suelen na-
cer , porque nace en un Valle harto pequeño , en tierra llana, y
no muy cerca de grandes Sierras. La Fuente se llama *Fuente Mi-
ñana* , conservando el nombre que da Ptolomeo à aquel sitio:
es muy grande de un tiro de piedra de largo y la mitad en ancho, y de todo el suelo , que es llano , y lleno de guijas , salen
grandes borbollones ácia arriba , y à tiro de ballesta ya es gran
Rio.

L U G O. *Tit.*41.

EL casco de esta Ciudad con sus muros es agora el mismo que
fue en tiempo de Romanos , que tuvieron alli Convento
Juridico , que era como Chancilleria , y tenia mucha tierra de
su jurisdicion , y despues en tiempo que los Suevos reynaron en
Galicia , fue su Iglesia Metropolitana : restauróla despues de
la perdicion de España un Obispo Odoario , y dotóla el Rey
D. Alonso el Catholico , yerno del Rey D. Pelayo , como parece
por Escritura de quatro de Junio año DCCXXXIIII. que no es
                                                          mas

(1) *Vease el citado Tomo , donde se trata à la larga de Mondoñedo.*

mas de veinte años despues de perdída España, y asi es esta la mas antigua Escritura que se debe hallar en España desde D. Pelayo acá. Digo Escritura, porque piedra ya yo la he puesto atrás mas antigua del Rey D. Favila, ò de este mismo año. Acrecentó mucho despues D. Alonso el Casto, como parece por Privilegio de 25. de Marzo año DCCCXLVIII. Despues otros muchos Reyes dan de nuevo, y confirman: y ninguna cosa hacen por ellos sino una Misa cada Sabado, por un Rey, que aun no saben decir quien es, y está bien dotada.

No habia otro Libro insigne, sino solo el de los Concilios, y pues ya se trujo por mi relacion, no hay para que darla aqui otra vez. (*Vease pag.* 103.)

No hay enterramiento Real, ni Reliquias.

Desde Mondoñedo, y desde aqui comienza un uso, ò abuso de los Obispos, que me parece será justo V. M. lo entienda, porque quando otro mal no tenga, suena mal: intitulanse desta manera: D. Fray Antonio de Lujan, Obispo y Señor de la Iglesia y Ciudad de Mondoñedo, y asi el de Santiago y los demas se intitulan Señores de sus Iglesias. No es buen termino, harto mejor y con mas modestia se intitulan el de Siguenza, y el de Osma, que aunque son suyas las Ciudades, y la tierra, no dicen en su titulo mas que Obispo y Señor de la Ciudad de Siguenza, sin nombrarse Señor de la Iglesia, que ofende el oirlo.

Abuso que se debe remediar.

Aqui hay Baños con grande edificio de Romanos para ellos, y señaladamente un bravo paredon de argamasa para estorvar que el Rio Miño, en cuya ribera estan, no los cubriese al llegar à ellos: cien pasos huele el piedra zufre, y el agua está muy teñida de su color. Son saludables mucho, y Plinio hace mencion dellos por tales.

La Ciudad es quadrada con muro de veinte pies y mas en ancho, y las quatro puertas que se corresponden una enfrente de otra, tienen torreones gruesisimos de hermosa Silleria al dos tanto, como toda la antigua.

CAM-

CAMBRE. *Tit. 42.*

ES un Priorato de Benitos cerca de por aqui ácia la Mar, sujeto al Monesterio de S. Martin en Santiago. En este Priorato hay otra Idria de las de Caná de Galilea. Es semejante à la de Oviedo en ser de muy lindo marmol blanco, mas muy diferente en el talle, y en ser la otra lisa, y tener esta algunas labores. Todo es de esta manera, segun que à mi me la enviaron debujada, que yo no fui allá.

Tambien es un poco menor que la de Oviedo.

MONFERO. *Tit. 43.*

MOnesterio no muy grande de Cister. Es Fundacion Real del Emperador D. Alonso, y está cerca de la Ciudad de Betanzos. Los de Castro han dado alli mucho, y asi pretenden tener el enterramiento: ninguno tienen Real, ni mas que unas pocas Reliquias menudas. No tienen Libros, ni hacen sufragio ninguno por los Reyes, mas de lo comun de la Orden.

SOBRADO. *Tit. 44.*

ES Monesterio de Cister entre Lugo y Santiago de los mas principales y ricos de la Orden, y una Epistola hay de S. Bernardo al Abad y Monges desta Casa. [1] No es Fundacion Real

(1)   No se tiene noticia de tal Carta.

Real sino de dos Caballeros, Ermenegildo y Paterna, como parece por Escritura de los 6. de Octubre año DCCCCXXII. [1] En esta su Fundacion fue de la Orden de S. Benito, y asi perseveró mucho tiempo en serlo. Tienen tambien por Fundador à D. Fernan Perez de Castro, que les dió mucho en tiempo del Emperador D. Alonso su Suegro. Tambien hay una Escritura de Previlegio deste Emperador D. Alonso hijo de D. Urraca, en que les da cierta hacienda con cargo que siempre tengan memoria del y de sus subcesores los Reyes, y ruegen à Dios por ellos. Mas los Monges hacen muy poco por los Reyes, ni por los Fundadores, fuera de lo general de la Orden. No tienen Reliquias, ni Libros.

El Rio Tamare, que es de los grandes de Galicia, nace à quarto de legua deste Monesterio. Su nacimiento es de un gran Lago que tiene dos tiros de arcabuz en largo, y uno en ancho, y está lleno de buen pescado, y de alli sale el Rio, nombrado de Plinio y Ptolomeo.

SANTIAGO. *Tit.* 45. *Num.* 1.

DEsde alli envié una Relacion en suma: [2] aqui se dirá todo por entero. La Dignidad Episcopal de esta tierra, y comarca de la Ciudad de Santiago estuvo desde el tiempo de los Godos en la Ciudad llamada *Iria Flavia*, quatro leguas de Santiago, donde está agora la Villa del *Padron*. Quando se halló el Santo Cuerpo del Apostol en tiempo del Rey D. Alonso el Casto, se pasó poco despues el asiento de la Iglesia de Iria à Compostela, que fue la Ciudad que de nuevo se pobló alli, donde se halló el Santo Cuerpo. Desde el Casto todos los Reyes siguientes dieron y acrecentaron todo lo que agora tiene aquella Santa Iglesia, asi que los Reyes son verdaderos Fundadores y Dotadores de todo aquello. Mas no fue Metropolitana la Iglesia de Santiago hasta en tiempo del Rey D. Alonso,

---

(1) Debe leerse año 952. porque la Era no fue DCCCCXL. (corespondiente al año 922.) sino DCCCCXL.

(990.) que fue el 952.

(2) *Vease el Titulo* 31. *pag.* 104.

so, que ganó à Toledo, [1] procurando y alcanzando D. Diego Gelmirez Obispo de alli, que se pasase à aquella Iglesia la antigua Metropoli de Merida, que estaba en poder de Moros muy despoblada. Este D. Diego Gelmirez primer Arzobispo de Compostela y Santiago, fue un gran Principe, y que en guerra y paz sufrió mucho, y pasaron por su mano grandes importancias en estos Reynos. El edificó la sumptuosa Iglesia que agora tiene el Santo Apostol, y asi hay otras insignes cosas de Joyas, Edificios, y Dotaciones que dejó en la Iglesia, y en el Arzobispado : y el fue el que encerró el Cuerpo del Santo Apostol asi que ya no se pueda entrar adonde está, porque debia ser grande la freqüencia de mostrarlo à los Reyes y à los grandes Principes que de todas partes venian al Santo Romage.

Y aunque V. M. ha visto todo lo del Altar Mayor, y de la Iglesia, se pondrá aqui en particular. El Altar Mayor no está arrimado à la pared, sino algo desviado, como estaban antiguamente todos los de aquella tierra y de Asturias. Tiene diez pies en largo, y es muy ancho. La delantera es un Frontal de plata, como el de Sahagun, sino que es mas gruesa la plancha, y no está cerrado como el otro. Las Figuras son de medio relieve. Dios Padre con los quatro Evangelistas al derredor, y los doce Apostoles, y los 24. Seniores del Apocalypsi, con otras cosas, todo con mucha magestad, y con estos Versos por defuera, que lo rodean todo:

,, Hanc tabulam Didacus Præsul Jacobita secundus [2]
,, Tempore quinquennii fecit Episcopii.
,, Marcas argenti de Thesauro Jacobensi
,, Hic octoginta quinque minus numera.
,, Rex erat Anfonsus, [3] gener ejus dux Raymundus,

,, Prae-

---

(1) Esto no fue asi, hasta que once años despues de muerto D. Alfonso VI. obtuvo Santiago el honor de Metropoli en el año de 1120.

(2) Este es D. Diego Gelmirez, segundo del nombre entre los Obispos de Santiago, y el primer Arzobispo.

(3) Este Rey fue D. Alfonso VI. cuyo Yerno era el Conde D. Ramon.

Y acaso la mencion de aquel Rey engañó à Morales, para reducir la Metropoli de Santiago al tiempo de D. Alfonso VI. Pero no se obtuvo hasta despues de morir el Conde mencionado y el Rey. No era pues D. Diego Arzobispo quando se hizo el Frontal en el año quinto de su Pontificado, 1105. de Christo.

„ Praesul praefatus, quando peregit opus. ¹

El que se nombra es el Arzobispo D. Diego Gelmirez. Este Altar es hueco, y en el testero del Evangelio tiene una portecica cerrada, que solo se abre à los Arzobispos quando vienen de nuevo, y à los Reyes, y à mi se me abrió por ir por mandado de V. M. Lo que hay dentro es dos piedras grandes llanas en el suelo, y al cabo dellas un agugero pequeño, por donde no cabrá mas que una Naranja, y está tapado con cal: este pasa à lo hueco que está debajo del Altar y de sus gradas, y aun hasta mas afuera de la Capilla Mayor. En esta concavidad está el Cuerpo del Santo Apostol en su tumba de marmol, en que fue hallado, y es muy celebrada en nuestras Historias, y en los Privilegios de los Reyes muy antiguos: y con estár toda la Iglesia por debajo hueca, quando llega la Cripta à la Capilla Mayor está atajada con un muro grueso, para dejar cerrado del todo el Santo Cuerpo.

El Retablo del Altar no es mas que una como Arca, formada de buen talle en la frontera y tumbado della : es tan larga como todo el Altar, y labrada de Figuras de medio relieve, plateado todo, asi que parece de plata, y en medio tiene una tabla de plata con Historias Santas tambien de medio relieve, y la plancha grosezuela. Delante esta tabla está el Santisimo Sacramento en la misma Custodia de plata dorada, en que le llevan en procesion el dia de su Fiesta. En lo alto de lo tumbado desta Arca, que se vá à rematar como frontispicio, está una Imagen de piedra del Santo Apostol, que se descubre de la cintura arriba : es poco menos que el natural, dorada, y pintada, echando con la una mano la bendicion, y teniendo en la otra un libro. Está en cabello, sin Diadema, ni otra cosa en la Cabeza, sino teniendo colgada encima de ella (que quasi le toca) una gran Corona de plata : y el fin del Romage y su cumplimiento es llegar el Peregrino à esta Imagen, y besandola con reverencia en la Cabeza, y abrazandola por el cuello, ponerse aquella Corona en su Cabeza,
que

(1) Asi imprimió Morales estos Versos en el principio del Tomo I. de su Chronica, ò Libro sexto.

que para esto está pendiente de una Cadena. Subese à esta Imagen por una escalera que está al lado de la Epistola con su portecica, y deciendese por otra del lado del Evangelio.

Encima de este Altar está un Cimborio muy grande, asi que cubre al Santo y al Arca, y al Altar todo, y es alto de pica y media, ò mas, dorado y plateado sobre la madera. Está por las tres partes en el ayre, que no toca ni afirma sino por las espaldas del vulto del Santo. Delante el Altar estan veinte, ò mas Lamparas de plata, colgadas de un freso fuerte de hierro, que atraviesa toda la Capilla, y está bien labrado de follages, y dorado. Arden tambien en el Altar de ordinario quatro velas de cera, por dotacion de la Reyna Catholica D. Isabel, que dejó CXX. ducados de renta para esto: mas por la carestia de la Cera se gasta mas que al doblo, y desto se agravia el Capitulo, y asi me lo digeron. Cinco dejó la Reyna, mas la otra arde en la Capilla del Rey de Francia, porque hay Sacramento.

Cuerpos Santos.

EN dos de las Capillas que van por el Trascoro están dos Cuerpos Santos de S. Cucufate Martyr, y de S. Fructuoso Confesor. Estas Capillas están dispuestas de manera, à los dos lados de la Capilla Mayor, que con correspondencia acompañan los lados del Santo Apostol. El Cuerpo de S. Cucufate está en la Capilla de S. Juan Evangelista al lado del Evangelio en una ventana cabada en la pared, cerrada con una reja de hierro, y tiene delante un velo labrado de red, y lo uno y lo otro es harto pobre: dentro está el Cuerpo Santo en un Arca tumbada de tres palmos en largo, y dos en alto, toda cubierta de planchas de laton labradas algo de esmalte harto antiguo. Este Santo fue hermano de S. Felix de Girona, y padeció en Barcelona en tiempo de Diocleciano, donde tiene Templos, y se le hace gran fiesta. Tiene harto grave testimonio, como se dirá luego; y siendo esto asi esta en contrario el tenerlo tambien en el Monesterio de S. Dionisio de París, como se vió, y se trujo por memoria, quando vino

Q   el el Cuerpo de S. Eugenio. Mas debe ser cierto que en ambas partes hay muchas Reliquias, y gran parte de este Santo Cuerpo, y así por el santo pundonor, de que ya he dicho, afirman tenerlo todo. No ví este Cuerpo Santo, porque faltaba la llave, y el Arca está chapada.

Al otro lado está el Cuerpo de S. Fructuoso en Capilla de su nombre, de la misma forma, en la pared, con reja toda dorada delante. El Arca es alta dos palmos, y larga quatro, esmaltado poco el laton como la pasada. Esta se me abrió, y vide los huesos de este Santo Cuerpo, metidos indecentemente en un saco pequeño de lienzo. Son muchos, y bastantes para creer que falta de ellos poco. La Cabeza no está entera, sino en pedazos; ya yo pedí que los Santos huesos tuviesen mejor envoltura, y no estuviesen con tan poca decencia. Fue este Santo en tiempo de S. Isidoro, y deudo de los Reyes Godos, Obispo de Dumio en Portugal, y de su santidad y milagros hay muchos y graves testimonios con mucha antiguedad. Alli en Santiago se le tiene tanta reverencia y acatamiento, que el dia de su fiesta à los 16. de Abril se deja de decir la Misa mayor en el Altar mayor, y se dice en aquella Capilla. Sacanlo en procesion en graves necesidades, y yo me hallé en una de ellas por serenidad, y tambien sacan asi los otros Cuerpos Santos, y de todos juntos se dirá el testimonio que tienen, de mucha autoridad.

En el Sagrario donde tienen las Reliquias en un Altar y puesto bien alto, está el Cuerpo de S. Silvestre Martir en Arca harto muy rica que las pasadas: es de tres palmos, y buena altura, labrada sobre laton de esmalte à la Morisca, que sobre oro no pudiera estar mejor, y con ser muy antiguo, está muy fresco, y muy conservadas las colores.

Ninguna noticia hallo de este Santo para darla aqui, aunque la he buscado todo lo que yo he podido, y no es poco.

Y por juntar aqui todo lo que à estos Santos Cuerpos pertenece, será menester decir de otro de Santa Susana Martir, que está fuera de la Ciudad en Iglesia Parroquial de su nombre, en Arca rica, semejante en todo à la de S. Silvestre.

Es gran Santa: padeció en Roma por no quererse casar

con

con el hijo de Diocleciano, como en el Breviario de Pio V. leemos en su fiesta, à los once de Agosto: y aquel dia va la Iglesia Mayor con todas las Parroquias en procesion à su Iglesia, y sacan el Cuerpo Santo al recibimiento, estando toda la procesion y el pueblo de rodillas, y haciendose otras santas ceremonias de mucha devocion, que yo holgué vér, hallandome en la procesion este año.

Estos quatro Cuerpos Santos trujo à esta Ciudad el Arzobispo D. Diego Gelmirez, mas ha de 400. años, y trujolos de Portugal, como en la Historia Compostelana à la larga se escribe: y lo mismo que alli se escribió, se lee en los Maytines de la fiesta que se celebra de la venida y translacion de estos Cuerpos. Con esto son testimonios grandes de la verdad destas Reliquias el autoridad de aquel Prelado, que cierto fue insigne persona: tambien es harta la gravedad de los tres Obispos, Autores de aquella Historia, [1] que vieron y se hallaron en todo lo que desto escribieron. Autoriza tambien la mucha antiguedad, y sobre todo la institucion de la fiesta, que es cosa de tanto momento, que se puede creer que no permitiria nuestro Señor se errase en ella. El tener los dos Santos Cajas ricas, y los otros dos no, fue porque à los dos postreros dejó fuera el Arzobispo D. Diego, y à los otros dos encerró en sus Altares, como al Cuerpo del Apostol, para escusar la poca reverencia de andar mostrandolos à cada uno, y para esto bastaban aquellas Cajas cubiertas de laton con algunas labores. Mas despues acá les han sacado de los Altares, y puestolos como está dicho.

La Iglesia de Santa Susana se llamaba antes S. Salvador, y quando se trugeron estos quatro Santos Cuerpos, quedaron alli una noche para hacer otro dia la entrada en la Ciudad con solemne procesion, y como por el buen hospedaje se dejó alli aquel Cuerpo Santo. La Iglesia tomó del el nombre de aí adelante.

El

(1) Ninguno de los tres que escribieron la Historia Compostelana era Obispo quando la escribian, sino Canonigos de Santiago. Los dos primeros (que florecian à un tiempo) ascendieron à Obispos; y el tercero, que continuó desde entonces, tampoco era mas que Canonigo de Santiago. Vease el Tomo XX. de la España Sagrada, ò el Tercero.

El Sagrario donde tienen las Reliquias es una pieza grande, mas adentro de la Sacristia, que está en el Crucero de la Iglesia al lado de la Epistola. El Relicario es grande quanto el testero de esta pieza, y bien labrado todo de encasamentos de talla dorada, con puertas pintadas, y velos de tafetan carmesi, y una varanda de palo delante, donde se detienen los Peregrinos, à quien se muestran dos veces por los lenguageros (que llaman) de todas Naciones. Estos hacen la Relacion de las Reliquias señaladas con vara de plata, que tiene à lo alto una mano con el indice tendido, como otra que dige en lo de S. Benito de Valladolid, sino que esta es de plata: sobre la varanda arden quatro velas de cera: ponelas el Arzobispo, y tiene por esto cierta renta.

La mas principal Reliquia es la Cabeza del Apostol Santiago, el Alpheo. Está en vulto de plata dorada, hasta los pechos, del tamaño natural, con gran diadema de rayos y muchas piedras grandes y pequeñas, todas, ò las mas dellas finas, aunque no son de las muy preciosas. El testimonio de como se trujo esta Santa Reliquia desde Jerusalen, está bien à la larga en la Historia Compostelana, y trujola alli el Arzobispo D. Diego Gelmirez del Monesterio de S. Zoil de Carrion, donde estuvo algunos dias, y alli se la dió la Reyna D. Urraca, Madre del Emperador D. Alonso, que la habia depositado alli, y el Arzobispo hizo el vulto de plata. Aquella Historia es muy grave, y ha mas de 400. años que se escribió; y esta antiguedad, y la intervencion de tales personas como la Reyna, y el Arzobispo, hacen mucha autoridad.

En un Relicario alto como media vara, de plata dorada, con vaso de Cristal, y dos Angeles grandes que lo tienen, está una Espina de la Corona de nuestro Redemptor. No es del color ni del talle de las otras que he visto, antes parece de palo de Peral en el color. No tiene mas testimonio, que tradicion, y antiguedad, aunque no mucha al parecer.

Una Imagen de oro de un palmo en alto del Apostol Santiago, que tiene en la peana las Armas de Austria; está afirmada sobre una cagita redonda de plata dorada: dentro tiene Reliquias menudas, y hay memoria de ellas, y de como

la

la trujo alli un Caballero deudo de la Casa de Austria, viniendo en romeria.

Esto es notable, y muy hermosa custodia de Reliquia. Otra Imagen del Santo Apostol de plata dorada, alta como de tres qüartas, tiene en la mano derecha un Relicario de oro de un geme en alto, con un cristal, y dentro una Muela del Santo Apostol, como lo dicen estas letras fielmente sacadas, que tiene en la otra mano en una tabla de buen esmalte.

„ In hoc vase aureo quod tenet ista imago, est dens
„ beati Jacobi Apostoli, que Gaufridus Coquatriz Civis
„ Par dedit huic Ecclesiæ. Orate pro eo.

Los Canonigos dicen que el Diente es del Alpheo, y no del Cebedeo, y cuentan un milagro, y no se que filateria de como se hurtó y se volvió despues.

El Cardenal D. Gaspar de Avalos trujo de Alemaña un brazo de S. Christoval, con testimonio de como se lo dieron en Colonia: harto grande es el hueso, mas sin la monstruosidad que nos le pintan. En fin no es mas que de un hombre muy grande: estanle haciendo engaste rico de plata.

Trujo tambien siete Cabezas de las Once mil Virgenes: la de Santa Paulina está bien engastada en vulto de plata dorada hasta los pechos, quasi del natural.

Tiene tres Cruces con *Lignum Crucis* en ellas. La una es de oro con muchas perlas gruesas, aunque no muy finas, es harto bien labrada, y esmaltada de negro: esta tiene el pie de plata. Otra es muy pequeña con un Crucifijo antiquisimo, y la tienen asida en una Cruz de oro muy semejante à la de los Angeles de Oviedo en el talle y en la labor, y en los engastes, y en la red de gusanito, salvo que la de Oviedo es un poco mayor: dióla el Rey D. Alonso III. llamado el Magno, como lo dicen las letras en la otra parte lisa, donde están sobrepuestas, por los brazos como las de Oviedo.

„ Hoc signo vincitur inimicus
„ Hoc signo tuetur pius.
„ Ob honorem Sancti Jacobi Apostoli offerunt famuli Dei
„ Adefonsus Princeps cum conjuge Scemena Regina. Hoc opus
„ perfectum est in Era DCCCC. duodecima.

Lla-

Llamandose *Ximena* la escribian asi, partiendo la X en sus dos equivalentes.

Parece tuvo hecha esta Cruz para ofrecerla quando consagraron la Iglesia de Santiago, que este Rey labró, porque esta Consagracion fue un año, ó dos despues de esto, [1] como parece en el Privilegio.

El Cardenal D. Gaspar de Zuñiga envió alli la Cabeza de S. Victor Martyr, uno de los diez mil, [2] que le dió la Reyna nuestra Señora agora quando vino.

Todas las demas Reliquias que tienen, son muy menudas.

Los Reyes que estan enterrados en esta Santa Iglesia tuvieron Capilla en el Crucero al lado del Evangelio, detras la puerta alta del Crucero que sale à las Casas del Arzobispo, mas porque ocupaba y afeaba alli la Iglesia, y tampoco no era lugar muy honroso, el Emperador que está en el Cielo, dió licencia que se pasasen à la Capilla del Cabildo, que llaman agora de los Reyes. Todos estan en sus Tumbas de piedra altas que en la otra Capilla tenian repartidos à los lados del Altar por esta orden. Al lado del Evangelio el Rey D. Fernando de Leon, hijo del Emperador D. Alonso, y hermano de D. Sancho el Deseado. Cabe el está su hijo el Rey D. Alonso de Leon, Padre del Rey D. Fernando el Santo. Las Sepulturas no tienen titulos ningunos, [3] mas entiendese ser de los Reyes

(1) No tenia entonces bien averiguado Morales el año de esta Consagracion, como conoció despues al llegar al libro 15. en el Cap. 5. fol. 149. En el lib. 9. fol. 239. señaló el año 873. (pues aunque imprimió *sesenta* y tres, es errata el sesenta por setenta) y siendo el año de la Era en la Cruz el 874. por tanto reduce aqui la dadiva de la Cruz al tiempo de la Consagracion, que en el libro 9. fol. 239. b. propuso en el año antes, y aqui, por no tener aquel primer Tomo por delante (pues quedaba entregado à los Censores) dijo fue *un año, ó dos despues*. Pero ni uno

ni otro fue asi: la Cruz fue acabada en el año de 874. (Era 912.) la Iglesia no fue consagrada antes del 899. como mostramos en el Tomo 19. de la España Sagrada.

(2) Estos diez mil Martyres se celebran en el Martirologio dia 22. de Junio, como refiere abajo Morales en las Reliquias de Tuy. Vease Baronio sobre aquel dia, y mi Agustin Lubin sobre la Tabla XIII. de su Martirologio.

(3) Segun esto son posteriores los Epitafios publicados por Gil Gonzalez en el Teatro de Santiago, formados en estilo moderno, con nombre de

yes ya dichos, por haberse entendido y conservado asi por tradicion de unos en otros. Y de D. Fernando Escritura hay que se manda enterrar aqui quando muriere. Despues en otra Escritura dice su hijo D. Alonso como no habiendo traido à enterrar aqui à su Padre, como el lo habia mandado, el lo trasladó despues: su data de la Escritura à 3. de Mayo año MCLXXXVIII. De D. Alonso lo dice el Rey D. Alonso el Sabio, su Nieto, llamandolo su Avuelo en Privilegio: su data en Burgos 4. de Noviembre MCCLV. Los vultos tienen Coronas, y es cosa harto notable que no tienen Espadas.

Juntos con estos dos sepulcros estan otros dos tambien en tumbas altas, con vultos uno de Reyna Coronada, y otro de mancebo, sin Corona. Por no tener titulos no se entienden cuyos son, mas tienese por cierto son de muger, y hijo de alguno de los Reyes cabe quien estan.

Al otro lado del Altar estan otras quatro tumbas altas de piedra como las pasadas. La primera es de muger esculpida, moza, hermosa y muy galanamente ataviada: tiene Corona de Reyna en la Cabeza, y dice su Epitafio:

,, Aqui yace D. Juana de Castro Reyna de Castella, que se
,, finou no mes de Agosto Era MCCCCXII.

El hijo está enterrado en S. Domingo de Madrid, y su Avuelo con prisiones.

Es la con quien se casó el Rey D. Pedro, y tuvo hijo de ella.

Las otras tres Sepulturas son tumbas rasas, que no tienen labor, sino solas Cruces llanas: no se saben cuyas son, y yo no creo lo que los Canonigos dicen, que son de la Reyna Toba y su marido, y hijo. No hay fundamento para decirse esto, y hay muchos para contradecirlo. Los Reyes no están bien alli, por estar atajados con unos Escaños de sentar. Y si en lugar de aquellos Escaños huviese una Reja, que hiciese Capilla por si aquello poco del Capitulo, estarian bien: ya yo lo dige, mas importa poco el yo decirselo.

Lo que hacen entre año por los Reyes es esto.

El

de los Reyes D. Fernando II. D. Alfonso IX. Doña Berenguela, muger del Emperador D. Alfonso VII. D. Juana de Castro (con diversa Inscripcion de la referida aqui por Morales) y el Conde D. Ramon, marido de la Infanta D. Urraca, que despues fue Reyna.

El primero dia de cada mes, una Misa Cantada en el Altar Mayor con gran solemnidad, es del Espiritu Santo y por el ensalzamiento de los Reyes de Castilla, y por su vida y salud. Dotóla el Rey D. Henrique II. con no mas que diez mil maravedis, y con tan tenue dotacion jamas se ha dejado.

Por el Anima del dicho Rey, y de D. Alonso su Padre, y de Reyes predecesores, y sucesores, se dice un Aniversario cada mes à Visperas, Vigilia, y otro dia Misa, lo uno y lo otro con mucha solemnidad. No tiene mas dotacion que lo de arriba, y es del mismo Rey. A los 23. de Enero en cada un año se dice Aniversario por el Emperador D. Alonso. No me digeron la Dotacion particular: mas es cierto que todos los Reyes, y señaladamente los mas antiguos, dieron tanto, que no lo podrá creer sino quien lo viere en los Privilegios, y lo considerare en lo que aquella Santa Iglesia tiene, y en esta parte se muestran bien agradecidos à V. M. con palabras, pues me dijeron estas: *Buen Rey D. Ramiro tenemos en el Rey nuestro Señor.* Esto dicen, porque en tiempo de V. M. se van estendiendo los Votos que ellos han pleyteado.

Otro Aniversario general en cada un año por todos Reyes bien hechores.

Otro en Abril por el Rey D. Ordoño, y por los Reyes de Portugal.

En Mayo por el Conde D. Ramon, y por el Rey su suegro, y la Reyna su muger.

Asi hacen tambien Aniversarios por el Rey D. Ramiro, por el Rey D. Fernando el Emplazado, y asi por otros Reyes.

Entre estos es cosa harto notable que à los seis de Julio hacen Aniversario muy solemne por el Emperador Carlo Magno, porque dicen hizo grandes bienes y males à aquella Santa Iglesia, y no hay otro fundamento de esta institucion, y es cosa clara, y averiguada que, quando se halló el Santo Cuerpo del Apostol, ya Carlo Magno era muerto, [1] pues como consta por todos los buenos Historiadores, y por el Epitafio de su Sepultura,

(1) *Esto no es tan claro y averiguado como aqui se supone. Vease el Tomo 19. de la España Sagrada.*

ra , y por lo que de el escribió un Secretario Eginartho, falleció à los 26. de Enero el año de nuestro Redemptor DCCCXIIII. y el Cuerpo Santo fue hallado despues el año DCCCXXXV. como parece por el Privilegio del Rey D. Alonso el Casto, su data à los 4. de Septiembre de dicho año , y dice en el que en oyendo la santa nueva,luego con toda su Corte fue à mucha priesa à gozar la merced tan grande que del Cielo se le habia hecho. Asi se vé manifiesta la contradicion. Lo que yo en esto creo es, que el Rey de Francia Carlo Magno,que fue hijo del Rey Luis el Tartamudo, y comenzó à reynar mas de quarenta años despues de la inven-cion del Santo Cuerpo , pudo venir à visitarle en Romería , y hacer el bien que dicen hizo à la Iglesia. Y engañados por la mucha semejanza que hay entre los nombres de Carlo Mag-no , y Carlo Mano , le atribuyeron al primero , como à mas co-nocido , lo que es del otro postrero. Mas de lo que fue , no hay ningun testimonio de Escritura , ni otra cosa semejante. El Rey D. Henrique el Enfermo, y la Reyna D. Catalina su mu-ger , dotaron tres Cirios, que siempre noche y dia ardiesen en el Santo Altar del Apostol , y una Lampara de plata que ellos dieron para que se alumbrase , y para todo no dejaron mas que XIIIMDCCCXXXIII. maravedis. Aunque ellos no me lo digeron es asi, que han dejado el arder los Cirios , porque yo no ví mas que los quatro ya dichos de los Reyes Catholicos , y en estos quatro , ò cinco se agravian , dando por quarenta , que gasta la Fabrica , mas de 170. mil maravedis , no teniendo de Dota-cion mas que 44. mil , ò por alli , pidieronme lo significase à V. M. ya yo lo hago.

. Celebran con gran solemnidad el primero y segundo dia del año la fiesta de la Victoria y Conquista del Reyno de Gra-nada. Dotaronla los Reyes Catholicos con mandar se pagasen en aquel Reyno los Votos.

Tambien piden recuerdo à V. M. las dos Misas , que man-dó decir cada dia quando alli estuvo , y no se dicen , porque no se da la limosna.

Antes que salga de la Santa Iglesia es bien decir dos cosas, que me parecieron notables en ella : la primera es la devocion de nuestra Señora que llaman la Preñada. Está de vulto en pie,

R   con

con alguna muestra de preñez, en un poste à las espaldas del Coro, y en el otro poste que le corresponde frontero, está el Arcangel S. Gabriel, vueltas las espaldas à nuestra Señora, como que ya se vá. Celebrase mucho esta Imagen, con decirse alli delante della la *Salve* los Sabados con toda la musica de Cantores, y Menestriles, y concurre el Pueblo, y no falta preñada que haya en la Ciudad: y de ella, y de los Lugares de cerca, se dicen muchas Misas votivas en el Altar, que está en aquel poste de nuestra Señora, y cierto es buena la devocion.

Lo otro es el Pesebre en que dicen dió de comer el Rey Almanzor à su Caballo, quando llegó à Santiago: sirve agora de Pila de agua bendita, y asi creo yo debia servir entonces, y asì lo dicen los Canonigos: añaden que en llegando el Caballo à comer alli, reventó luego: es una Pila algo grande de buen porfido.

De Libros tienen tan poco cuidado, que habiendoseles dejado poco ha una gran Libreria en un Testamento, la vendieron. Asi tienen solo dos Libros, y eso tales, como aqui con harta lastima diré. El uno es la *Historia Compostelana*, mal escrita en papel, con muchas hojas faltas, y otras rotas: y aquellos Obispos que la escribieron dicen se escribe para que se guarde en el Thesoro del Santo Apostol, y todos la puedan alli gozar, y que este fue el fin con que el Arzobispo D. Diego Gelmirez quiso se escribiese. Ellos han puesto tan buen recaudo en los buenos originales, que solo este les ha quedado tan ruin y tan mal baratado como digo.

El otro Libro que tienen está entero, y fuera harto mejor que no lo estuviera: es el libro de los Milagros del Apostol Santiago, que dicen escribió el Papa Calisto II. Es buen libro en muchas cosas, mas no lo escribió aquel Sumo Pontifice, como claramente se puede demostrar. Aquel Original que alli tiene la santa Iglesia, tiene al cabo un tratadillo que entre otras cosas buenas de la descripcion de la Ciudad, y su Templo, tiene un aviso para los Peregrinos, con discurrir por todo el viaje.

Quien quiera que fue el Autor, puso alli cosas tan deshonestas y feas, que valiera harto mas no haberlo escrito. Ya lo dige alli al Arzobispo Valtodano, que haya gloria, y à los Cano-

nonigos, para que no tuviesen alli aquello: no sé si lo reme-
diarian, y es lo peor que no muestran aquel Libro sino à personas honradas, que son las que mas se ofenderán con aquello, y les hará mas lastima.

San Martin.   Num.2.

ES Monesterio de la Orden de S. Benito muy rico, y principal, y muy cerca de la Santa Iglesia: es Fundacion Real
del Rey D. Ordoño II. hijo de D. Alonso el Magno, como parece por Privilegio, su data à los 26. de Julio año. 912. Dáles
el sitio y mucha hacienda, y dice que por su Alma, y las de los
Reyes de España. Otra Fundacion tuvo este Monesterio mas antigua, mas no tienen memoria ninguna de ella, y puedese bien
creer que fue tambien Real. [1] Los Reyes siguientes les dieron
y añadieron mucho.

*Funda-
cion
Real.*

No tiene Reliquias notables, ni Libros antiguos, sino una
Libreria que va haciendo el Abad que agora es, muy rica de
lo impreso.

S. Payo.   Num.3.

SAN Payo llaman en Galicia al glorioso Martir S. Pelayo:
este su Monesterio es de Monjas de S. Benito, rico y principal, no tienen memoria de su Fundacion, mas pareceme es Real.

Reliquias tienen, y no mas testimonio, ni razon de ellas,
que un Memorial: por este parece que una Canilla grande de
brazo mal engastada en plata, es de S. Claudio, uno de los Martires de Leon.

Otro pedazo tambien de Canilla de brazo es del glorioso
Niño S. Pelayo, y en ser delgadita parece bien de niño, ò mu-
chacho, y es verisimil que en la Fundacion del Monesterio se
traeria alguna insigne Reliquia del Santo Martir. El Memorial dice que son dos pedazos, mas no hay mas de uno. Otras
Reliquias menudas, y estas estan con poca reverencia y decencia en una mala caja, que seria justo sus Prelados mandasen
po-

(1) *Vease el Tomo 19. de la España Sagrada, donde se trata asi de este, como del siguiente Monasterio de S. Payo.*

poner recaudo en esto, y gastar algo de la mucha renta que tienen en esto.

Tienen por insigne Reliquia, y muy famosa en toda la tierra, un Ara, que sirve en el Altar mayor, y está alli encajada. Dicen que los Apostoles consagraron esta Ara, y celebraron sobre ella, y que los Discipulos del Apostol Santiago la trugeron con su santo Cuerpo: yo la representaré aqui toda como ella es, y se verá no solamente que no hay fundamento para decir aquello, sino que no es bien decirlo, ni tener aquella piedra para que sirva de Ara, habiendo sido lo que fue, y teniendolo tan manifiesto lo que fue. Es una losa de muy lindo marmol blanco, tres quartas, ò poco menos en quadro. Tiene molduras al derredor, enriquecidas de follages muy hermosos, y labrados con mucha delicadeza: asi estan tambien labradas harto bien las letras que la losa tiene en lo llano, y son estas sacadas con los mismos renglones, y con la misma forma que alli estan conservadas, como si se acabáran de esculpir.

D. M. S.
ATIAMO ET AT
TE T LUMPSA
VIRIA EMO
NEPTIS PIANO. XVI.
ET SFC

Lo que desta piedra se entiende claro, sin que pueda haber duda en ello es, como es sepultura de uno, ò dos Gentiles, por tener el *Diis Manibus Sacrum*, que es el consagrar aquella memoria à sus malditos Dioses que tenian de los defuntos. Lo demas, aunque las letras estan tan claras, se entiende mal, por no tener distincion de puntos, ni de palabras. Al cabo bien se entiende como uno llama Nieta suya, que vivió 16. años, aquella para quien, y para si mandó hacer aquella piedra, y titulo.

Siendo esto asi, que aquella fue piedra de sepultura de Gentiles, y que tiene en las letras aquella dedicacion à los Dioses de los defuntos, tuvo poca consideracion el Obispo, que consagró aquel Ara, porque con poca advertencia entendiera ser indig-

digna cosa que sirviera de Ara una tal piedra, y que se ponga
el Santisimo Sacramento sobre palabras con que se invocaban
los Dioses de los Gentiles, las quales borradas, y quitados tan
malos caraƈteres, y memoria, la piedra es muy buena para Ara:
y pues qualquier Obispo bien considerado no consagrára aquel
Ara, veese bien quan mal hecho es decir que los Apostoles la
consagraron, y digeron Misa sobre ella. Cierto yo por ruin
que soy, habria temor de decirla : ya lo dige, y lo di à entender quanto pude al Arzobispo, y à los Monges, que tienen cargo de las Monjas, mas no creo que se ha pensado en raer las
letras. [1]

Tambien es cosa de disparate decir las Monjas que sobre una
Coluna, que está debajo del Altar mayor, que es hueco, fue
degollado el Santo Apostol, y que sus Discipulos la trugeron
tambien con su Santo Cuerpo : tiene letras, las quales yo no pude bien leer todas, por estar quasi arrimadas à la pared, mas
de las pocas que se pueden ver bien, se entiende como aquella
es piedra de sepultura de hombre Christiano de trescientos años
atras, ò asi. [2]

Otras cosas cuentan de un Abad Fernando, à quien tienen
por Santo, y dicen de una Cueva, y de milagros, y muestran su
sepultura. Mas la que muestran es de otro harto diverso en el
nombre, pues tiene estos Versos, que los saqué por solo mostrar el error.

Abbas Fagildus Sanƈtis Sanƈtus sociatur
Hac humilis vita nunc cælis glorificatur
Istius iste loci dux, & lux lucida morum
Et sanƈtis monitis cœtus rexit Monachorum.
Festo Calixti cælo datus est locus isti:
Era millena centum dena cum duodena.

Otro

(1) En efeƈto borraron las letras,
no solo las expresadas, sino otras que
habia por el reverso, las quales serian
mas notables, pues es cosa muy irre-
gular que una piedra tenga inscripcion por las dos caras. Vease D. Mauro Castella fol. 121. donde discurre
muy de otro modo que Morales, aña-

diendo que si la Ara estuviera en alguna Iglesia de Cordoba, no la hubie-
ra reprobado con tanta facilidad.
(2) No denotan tal cosa las letras
de la Coluna, como convence la Inscripcion publicada alli por D. Mauro,
y en el Tomo 3. de la España Sagrada.

Otro tumulo pequeño tambien está en la Iglesia, y no tiene letras en piedra, sino en un pergamino de letra harto fresca, estos Versos:

Intus in hoc busto Divi Fernandi tumulatus
Iudicio justo quiescit sanctis associatus
Nam jejunavit orans inopes satiavit:
His tribus orans Deum victor tenet hoste tropheum
Era millena centena tenet octuagena
Vitam finivit & mense Decembris obivit.

De aqui inventan todo lo que quieren.

Santa Clara. Num. 4.

MOnesterio de Monjas Franciscas, que agora S. M. ha mandado reducir à la Observancia. Es Fundacion de una Señora particular, de doscientos cinquenta años atras. Aqui tienen la Cabeza de S. Lorenzo, sobre la qual yo hice la examinacion con la diligencia y puntualidad posible, y envié de ella la relacion muy à la larga, y asi no será menester repetirla aqui.

Santa Maria de Salome. Num. 5.

PArroquia dentro de la Ciudad harto antigua. Edificóla la Iglesia Mayor, por reverencia de la Madre del Santo Apostol. Alli tienen una Canilla del brazo de esta Santa de hasta un geme, engastada en plata. Dicen que huvo un pergamino antiguo, donde se trataba como se trujo esta Reliquia, agora no hay rastro, ni memoria ninguna del.

EL PADRON. Tit. 46.

ES una Villa rica y bien poblada quatro leguas de la Ciudad de Santiago, al Poniente, en el mismo sitio donde en tiempo de Romanos estuvo la Ciudad de *Iria*, que desde Vespasiano tomó el sobrenombre de *Flavia*, y hay mencion della en Ptolomeo, y en Plinio. Está à la ribera del pequeño Rio *Sar*, que viene de Santiago, y à quarto de legua abajo desta Villa entra en el gran Rio Ulia, y en Galicia comunmente le llaman la Ulla, que à dos leguas de aqui entra en la Mar, y sube la creciente por el, y entra tambien por el Rio Sar.

En

En esta Ciudad de Iria estuvo el Obispado, hasta que con la invencion del Cuerpo Santo se pasó allá, como se ha dicho. Asi queda la Iglesia antigua con muchas sepulturas de los Obispos de ella, y está à mas de quarto de legua de la Villa, que es agora, porque hasta allá se tendia entonces la Ciudad.

Es cosa de mucha consideracion en la venida del Santo Cuerpo del Apostol acá, porque paró mas alli que en ninguna otra parte de España, viniendo como venía de Gerusalen. Llegó à España por aquellos Puertos de encima de Barcelona : no paró en toda aquella Costa Oriental, ni en la del Mediodia hasta el Estrecho, antes embocando por el, y dejando atras el Mediterraneo, navegó por el Oceano, rodeando todo lo que resta de Castilla y todo Portugal, y buena parte de Galicia, hasta meterse por la boca de la Ulla, y por ella subir en el Rio Sar hasta la Ciudad de Iria, dejando atras tantas magnificas Ciudades, y tantos Puertos y Rios, y Regiones tan insignes como habia entonces, y vemos agora en todo el contorno de España. Fuera de la secreta providencia de Dios, no se puede dar otra razon, ò buena conveniencia, que en esto mas satisfaga, que pensar fue nuestro Señor servido viniese el Cuerpo del Santo Apostol à parar en la tierra donde mas el habia asistido y predicado, para que la ilustrase, y la ennobleciese y amparase con la presencia de su Santo Cuerpo muerto, como vivo la habia alumbrado con su predicacion. Asi se conserva en aquel lugar, y señaladamente en una Montaña, que está de la otra parte del Rio junto à el la memoria de la morada y asistencia del Santo Apostol alli el tiempo que acá estuvo. Subiendo por la Montaña à media ladera está una Iglesia donde dicen oraba el Apostol y decia Misa, y debajo del Altar mayor sale afuera de la Iglesia una Fuente con gran golpe de agua, la mas fria y delicada que yo vi en toda Galicia. Alli beben y se lavan los Peregrinos con reverencia, por haber bebido y lavadose el Santo Apostol con ella. Subiendo mas arriba en un pico alto donde hay muchas peñas juntas y algunas de ellas abiertas ò horadadas, se dice, que queriendose el Apostol esconder de los Gentiles, porque no habia de padecer acá, yendole persiguiendo, horadó con su baculo la peña, y detuvo los malvados con el milagro.

Es-

Este lugar visitan los Peregrinos como muy principal de su romería, subiendo de rodillas las gradas que estan cabadas en la peña, y rezando en cada una, y pasando tendidos por aquellos dos agugeros, y por otro que está un poco mas abajo: y estos son los agugeros de que comunmente el vulgo con una simplicidad devota dice, que se han de pasar en vida, ò en muerte. Tambien dicen un refran en aquella tierra: *Quen va à Santiago, è non va al Padron, ò faz Romería, ò non.* Muestran tambien otra peña donde dicen dormia el Apostol, y asi otros particulares, que los Peregrinos en aquel cerro visitan, por haberlos freqüentado el Santo: y cierto considerado el sitio, y la hermosa vista que de alli hay à la Ciudad, que estaba abajo en lo llano, y à toda la ancha hoya llena de grandes arboledas, y frescuras de mas de dos leguas en largo, lugar es aparejado para mucha contemplacion.

Abajo dentro en la Villa está la Iglesia de San Marco, y debajo del Altar Mayor, que es hueco, está una gran piedra, mas alta que un hombre: es berroqueña, y tuvo forma de piedestal, sino que los Romeros lo han descantillado lo mas de las molduras. Tambien le han quitado mucha parte de las letras Romanas que tenia: las que agora le quedaron son estas, muy grandes, y con la mejor forma que tuvieron las letras Romanas.

<pre>
. . . .
. . . . . N O
  O R   I
  S E   S
D. S. P.
</pre>

　　　　1

Veese claro como le faltan pocas letras, y no mas de las que

　　　　　　　　　　　　　　　　　con-

---

(1) *Al margen de este letrero tiene el libro original de Morales una nota de diversa letra, que dice:* Esta piedra está debajo del Altar de Santiago en la Iglesia de su nombre, è detrás está desta suerte:

☩
I H S
N O
O R
E S E S
D.S.P.

Parece que alguno quiso christianizar la Inscripcion, pues la repitió al otro lado, añadiendo la ☩. y el IHS. que no pudieron estar originalmente en la piedra Gentilica.

contenia el nombre de aquel à quien aquel Orises, dice que
le puso esta piedra y memoria con su estatua, de su dinero:
y digo estatua, porque sin duda parece fue esta piedra basa
della. Esta piedra dicen fue la en que estuvo amarrada la Barca en que venia el Santo Cuerpo, quando aportó y surgió alli
en el Rio Sar harto cerca desta Iglesia, y muestran alli en la
ribera el lugar donde esta piedra estaba. Visitanla los Peregrinos, y andanla al rededor, besandola por todas partes : y
siendo tan manifiestamente piedra Romana, y teniendo tan
perfecta forma en las letras, lugar da à creer que pudo ser
del tiempo del Emperador Claudio, en que vino acá el Santo Cuerpo: porque los Antiquarios por la forma de letras mas
ò menos perfecta juzgan de que tiempo de Romanos son las
piedras. Tambien tiene verosimilitud que estuviese aquella
basa y su estatua à la ribera, por ser el portezuelo ò muelle
lugar celebre y acomodado para semejantes memorias.

En Galicia y en Portugal à qualquiera piedra de estas,
que se levanta en el Campo por señal, ò por memoria, la
llaman *Padron*, y por haber sido esta piedra tan insigne, y
tan santificado Padron, la Ciudad de *Iria* perdió su nombre, y
tomó el que tiene agora de esta bendita piedra.

Tambien en el Altar Mayor de esta Iglesia hay Imagen
de Santiago con escaleras à los lados para subir y bajar, y
con Corona de laton colgada sobre la Cabeza, y asi hacen
tambien alli los Peregrinos su romeria de la manera que en
la Iglesia de Compostela.

En el lugar ò portecico donde llegó y aportó el Santo
Cuerpo, esta una peña sobre que le pusieron, y dicen se abrió
milagrosamente tomando forma de sepultura. Esta yo no la vi,
porque ya el agua del Rio la ha cubierto, y el arena tambien
la cubre con qualquier avenida, y aunque tienen cuidado de
descubrirla, entonces estaba muy cubierta. Lo que vi es hecho alli un Muelle harto agraciado, aunque pequeñito, con
sus gradas ácia el agua, dicen que para que se pueda abajar
à ver aquella concavidad de la peña, y su humilladero hay
alli, y se visita todo aquello por los Peregrinos con gran devocion.

S

Co-

Como baja del Padron la barra de la Ulía para meterse
en la Mar dos leguas de alli, à la una estan en el agua dos
torres muy gruesas de muy buena fabrica, para defender aquel
paso à Moros, y à Normandos, que como vemos en nuestras Coronicas agora seiscientos y setecientos años entraban
por alli.

ARMENTERA.   *Tit.* 47.

MAS abajo del Padron por la Costa de la Mar, dos leguas
antes de llegar à Pontevedra, está un Monesterio de
Cister, llamado Armentera. Es fundacion Real del Emperador
D. Alonso. No tienen mas Reliquias que unas pocas menudas, ni hay enterramiento Real, ni Libros, ni hacen Sufragios mas que los comunes de la Orden. No fui allá, tuvelo
por relacion.

S. JUAN DEL POYO.   *Tit.* 48.

UNA legua mas abajo de Armentera ácia Pontevedra en la
misma Costa de la Mar está un Monesterio de Benitos
de este nombre, en un sitio muy hermoso, que mira à la Mar,
y à una Isla que el Monesterio tiene cerquita, y en el hay Naranjos, y Arraihanes, y aun una gran palma, que ya se ha
secado. La primera fundacion de este Monesterio es tan antigua, que no hay della memoria, y se cree cierto fue Real. 1
Lo que agora parece es un Privilegio del Conde D. Ramon,
su data à los 15. de Enero año MCV. quando tenia el Conde
el Señorío de Galicia, que su suegro le habia dado. Dales el
Conde en este Privilegio muchas cosas. Once años adelante
ultimo de Marzo la Reyna D. Urraca, muger del Conde, en
otro Privilegio señala el Coto del Monesterio, y dice que lo
tenga como lo tuvo en tiempo de su Abuelo el Rey D. Bermudo. No tienen enterramiento Real, ni Libros, ni Reliquias,
sino unas pocas menudas sin noticia de que sean: y ningun
Sufragio hacen sino los comunes de la Orden.

S.

(1) *El Autor en su Chronica libro   ra, que viò en este Monasterio, la qual*
16. cap. 18. alegó despues una Escritu-   es del año 942.

S. SALVADOR DE LERIZ. *Tit.* 49.

MOnesterio pequeño de Benitos una legua del pasado, metido à la tierra sobre el Rio Leriz, de donde toma el nombre. El sitio es tan fresco, que no hay mas Naranjos, ni arraihanes en Cordoba, y alabanlo mucho de santidad.

No es fundacion Real, mas es Dotacion Real. El Monesterio le fundó un Abad Guntado. Asi estan los nombres de los Fundadores en una piedra en el Claustro con estas letras:

,, In nomine Dei & in honore Sancti Salvatoris, & Sanc-
,, tæ Mariæ Virginis, & Marinæ, Pelagio Gontato, & Bria fra-
,, tres.

Mas claro lo dice el Rey D. Ordono, hijo de D. Alonso el Magno en un Privilegio suyo, con estas palabras:

,, Præfatum Monasterium Sancti Salvatoris, quod tu fun-
,, dasti in nostra propria hereditate.

Dales en este Privilegio el Coto (que asi llaman por aquella tierra al termino redondo) y dales otras muchas cosas, y alhajas. Su data à los diez y siete de Agosto DCCCLXXXVI. 1

No tienen enterramiento Real, ni Reliquias, ni Libros, ni hacen Sufragio ninguno mas de lo comun de la Orden.

TENORIO. *Tit.* 50.

MOnesterio pequeño de Benitos, aqui cerca dos leguas, Fundacion Real muy antigua, à lo que me digeron, que yo no fui allá, porque ni hay Reliquias, ni Libros, ni enterramiento Real, ni Sufragios.

PONTEVEDRA. *Tit.* 51.

LUgar muy grande y rico, sobre la barra del Rio Leriz. En S. Francisco está la sepultura de Fr. Juan de Navarrete, que habrá 40. años que murió. Por sus muchos milagros es tenido en aquella tierra por Santo. Su sepultura tiene en la Iglesia una piedra llana, mas delicadamente grabada, y sobre ella

(1) *El año no fue este de* 886. *co-mo se dice comunmente, sino despues del* 914. *en que empezó à reynar D.* Ordoño 2. *Vease el Tomo* 17. *de la* España Sagrada *pag.* 63.

ella en columnas altas un Tabernaculo de piedra bien labrado. Era Claustral, y Vicario de Monjas.

La Pesqueria en este Lugar es un gran trato, y los que la siguen han hecho una Iglesia à nuestra Señora, que se llama Santa Maria de los Pescadores, y han gastado mas de treinta mil ducados en ella, y tienen animo para gastar otros veinte mil que faltan para acabarla.

En la Plaza de S. Francisco está una Fuente que en grandeza, altura, lindeza de fabrica, y dorados, puede competir con las de Cordoba, aunque la piedra no es tal, ni el agua tan buena, aunque es mucha.

En esta Comarca de Pontevedra estan dos Solares de Casas principales de Castilla, Sotomayor, y Ribera, y yo creo tambien que está por aqui el solar de Figueroa: pues en aquel Privilegio de S. Salvador de Leriz hay lugar que el Rey nombra Figueroa, y aunque la memoria de los Figueroas está en el Peto Burdelo lejos de aqui, cabe Mondoñedo, mas yo tengo por cierto que alli hicieron la hazaña; mas que era aqui su naturaleza.

REDONDELA. S. SIMON. ISLAS CIZAS. Tit. 52.

ES Redondela Lugar partido entre el Arzobispo de Santiago, y el Obispo de Tuyd. Está sobre una gran Ria, con que la mar entra por la tierra. En ella estan dos Islitas muy pequeñas, y son dos montecicos hermosisimos, por estar todos plantados de Laureles. En la Mayor de estas Islas está un Monesterio de Frayles Descalzos Franciscos, llamado S. Simon, y del toman las Islas el nombre. Es lugar de gran soledad, y contemplacion. Tienen un Algive, y lo hinchen con agua, que meten de fuera en un Barquillo. El Monesterio es pequeñito, y solo mirarlo pone devocion.

A la boca de esta Ria estan las Islas, que por diversos nombres llaman Cizas, y este es su nombre antiguo en Plinio: Palomeras por la multitud de Palomas que hay en ellas, y tambien Islas de Bayona, porque caen cerca de aquella Villa y su Puerto. Estan metidas mas de una legua en la mar. Son tres y todas de grandes sierras y peñas, asi que en pasarsele

alli

alli à Julio Cesar, como se le pasaron, los Gallegos, se tenian por seguros, mas alli los conquistó. La mayor tiene una legua en largo y otra quasi en ancho : tiene muy buenas fuentes y pastos : tuvo un Monesterio de Descalzos, llamado Santisteban : está despoblado, porque Ingleses Luteranos lo saquearon. La otra tiene tambien buen pasto, y ambas hartos Conejos. La tercera es pequeña, y toda de peña tajada, y asi quasi inaccesible. Con no entrar alla gente y con criar alli muchas aves, hay muchas y grandes culebras, que se mantienen de los huevos y de los pollitos.

Por la gran muchedumbre del pescado Cecial que se toma al derredor destas Islas dicen algunos que se llama Cicial : ya podria ser, pues como dige, Plinio Cizas llama à estas Islas, y agora tambien aunque no muy comunmente tienen este nombre.

Está Redondela tres leguas de Pontevedra, y cinco de Tuyd.

O Y A.   *Tit.* 53.

MOnesterio de Cister cerca de Bayona, y quasi à la Costa. Es Fundacion y Dotacion del Emperador D. Alonso. dióle el Emperador al Monesterio la Villa de Bayona, y dice en el Privilegio „ Et nolumus ut vocetur ut antea *Erizana*, sed im„ ponimus ei nomen *Baiona*. Despues los Reyes siguientes tomaron à Bayona por la importancia de su Puerto, y dieron al Monesterio en recompensa un termino redondo que llaman Coto.

De lo que dice el Rey en su Privilegio se entiende quan mala fabula es lo que dicen en Bayona, trayendo la Villa una Nao y un Buey por Armas, dicen que de ambos vocablos Buey, y Nao, se juntó el nombre de Bayona.

No hay enterramiento Real, ni Libros, ni hacen nada en particular por los Reyes. Reliquias tienen menudas, sin noticia de lo que son, y con todo eso están decentemente en buen Relicario, y tratadas con reverencia. Esto tuve por relacion, que yo no fui allá.

TUID.

TUYD. *Tit* 54.

ESta Ciudad está tan cerca de Portugal, que pasando el Rio Miño por ella, la otra Ribera con el Lugar de Valencia que está en ella, es ya de aquel Reyno. Es Tuyd tierra de grandes frescuras de Naranjos, y todos frutales, con ser de lo bueno de Galicia en fertilidad.

El Conde D. Ramon juntamente con su muger la Infanta D. Urraca, quando tenian el Señorio y Gobierno de Galicia en vida del Rey D. Alonso su suegro, y Padre, dieron la Ciudad y su tierra à la Iglesia, y al Obispo della, como parece por Privilegio de once de Febrero año MXCV. Y en la misma Escritura confirma el Rey D. Alonso. Hay otro Privilegio de confirmacion del Emperador D. Alonso, hijo de los pasados. Despues parece que quitó la Ciudad à la Iglesia y al Obispo, el Rey D. Fernando de Leon, hijo de D. Sancho el Deseado, porque hay Privilegio donde se la restituye: su data en la Ciudad de Santiago primero dia de Abril. El año no está señalado por numero, sino por estas palabras: *El año que el dicho D. Fernando Rey famosisimo con grande gloria prendió al Rey D. Alonso, Rey de Portugal, en Vadaloncio.* [1]

Hay algunas confirmaciones de los Reyes siguientes.

En la Capilla Mayor al lado del Evangelio en el Crucero está la Capilla del Santisimo Sacramento, y alli está el bendito Cuerpo del bienaventurado Fr. Pedro Gonzalez Telmo, llamado comunmente S. Telmo, principalmente por los Navegantes, que mucho se le encomiendan. Está con mucha decencia en un arco alto de piedra con reja delante, en un Arca de plata labrada de vultos de medio relieve, y encima su vulto de la misma chapería de plata, tamaño como el natural, la suma de su vida es esta.

Fue pequeño de cuerpo, alegre de rostro, natural de Fromesta, de parientes honrados y ricos, llamados Telmos por su Alcuña, sobrino del Obispo de Palencia, que à la sazon era,

y

(1) *Otra Escritura de Tuyd con la misma expresion Chronologica de la* prision del Rey de Portugal, añade la Era 1208. que fue el año 1170.

y el lo hizo estudiar en aquella Ciudad, y lo ordenó, y le dió
alli un Canonicato, y despues tuvo tambien la dignidad de Prior
de aquella Iglesia. De alli le llamó Dios con ocasion bien manifiesta, y tomó el Habito de S. Domingo. Cuentanse grandes
particularidades de su santidad desde estos principios, y despues en su ocupacion, que fue siempre confesar y predicar.
El Rey D. Fernando el Santo con la noticia que tuvo de su gran
santidad lo llevó consigo al Cerco de Sevilla, adonde obró Dios
por el un gran milagro. Despues siendo Conventual en el Monesterio de S. Domingo, predicaba por la tierra, y mas de ordinario por esto de Tuid y sus comarcas.

Comenzó à hacer milagros, y juntó limosnas, y hizo de
ellas algunas Puentes de las mas señaladas que hay en Galicia
por gran necesidad que habia dellas, señaladamente para pasar à oír Misa, que se busca en aquella tierra por harto camino en algunas partes. Supo quando habia de morir, y hizose traer à Tuyd para esto, y falleció Lunes de *Quasimodo* el año
de nuestro Redemptor MCCXLVI. Enterróle el famoso Obispo D. Lucas de Tuyd muy solemnemente como à Santo, y pu-
sole una lauda de piedra con letras, que agora ya no se pueden leer. Su Fiesta se celebra con haber no mas que comme-
moracion de el en Visperas el Domingo de Quasimodo en
qualquier tiempo que cayga, y el dia siguiente tambien en la
Misa. Aquel dia hay gran concurso de toda la tierra, y en
algunos de aquellos Lugares principales de Galicia y Portugal
alli cerca, tiene Cofradias. Y los milagros que han sucedido
por el Santo son muchos: harta parte de ellos con todo lo
de su vida, está escrito en un libro Santoral de pergamino
de la Iglesia Mayor, y parece de mas de doscientos años: y
en este Libro hay tambien otras cosas de mucha importancia
para la Iglesia, y la Dignidad de su Silla Cathedral.

Sin lo de su Fiesta todos los Sabados antes de la Misa Mayor
van el Obispo y Beneficiados en procesion à la Capilla de su
Sepultura de agora con el *Te Deum laudamus*, y dicen la Oracion, que hay propria del Santo, y esto se hace de tiempo
immemorial.

El Obispo D. Diego de Avellaneda teniendo deseo de honrar

rar este Santo, determinó sacarlo de alli donde estaba antes sepultado : halló resistencia en muchos de su Capitulo, mas à fin una noche despues de Maytines con algunos Capitulares hizo quitar la lauda y cabar la Sepultura. A medio estado se halló otra lauda con que el Obispo se regocijo mucho pensando estaba luego debajo della el bendito Cuerpo. Quitada la piedra se halló tierra maziza, por donde los Canonigos de contrario parecer le convencian que no se cabase mas. El Obispo tambien con lagrimas manifestó su congoja, mas perseverando en su devocion, mandó cabar adelante hasta otra tercera lauda que se descubrió à otro estado de hondo. Quitada esta pareció un encage de quatro maderos muy gruesos, y dentro de ellos en Arca de piedra el bendito Cuerpo con su habito negro y blanco, y su baculo. Sacaronlo con gran procesion y alegria de todos, y parecióse bien por quan gran thesoro lo tenia el Obispo D. Lucas, quando tan à recaudo y con tanta solemnidad lo guardaba. El Obispo Avellaneda le puso à su costa tan ricamente como está agora. Y todo esto de la invencion y devocion cuentan los Beneficiados de la Iglesia que se hallaron entonces presentes.

En la Sacristia tienen el habito que en trescientos años no se consumió del todo, y tiene buen olor, y el Obispo me dió de su mano un poquito que muestra el milagro de haberse conservado. Tenianlo en una Arquita no muy decentemente, mas à la hora de agora tengo por cierto está muy bien, porque el Obispo à mi advertencia se ofreció de hacerlo. Mejor está el baculo, todo engastado en plata, y en la procesion de su Fiesta lo lleva el Obispo levantado en alto : es pequeño y como muleta. Tambien tienen alli la cinta del Santo, en quien ha sucedido un gran milagro.

Alli en la Sacristia tienen muchas Reliquias menudas, y sola una muy insigne, que es la Cabeza de S. Binardo, uno de los diez mil Martires de Alejandria, cuya Fiesta es à los 22. de Junio. [1] Está bien engastada en vulto de plata hasta los pechos con decir en la Diadema : *Caput Sancti Binardi Martyris.*

(1) *Vease arriba Tit. 45. pag. 126.*

tyris. Tiene buen testimonio porque la trujo el Cardenal D. Gaspar de Avalos , con otras muchas Reliquias bien atestiguadas.

No tienen Libros , ni enterramientos Reales , mas hacen un Aniversario por el Conde D. Ramon , y por su suegro , y su muger , y otro por el Rey D. Henrique el II. y S. Telmo no está canonizado , sino que la devocion y milagros le han hecho tener en tanta veneracion.

Aunque no es de mi comision , todavia quiero decir que se saca oro en Tuyd del Rio Miño , y el Obispo tiene un grano del tamaño de un garbanzo pequeño , que se sacó habrá dos años , y como lantejas se sacan hartos , y es oro purisimo: y el Conde de Monterrey arrienda un sitio de esta Ribera en 24. ducados cada año , ò 24. mil maravedis , si bien me acuerdo , para solo sacar oro , y sin duda por falta de industria no se saca todo lo que Plinio encarece de estos Rios , y es cosa que yo traté muy à la larga en mi Coronica. [1]

No hay memoria ninguna en edificio , ni en otra cosa de la Fundacion Griega de aquella Ciudad , sino es una Pila de fuente con quince pies de diametro , y tan honda que llena de tierra sirve de Jardin , y tiene arbolillos. Está mas de dos , y aun tres estados alta del suelo , y fue una peña que labraron en el mismo lugar donde estaba , y cortaron despues las peñas y tierra en derredor , y asi quedó levantada al igual de unas ventanas por donde se cultiva el Jardin.

De Griegos tambien es haber conservado la lucha , y usarlas en las Ferias y en los otros ayuntamientos de gran muchedumbre. La Fiesta que con esto hacen es cierto insigne , porque tienen diversos generos de maña y destreza , y siendo hombres de grandes fuerzas , se aprietan algunas veces tanto , que se vé como están à punto de muerte. Y entonces se sueltan por el peligro que sienten , porque todo se hace en buena amistad. Luchan en carnes como Griegos con solos pañitos , y tienen particularidades y leyes en la Fiesta , que mucho la regocijan.

ME-

(1) *Lib. 9. cap. 5. y en las Antiguedades fol. 44.*

T

MELON. *Tit.* 55.

MOnesterio de la Orden del Cister en Lugarejo de este nombre, tres leguas de Rivadavia, Fundacion y Dotacion del Emperador D. Alonso, hijo de D. Urraca. Asi parece por el Privilegio, su data à fin de Mayo año MCXLII. Acrecentaron despues mucho en el el Rey D. Fernando de Leon, su hijo, y el Rey D. Alonso el de las Navas. No hacen nada por ellos en particular, ni tienen Reliquias mas que menudas, y no hay enterramiento Real, ni Libros.

Tuvieron un Hospital à titulo del qual se les dieron, à lo que se puede bien creer, algunas haciendas por algunos particulares: hanlo desecho.

S. CLODIO. *Tit.* 56.

TAmbien es Monesterio de Cister rico y principal una legua de Rivadavia. Tiene la advocacion de S. Claudio el de Leon, hermano de los otros dos Lupercio, y Victorio. No es Fundacion Real, sino de particulares à lo que se puede entender por una Escritura de Marzo año MCXXVIII. donde un Abad Pelayo Gonzales cuenta como reparó el Monesterio hallandolo desierto, y muy perdido. Cuentase él por qüarto Abad despues de un Tio suyo. Mas no hay otra memoria de su primera Fundacion: aunque los Monges de S. Clodio de Leon dicen que su Santo Vincencio (de quien alli se dijo) apareció à los Monges de alli, anunciandoles la venida de Almanzor, y amonestandoles que huyesen los que no se sintiesen constantes para el Martirio: los que entonces huyeron dicen que vinieron aqui, y fundaron este Monesterio con la advocacion del de allá: y no hay duda sino que fue de Benitos, sin que haya memoria de quando y por que se pasó à ser de Cister. [1]

El mas antiguo Previlegio Real que tienen es del Rey D. Alonso de Leon Padre de D. Fernando el Santo en Marzo año MCCVIII. No tienen enterramiento Real, ni Reliquias, ni Libros.

OSE-

(1) *Vease el Tomo* 17. *de la España Sagrada pag.* 31.

OSERA. *Tit.* 57.

MOnesterio riquisimo, y muy principal en la Orden de Cister quatro leguas de Orense. Los Monges tienen que no es Fundacion Real, sino de particulares con recomendacion que les hizo à los de la tierra el Emperador D. Alonso de unos Monges que iban à poblar por alli. Los de la tierra les dieron sitio, y mucho de hacienda. Mas los Reyes dieron la jurisdicion, y añadieron mucho. No tienen enterramiento Real, ni hacen mas que lo general de la Orden por los Reyes, y algo mas. No tienen Libros antiguos, y de las Reliquias que tienen envió la razon el Obispo de Orense, y asi no será menester repetirlo aqui, que yo no fui à este Monesterio, sino tuve relacion del.

ORENSE. *Tit.* 58.

ES la primera Ciudad de Galicia entrando de Castilla por el camino Frances. Tambien la fundaron Griegos como à Tuyd, y se afirma por los Autores la fundó Amphiloco, despues de la destruicion de Troya. Su sitio es muy fertil de viñas y frutas. Hay algunos Naranjos, y tantos Arraihanes que una montaña es toda dellos, y asi se llama de las Murteras.

La Ciudad es del Obispo que se la dió el Emperador D. Alonso por Privilegio dado en Palencia el año MCXXXI. en Mayo. Refiere el Rey como estaba despoblada, y dála à la Iglesia de S. Martin, y al Obispo, y à sus sucesores, y à los Canonigos, &c. Confirmóla el Rey D. Fernando de Leon su hijo en Privilegio dado en el Castillo de Veiga en Diciembre año MCLXV. Tambien está confirmada por el Rey D. Alonso hijo de Fernando el pasado, por Privilegio dado en Salamanca el mismo año de arriba.

En esta Iglesia de Orense tienen el Cuerpo de S. Eufemia Virgen y Martir, en la Capilla de su nombre, colateral de la mayor al lado de la Epistola en arco muy alto con buena reja dorada, y dentro Arca de madera cubierta por delante con planchas de laton en que está tallado su Martirio, y su invencion, como tambien está pintada en el retablo del Altar, y las planchas de la cubierta del Arca de plata fueron al principio, mas en tiempo de revueltas las robaron.

Pa-

Padeció esta Santa diez leguas de la Ciudad à la raya de Portugal, cabe un Lugar pequeño llamado el Valle, à la orilla del Rio Caldo, que parece tomó el nombre de muchos baños que tiene por su ribera. Alli está una gran peña, donde se tiene que padeció la Santa, y alli fue hallado despues su Santo Cuerpo.

La suma de lo que leen en los Maytines de la translacion de esta Santa es esto. Y el Obispo Pedro Seguino de Orense, que escribió aquello de las lecciones, dice que lo oyó, y lo supo de los hijos de aquellos que lo vieron.

Una Pastorcica guardaba las ovejas de su Padre en aquel mismo sitio llamado el Campillo, junto à la peña que digimos, y vió una mano que salia de un Sepulcro con un Anillo de oro en el dedo: tomó el Anillo y quedó luego muda, y asi volvió à su Padre. El por las señas de su hija, y con su guia fue al sepulcro y volviendo à poner el Anillo en el dedo que se descubria, su hija habló luego. Oyóse juntamente voz del Cielo con estas palabras: *Aqui está el Cuerpo de Santa Eufemia, date prisa à pasarlo con la reverencia debida à la Iglesia de Santa Marina.* Esta Iglesia es alli cerca, y à ella se pasó por entonces el Santo Cuerpo con la veneracion que se pudo, y aunque despues se trató algunas veces de sacarlo de alli, con milagros se estorvó.

No escribió mas de hasta aqui el Obispo Seguino, y escribiólo antes que fuese Obispo. Despues otro Obispo Alfonso continua asi: El Obispo D. Pedro Seguino en el primero año de su Obispado, que fue en la Era MCXCV. fue à la Iglesia de Santa Marina acompañado de un Caballero Señor de aquello por alli, y de D. Estefanía su muger; perseveraron en grande ayuno y oracion y trugeron el Cuerpo de la Santa, y de otros Martires que padecieron con ella, à Orense, con muchos milagros que en el camino y despues sucedieron, los quales dice este Obispo Alfonso los oyó de las personas que entonces los vieron. Pusieronse entonces en la Iglesia Mayor antiquisima, que llaman Santa Maria la Madre. Despues labrada la Iglesia nueva se pasaron allá, y ultimamente el Obispo Alfonso hizo solemne elevacion en el arco donde agora estan el Cuerpo de la Santa y de los demas.

Tie-

Tienen en la Sacristia en un Arca de marfil la Sabana en que estaba envuelto el Santo Cuerpo quando se hizo la postrera elevacion. Es toda labrada de buena labor blanca. El velo que tenia en la Cabeza es de toca algo basta, y parece morisca por unas listas que tiene de seda colorada. Tambien está alli el anillo por donde se halló el Cuerpo Santo: es grande y de oro bajo con una gran piedra redonda y parece Amatista. No se puede ver bien por estar el anillo encerrado en una cagita de plata con redecica por donde se ve pendiente en una cadena de plata con que se lo ponen al cuello los enfermos, y se tiene con esto gran devocion.

Este Cuerpo Santo tiene buenos testimonios por los dos Obispos que escribieron de el. Su autoridad es de momento. La antiguedad tambien ayuda, pues ha mas de 400. años la invencion, y poco menos la translacion y elevacion, y desde entonces acá dura la veneracion comun de toda aquella tierra, y de la Iglesia. Demas de esto, su parte tiene de testimonio el haberse hecho Arca de plata para el Santo Cuerpo. Mas el autoridad Real junto con el antiguedad es de mucho peso en esto, porque el Rey D. Fernando de Leon en aquel Privilegio ya dicho, en que confirma la Ciudad al Obispo, dice estas palabras: *Ad honorem Dei Omnipotentis, & Beati Martini, necnon & Sanctæ Eufemiæ, ut Civitas in qua ejusdem Virginis gloriosissimum Corpus requiescit, de parva magna reddatur dono vobis, &c.* Y bien parece Santa de España, pues hay Lugares en el Reyno de Leon uno, y otro en la Sierra de Cordoba con el nombre de esta Santa, aunque algo corrompido el vocablo decimos *Santa Fimia*, y comunmente de Santos de España se tomaron en ella los nombres para los Lugares, Santa Olalla, Sahagun, San Juste, y asi otros.

Tambien en los Privilegios muy antiguos de quinientos y mas años atrás del Monesterio de Samos (de quien se tratará adelante) se hace mencion haber alli Reliquias de Santa Eufemia, que parece las huvieron como de Santa de la tierra y comarca.

En la otra Capilla Colateral al lado del Evangelio en arcos altos, y en tumbas de piedra pintadas, y doradas se di-

dice que estan los Cuerpos de S. Facundo y Primitivo, con estas letras en la una tumba.

Hic jacet Corpus Sancti Facundi.

Y en la otra al otro lado de la Capilla:

Hic jacet Corpus Sancti Primitivi.

Debajo del arco de S. Facundo está el enterramiento de un Arcediano de aquella Iglesia, que dice en su Epitafio hizo los arcos de estos Santos donde fueron trasladados. Mas ninguna razon, ni memoria hay en la Iglesia de estos Cuerpos Santos, ni de cosa que les pertenezca, y asi el Monesterio de Sahagun lo quiso averiguar en Roma, y allá los mandaron parar en esta contienda, sin consentir se hiciese pleyto ordinario, y en las liciones de estos Santos que reza la Orden de S. Benito, se trata desto harto.

El Santo Crucifijo, que es muy famoso, y de mucha devocion está en el Crucero sobre un Altar, mas ya lo quieren pasar à Capilla rica que para esto se ha labrado. Es como el de Burgos, de goznes, y muestrase con toda la solemnidad que allá se usa. Está cerrado con puertas de buena pintura, y dentro tiene dos velos, y verdaderamente el rostro es devotisimo con semblante de gran severidad, y mesura. Alli cerca está un arco con el vulto del Obispo D. Vasco que trujo este Santo Crucifijo. No tiene Epitafio, mas por memorias de la Iglesia se entiende como ha ya mas de doscientos años.

Tienen muchas Reliquias menudas, metidas en arquitas muy antiguas, bien labradas de esmalte, mas todo está confuso, porque los titulos que estaban en pergaminos chiquitos se han caido de los envoltorios, solo señalan ser de los quarenta Martires insignes Santos un hueso de hasta tres dedos en largo.

Por los Reyes hacen poco en particular, y no tienen enterramiento Real, ni Libros.

Las *Burgas* que llaman, son con mucha razon tan famosas y tan celebradas, siendo tres caños de agua dentro de la Ciudad en la ladera como se deciende al Rio. El caño mas alto echa tanta agua como la pierna, y mas estrañamente clara, y sin ningun olor de piedra sufre, ni de otra cosa, y tan

ca-

caliente que no se puede tener la mano media Ave Maria en
el agua que se coge del. En este caño se vienen à hacer las
coladas de paños de toda la Ciudad. Sesenta pasos mas abajo nace poco menor golpe que el pasado, tan claro y limpio
como el, y quasi tan caliente: sirve en diversas albercas para
labar paños, labar platos y escudillas, y vientres para comer.
A seis pasos por igual sin bajar nada bulle de tierra otro golpe
de agua sin comparacion mas caliente que los pasados ; asi
que metiendo en el alberquilla una mano de baca antes de un
Credo le salta la uña, y desto y de pelar todas estas cosas sirve esta agua, y ya en el color y olor se le siente la piedra sufre : echan bao grandisimo estas aguas, y estorban que no cai-
ga nieve en aquella parte de la Ciudad, cayendo en la otra, y
en todo el Campo. Esto tambien hace muy calurosa y harto
enferma la Ciudad en Verano. El agua de los dos caños en-
friada es buena para beber, como todas las otras aguas buenas, y muchos la experimentan harto saludable, y asi la usan.
Parece particular providencia de Dios el haber dado estos Caños en esta Ciudad, que por tener sus Campos ocupados con
infinitas viñas, es falta de leña, y suplen mucho en esta parte las aguas tan calientes.

CELANOVA. *Tit.* 59.

E L mas rico y mas principal Monesterio de Benitos que hay
en Galicia, donde los hay harto insignes. Es muy antiguo, y hace mencion del S. Bernardo en una Epistola suya del
lib. 7. Está tres leguas de Orense.

No es fundacion Real, sino de S. Rudesindo, que comunmente llaman S. Rosendo, insigne Santo, y que famosa-
mente está Canonizado. Fue muy pariente de la Casa Real, y
Obispo de Mondoñedo, y de Iria antes que la Silla se pasase
à Santiago, [1] y ultimamente fue Obispo de Dumio en Portugal. [2] La suma de su vida es esta.

Fue de Sangre Real, hijo del Conde D. Gutierre, y de
la

(1) *Ya estaba allí.*

(2) *No habia ya tal Obispado. So-* *bre esto, y lo que se sigue de la Vi-* *da del Santo, vease el Tomo 18. de* *la España Sagrada.*

la Condesa D. Ilduara, que comunmente llamamos D. Alda-
ra. Fue nieto del Conde D. Ermenegildo, y este fue muy pariente del Rey D. Alonso el Magno, tercero deste nombre.
Sus Padres tenian tierra en Galicia, y en Portugal, y entre
otros Lugares à Sala, cerca de la Ciudad del Puerto junto à
la sierra que llaman Cordoba. No tenian hijos, y estando el
Conde D. Gutierre con el Rey D. Ramiro segundo de este
nombre, en la guerra sobre Coimbra, la Condesa continuaba
sus plegarias, pidiendo à nuestro Señor un hijo, y à pies descalzos subia à la Iglesia de S. Salvador en aquella sierra Cordoba. Alli tuvo cierta revelacion de ser oida su oracion, con
que envió à llamar al Conde. Asi nació el niño Jueves 26.
de Noviembre año del Nacimiento 900. y quarenta y cinco.
¹ Llevandole à bautizar en aquella Iglesia de S. Salvador sucedió un gran milagro: y su niñez y mocedad fue de tan gran
Santo como habia de ser despues. De 28. años fue Obispo de
Mondoñedo, y luego de Iria y Compostela. Dejó este Obispado por grandes revueltas que habia en la tierra, y asi vino
à ser ultimamente Obispo de Dumio la de Portugal, y en sus
Escrituras siempre el se pone el titulo de esta Iglesia.

Fundó el Monesterio de Caveiro, cerca de Mondoñedo, y
despues este de Celanova en el año DCCCCLXXIII. como en
Escritura suya desto parece: y en otra del Rey D. Alonso el
V. su data año MIX. en Hebrero, se refiere expresamente
como el Conde Hermenegildo era Abuelo de S. Rudesindo, y
como este Conde era pariente del Rey D. Alonso el Magno,
como se ha dicho.

Dejó el Santo el Obispado, y retiróse en este Monesterio,
y fue Abad del veinte años, y falleció en la Era MXV. Jueves 1. dia de Marzo.

Todo esto escribió de el mas ha de trescientos años un
Monge de la Casa llamado Ordoño: y poco despues otro llamado Estevan, Prior de la Casa, escribió dos Libros de los Milagros de este Santo, lo qual tienen junto en un volumen muy
iluminado y con muchas letras de oro. Tienen tambien el Tes-

ta-

_____

(1) *Es errata notable, pues entonces ya habia fundado à Celanova.*

tamento del Santo, que hizo como mes y medio antes que muriese: es devotisimo en la cabeza, y en todo lo demás.

Fue tenido por Santo en su vida, y confirmóse en la muerte con muchos milagros que sucedian. Por esto en tiempo del Rey D. Alonso el de las Navas, estando acá el Cardenal Jacinto por Legado de la Sede Apostolica, quando dió principio à la Orden de Santiago, hallandose en este Monesterio, hizo una solemne elevacion del Santo Cuerpo, poniendolo como agora está, y haciendo cierta manera de canonizacion, conforme á lo que sus poderes se estendian, y de todo dejó Breve muy autorizado, donde refiere de la santidad de S. Rudesindo, y de sus muchos milagros, y la informacion que tuvo sobre todo esto. Cuentan en particular de muchos milagros, y dice las peticiones que tuvo de Reyes y Perlados, y al cabo concede perdones. No tiene data este Breve.

Vuelto à Roma este Cardenal Jacinto fue elegido por Sumo Pontifice, y llamado Celestino III. Confirmó la canonizacion de S. Rudesindo, que habia hecho estando acá, y haciendo mencion de ella dió una Bula solemnisima de canonizacion el quinto año de su Pontificado que fue el de nuestro Redemptor mil ciento y noventa y cinco.

El Santo Cuerpo está agora en una Capilla colateral de la mayor, en tumba alta de piedra levantada sobre quatro columnas pequeñas, y la tumba de piedra está cubierta con otra de madera labrada de talla y dorada.

Al otro lado desta Capilla en otra tumba del todo semejante, está el Cuerpo de Santo Torcato, uno de los siete verdaderos Apostoles de España, y tan celebrado con Templos y Lugares de su nombre. Lo que alli refieren los Monges de como alli vino este Santo Cuerpo, es de esta manera. Estaba en Santa Columba, que alli llaman Santa Comba, Lugar pequeño del Patrimonio del Monesterio, y quatro leguas y media del. Creese lo llevaron alli los Christianos Godos quando en la destruicion de España iban con las Reliquias, y alli en la Iglesia está un Sepulcro alto de muy buen marmol blanco liso sin ninguna labor, ni letra. En este Sepulcro dicen estaba el Cuerpo Santo. Unos Portugueses, que estan à media legua de aquel

V

Lugar, quisieron hurtarlo para llevarlo à Portugal, como de hecho lo intentaron, y saliendo una noche con el de la Iglesia donde lo tomaron, y pensando iban à Portugal, una niebla los cegó de tal manera que caminaron derechos à Celanova. Llegando cerca se tañeron de suyo las Campanas, y confundidos los Portugueses con el milagro, pararon à un tiro de ballesta del Monesterio, y contaron lo que pasaba. Los Monges trugeron el Cuerpo Santo à su Iglesia con solemne procesion, y en aquel Lugar donde habia parado, se edificó una Ermita con la advocacion del Santo Torcato en memoria de todo. Esta Ermita es harto antigua, por donde parece ha muchos años que vino este Santo Cuerpo, aunque si fuera antes de la estada alli de Celestino III. el tengo por cierto hiciera mencion dello en sus dos Bulas, y no hay Escritura, ni memoria en la Casa de lo que toca à este Santo Cuerpo.

Delante de la Capilla donde estan los dos Cuerpos Santos, arde una Lampara de plata grande, y otra mayor delante del Santisimo Sacramento en la Capilla mayor. Ambas son en lo alto de nueva hechura, porque no tienen cadenas, sino en lugar de ellas quatro balaustres que suben à recibir el Cimborio de arriba. Parecen harto bien, y son tomadas de una muy grande que está delante el Santo Apostol en Santiago, y ha poco que la envió alli un Caballero Portugues.

En el cuerpo de la Iglesia en una Sepultura alta, está la Madre de S. Rudesindo, Ilduara, y una hija suya Adosinda, de quien hay en la Casa algunas Escrituras. Tienenlas por Santas en la Casa y en la Comarca.

En la Sacristia tienen Reliquias, y son unos huesos grandes. No saben cuyos, ni dan razon dellos: yo creo cierto son de los dos Cuerpos Santos de S. Rudesindo, y Santo Torcato, pues quando los cerraron, es cosa verisimil que guardarian fuera algunas Reliquias para mas particular veneracion y consolacion de la tierra. Mas hase perdido la memoria. Tienen alli la Mitra de S. Rudesindo, y es de lienzo con sola una fagita de hilo de oro por la boca. Por ser muy pequeña parece la con que le enterraron, y que tuvo otra mayor y mejor. Tambien estan tres Anillos suyos, dos de plata do-

dorados , con cristales grandes , y uno de oro con Corniola grabada. El Caliz del Santo es pequeño , de plata dorada , y muy ancha la copa , como todos los antiguos : no hay mas de una Ampolla del Santo , y esa es de cristal con el pie de plata dorada.

Libros han tenido muchos muy antiguos de letra Gothica, y entre ellos Concilios , y la Exposicion del Apocalipsi de Eterio , y otro : mas hanlos deshecho , y yo ví qualque hoja de ellos. Lo que agora hay es esto de letra comun antigua como trescientos años.

Vitæ Patrum de Græco in Latinum translatæ , per Paschasium, ad Martinun Presbiterum & Abbatem : es cosa rara.

Ordonij Cellæ-novæ Monachi & Prioris , Expomonogeron : es como el racional de Divinis Officiis , y es el Monge que escribió la Vida de S. Rudesindo , y al cabo dice como escribió el año de 1227.

No hacen ningun sufragio en particular por los Reyes, sino solo lo general de la Orden , de que ya se ha dicho.

S. Rudesindo edificó una Iglesia de S. Miguel , que está agora en un Jardin del Monesterio dentro del , aunque en lugar solo , y apartado. Es de Sillería , y con grueso de paredes , no tiene mas que treinta pies en largo , y quince en ancho. En esto poquito hay cuerpo de Iglesia , Crucero y Capilla Mayor, con una proporcion harto agraciada , y asi mirada por de dentro y por defuera satisface mucho à la vista. Todo es liso lo que en ella está labrado , y la gracia y lindeza no está en mas que en la proporcion y correspondiencia.

Arrimada à esta Iglesia por defuera entre otras Tumbas altas de piedra con sus cubiertas y letras , está una del Abad Franquila , à quien S. Rudesindo trujo para fundacion de este Monesterio. Tienenle por Santo , y lamentan el haberles hurtado de alli sus huesos.

Es cosa harto donosa que junto à esta Tumba , y aun en mas honrado lugar que ella , está otra con solas estas letras , escritas en quatro renglones como aqui van.

Era

Era MCCCLXII.   Año 1324.
Aqui jaz Feijoo Escudeiro
Bon fidalgo è verdadeiro
Gran Cazador è Monteiro.

Debian ser los Gallegos de aquel tiempo amigos de tales Co-
plas, y consonantes, pues no muy lejos de aqui, en el Solar
de Temez y Chantada, de donde tiene descendencia la Casa de
Cordoba, dice asi en otra Sepultura:

Aqui jaz Vasco Fernandez de
Temez, pequenno do corpo, è grande de esforzo. Boo de rogar è
mao de forzar.

CAVEYRO.   *Tit. 60.*

ES un Priorato de Patronazgo Real entre Mondoñedo, y la
Coruña. Fundólo S. Rudesindo en lugar fragosisimo, asi
que cuesta muy caro el llegar à el à pie, que à caballo quasi
es imposible, y con esto tiene bien fundada la soledad. Los
Canonigos Reglares de alli tienen en toda veneracion los or-
namentos con que S. Rudesindo decia Misa, Casulla, Caliz, y
lo demas. El vulgo dice que todo era de los Apostoles. Esto
tuve por Relacion, que la peste me cerró el camino para allá.

S. PEDRO DE ROCAS.   *Tit. 61.*

ANtiguamente fue Monesterio formado, agora no es mas
que Priorato de Celanova à tres leguas de alli. La Iglesia es estraña, por ser labrada toda en peña, con su cuerpo
de Iglesia, y tres Capillas bien formadas. Esta Iglesia es tan antigua que no se sabe de su principio. Lo que se entiende harto autentico es esto. Un Fidalgo llamado *Gemondo*, yendo por
alli à monte, descubrió aquella Iglesia, cubierta ya de espesu-
ras por el olvido de las gentes. Metióse alli à ser Ermitaño, y
hizo santa vida algunos años hasta que otros Cazadores tambien lo descubrieron à el, y dieron la noticia al Rey D. Alon-

so

so el Magno, que ha setecientos años que reynaba. El mandó
venir à Gemondo, y le pidió fundase alli Monesterio, y para esto le dió el coto y muchos bienes. Todo esto y otras confirmaciones de Reyes siguientes está relatado en un Privilegio del
Rey D. Alonso el V. su data en fin de Abril año de nuestro Redemptor DCCCCLXVII. [1] Asi fue este Monesterio dotacion
Real.

S. MARINA DE AGUAS SANTAS. *Tit. 62.*

ENtre Orense y Celanova, à un lado está el Lugaríto pequeño con este nombre, y con la memoria en la Iglesia del Martirio de S. Marina, mostrandose alli un horno donde la metieron, y llamando Aguas Santas à la Fuente que alli
hay, porque dicen tiene de la Santa Martir el ser saludable.
Tambien afirman está alli en la Iglesia su Cuerpo Santo. De
todo esto no hay mas testimonio ni memoria autentica de la
tradicion, que ha venido de unos en otros, y puedese creer
que esta es antiquisima, como lo es la veneracion desta Santa Virgen y Martir en aquella tierra, segun parece por la memoria, que se halla della en la fundacion del Monesterio de
Leriz, por la piedra que ya atras se puso, y parece claro ser
muy estimada esta Santa en España de muy antiguo: pues el
Rey D. Fernando el Santo le hizo tan sumptuosos Templos en
Cordoba, y en Sevilla quando las ganó, y hasta agora son Per-
roquias principales en ambas Ciudades, y todo esto parece se
hacia por haber sido Santa natural de España, y muy estimada y celebrada en ella.

CONVENTO DE LA VEGA Y LOYO. *Tit. 63.*

EN esta comarca está el pequeño Convento de Frayles de
la Orden de Santiago, llamado de la Vega, y alli cerca
está el Priorato de Munio. A una legua tambien está el Lugar
llamado agora Lorio, que por ventura es el Loyo que se refiere en el principio y fundacion de la Orden de Santiago.

GRA-

(1) El mismo año de 967. señala
Yepes en su Tomo 4. fol. 198. Pero
no reynaba entonçes ningun Rey Alfonso: y el *quinto* de este nombre empezó en el 999.

GRAJAL. *Tit. 64.*

AUnque este Lugar es en Campos, y no en Galicia, yo no tuve noticia de lo que en el hay de Reliquias hasta Orense, y por esto lo puse aqui, pues tambien ha de servir la noticia para algo de lo adelante. Este Lugar es de los de Vega, y quando Juan de Vega estuvo por Embajador en Roma, teniendo allá su muger, ella pidió al Papa Paulo III. le diese Breve para sacar Reliquias, y con el las sacó muchas y muy escogidas: y aunque como veremos despues envió dellas à algunas partes, mas lo principal envió à este Lugar, que es como cabeza de su Estado, y mandó hacer solemne Relicario donde se pusieron. Un hombre harto grave, y buen Christiano, Provisor de Orense, que me dió como natural de aquel Lugar esta relacion, me afirmó que habia mas de trescientas Reliquias diferentes, y todas crecidas, con su Bula muy larga, donde estan particularmente autorizadas. Tienen tambien gran distincion, estando señaladas de manera que no se pueden confundir. Lo qual está bien notablemente proveido en las demas Reliquias que yo he visto enviadas por esta Señora, como en lo de Astorga se dirá. A mi juicio estas Reliquias de Grajal, con ser tantas, y tan insignes, son harto autenticas, y mucho de estimar, y por esto di aqui la Relacion tan cumplida como pude.

S. CLARA DE ALLARIZ. *Tit. 65.*

ES Monesterio de Monjas Franciscas reducidas à la Observancia en esta reformacion de S. M.

Es Fundacion Real de la Reyna D. Violante, muger del Rey D. Alonso el Sabio, que se venia à morir aqui, y tomóle la muerte en Castilla, [1] y alla está enterrada sin que las Monjas sepan adonde.

Es-

(1) Lo contrario escribimos en el Tomo 2. de las Reynas Catholicas, refiriendo que murió y yace en *Ronces-Valles*, como expresan las Memorias de Cardeña: *E despues* (dicen) *la Reyna D. Violante su muger fija del Rey de Aragon, el año del Jubileo fue à Roma, è à la venida adoleció en Ronces-Valles, è finó: è yace y enterrada.* Publicóse el Testamento de la Reyna en el Tomo 1. del *Arbol Chronologico* de la S. Provincia de Santiago, Orden de S. Francisco, pag. 324.

Estan enterrados en el Coro en tumbas muy altas de madera el Infante D. Phelipe, [1] hijo del Rey D. Sancho el Bravo, Pertiguero Mayor de Santiago, y su muger D. Margarita. Estan tambien en el Coro por el suelo Caballeros de los de Biedma, criados del Infante.

Tienen Reliquias menudas que dejó la Reyna en Cruces y Portapaces de plata. En un Relicario alto de plata como una tercia, está una piedra tamaña como la uña del pulgar, del sepulcro de nuestra Señora, y una raja pequeña de la Cuna de nuestro Redemptor. En este Relicario de tan grandes Reliquias es cosa harto donosa, ò llorosa, que en medio, y como en lugar mas principal esté un pedazo de pellejo de Salamandra con letras en la plana que dicen: *De pilis Salamandræ quæ igne nutritur.*

Y no son tanto pelos los del pellejuelo, como una manera de plumillas chiquitas llanas, cosa de harta estrañeza cierto, mas no para estar alli en tal compañia. Tambien hay letras que dicen, como hizo aquel Relicario Helias Patriarca de Gerusalen.

Tienen una Imagen de marfil de nuestra Señora con su Niño en brazos. Dicen que la hizo de su mano el Infante D. Henrique hijo, dicen las Monjas, de la Reyna D. Violante, ò del Rey D. Sancho su hijo. [2] Era mudo y por esto, y por tener ingenio, y manos para aquello, y devocion, se egercitaba en labrar asi de talla, y que acabada la Imagen luego habló. Tiene al derredor muchos Misterios de la Vida de nuestro Redemptor sutilmente labrados. Toda la tierra tiene mucha devocion con esta Imagen.

Alli está con gran veneracion y mucho atavío el Cuerpo de Fray Garcia de Blandes, y comunmente dicen de Brandeso. Fue Testamentario de los Infantes, y veneranle por Santo, y me mostraron un Quaderno que tienen de sus milagros.

IUN-

(1) En el num. 22. de las Sepulturas del Real Convento de las Huelgas de Burgos, propone la de este Infante D. Phelipe el Maestro Moreno en el Prologo à la Vida de la Señora D. Antonia Jacinta de Navarra, Abadesa de aquel Real Monasterio.

(2) D. Violante no tuvo hijo llamado Henrique: el de D. Sancho, hijo de D. Violante, falleció al entrar en once años. Vease el Tomo 2. de las Reynas Catholicas.

IUNQUERA DE AMBIA. *Tit. 66.*

PRiorato de Canonigos Reglares de Patronato Real, tres leguas de Orense. Aunque es Patronazgo Real, es fundacion de dos particulares Gundisalvo y Ilduara, como parece por Escritura del principio de Mayo año DCCCLXXVII. Fundanla para Frayles y Monjas, y no declaran de que orden han de ser. Los fundadores estan en el Capitulo en tumbas lisas. Hay muchas confirmaciones, y dotaciones de los Reyes.

Reliquias tienen menudas encerradas en los Altares, y memoria muy antigua de lo que son.

Han tenido Libros de mano antiguos, y hanlos dejado perder : solo tienen una Biblia de letra Gothica, harto insigne Codice, y que ha mas de 400. años que se escribió, y ya he dado relacion particular de el, y dicho à quan mal recaudo está, y tratado con el nuevo Prior D. Antonio Pimentel, que lo haga traer, mas no se hace nada : ni tampoco alli hacen nada por los Reyes, ni aun creo por sus fundadores.

A una legua de este Lugar estan los Baños de *Molgas*, llamados asi por el Lugar donde estan à la ribera del Rio Arnoya. Tienen el agua harto caliente, y sin sentimiento de piedra sufre : son muy saludables, y asi muy frequentados de toda la Comarca.

Este Lugar de los Baños es del Conde de Monte-Rey, y alli tuve Relacion como no muy lejos de aqui en la ribera del Sil, tiene el Conde un sitio que se arrienda por 24. ducados para sacar oro en el, y es rastro del mucho oro que como en Plinio vemos se sacaba en Galicia.

IUNQUERA DE ESPADAÑEDO. *Tit. 67.*

MOnesterio pequeño del Orden de Cister, y fundacion Real de D. Fernando de Leon, hermano del Deseado, à lo que se puede entender, porque no tienen Escritura mas antigua que una confirmacion del Rey D. Alonso de Leon, hijo del ya dicho, en que confirma los terminos que su Padre dió à este Monesterio, su data en Villafranca postrero de Abril año de 1225. y una Bula de Celestino III. en que les concede de forma entera de Monesterio, confirma à lo que yo pienso; pues es de estos mismos años, ò por aí, y tambien la fundacion de la Iglesia es de entonces. No tienen Reliquias, ni Libros, ni enterramiento Real, ni hacen en particular nada por los Reyes, ni hay quien lo haga, porque no son mas que seis, ò siete Monges.

MONTE DE RAMO. *Tit. 68.*

MOnesterio rico y principal del Cister, tres leguas del pasado, en tierra que llaman de Limia, y de Caldelas junto à la Sierra de S. Mames. Es fundacion y Dotacion Real de la Reyna D. Teresa de Portugal, hija de D. Alonso el que ganó à Toledo. La data del Privilegio es en Agosto año de 1126. Los Reyes siguientes de Castilla confirmaron y dieron de nuevo mucho.

No tienen Reliquias, ni Libros, ni enterramiento Real En particular dicen una Capellania por el Rey D. Juan el Segundo que la dotó, y otra por el Infante D. Phelipe el de Allariz, y no mas.

Junto à este Monesterio está la Sierra de S. Mames : alli está una Ermita de S. Mames que comunmente llaman de Sammamedes, mas no hay Cuerpo Santo, ni memoria del, ni de cosa de las que en la Chronica de Galicia estan escritas de esta Sierra, y Ermita: y S. Mames fue de Cesarea en Capadozia.

SANTO ESTEVAN DE RIBA DE SIL. *Tit. 69.*

ES Monesterio principal y rico, de Monges Benitos, à la ribera del Rio, que le da el nombre, en sitio tan aspero, y de tantas Montañas como se puede imaginar, mas con mucha frescura de fuentes y arboledas, y estremado aparejo de soledad, y contemplacion, y siendo tan fragosas aquellas Sierras, estan todas plantadas de viñas, y dan muy buen vino.

La fundacion primera de este Monesterio es tan antigua, que aun no se halla memoria de ella. La restauracion es del Rey D. Ordoño, Nieto de D. Alonso el Magno, como parece por su Privilegio del año DCCCCLXI. En el Privilegio cuena el Rey cómo habiendo fundadose alli Monesterio de muy antiguo, ahora estaba destruido, y el Abad Franquila (que es el de Celanova) le pidió lo queria reedificar, y el Rey le da el Coto, y mucha tierra. En este Privilegio, entre otros, confirma S. Rudesindo : otros Reyes dieron y confirmaron mucho.

Tiene esta Casa una santa antiguedad, por tener los Cuerpos de nueve Obispos que en la tierra son tenidos por Santos. Sus nombres son estos : Isauro, Vimarasio, Obispos de Orense ; Gonzalvo Osorio, y Froalengo de Coimbra ; Servando, Villulfo, y Pelagio de Iria ; Alfonso de Astorga, y de Orense ; Pedro Obispo, sin que se sepa su titulo. Estaban en tumbas altas de piedra, por todo el Claustro, y tenian sus Epitafios, mas hicieron elevacion solemne de ellos, poniendolos encima de un retablo rico que han hecho en el Altar Mayor en nueve repartimientos bien adornados, y las tumbas de piedra gastaron en edificios sin sacar los Epitafios, mas que uno, solo tomaron los nombres. El ser tenidos por Santos y hacer milagros es cosa tan antigua, que el Rey D. Alonso de Leon, Padre del Rey D. Fernando el Santo el año MCCXX. da un Privilegio à esta Casa que comienza asi:

,, In Dei nomine Amen. Ea quæ in præsenti fiunt, cito à ,, memoria elabuntur, nisi in scriptis redigantur. Scriptura ,, enim nutrit memoriam, & oblivionis incommoda procul pel- ,, let. Idcirco ego Alfonsus Dei gratia Rex Legionis & Galletiæ ,, notum facio per hoc scriptum, tam præsentibus quam futu- ,, ris, quod ego do & concedo Monasterio Sancti Stephani, & ,, novem Corporibus Sanctis Episcopis, quæ ibi sunt tumulata, ,, pro quibus Deus infinita miracula facit, omnia quæ pertinent ,, & pertinere debent ad jus Regale in toto Copto Monasterij. ,, Do etiam atque concedo, &c.

Y este Privilegio con su antiguedad y con su autoridad Real es el mayor testimonio que estos bienaventurados Obispos tienen, junto con la tradicion, que ya viene de tan antiguo.

Este Monesterio se ha quemado dos veces, y alli se consumieron Reliquias, Libros, y Escrituras.

No tienen tampoco enterramiento Real, ni cuenta con ha-

hacer en particular ningun sufragio por los Reyes, mas que lo general de la Orden, una Misa cada dia los Lunes, y otros dias Responsos, y asi lo demas, conforme à lo que en S. Vicente de Oviedo se dijo.

S. VICENTE DE MONFORTE. *Tit.* 70.

MOnesterio de Benitos en lo alto de la Villa de Monforte de Lemos, junto al Castillo. Su Fundacion es antiquisima, pues en tiempo del Rey D. Alonso el Casto ya era fundado con nombre de S. Vicente del Pino. Asi parece por Escritura que tienen de los 25. de Abril año de DCCXCII. Alli se cuenta como en un Concilio de Oviedo en que el Rey se halló con sus Perlados, y Ricos hombres, se le señalaron los terminos en redondo al Abad de esta Casa: asi, aunque no conste de la Fundacion, es cosa clara como es Dotacion Real. Tambien parece como el lugar y la tierra era del Monesterio como agora tambien dicen los Monges que lo es. Mas despues ellos lo dieron en cierta manera, asi que ha venido à los Señores de la Casa de Castro. Por una Escritura se da en alguna manera à entender como esto fue en tiempo del Rey D. Alonso que ganó à Toledo.

No tienen Reliquias, ni Libros, ni enterramientos Reales, ni hacen mas sufragios de los generales, y la Casa está en cierta manera anejada à S. Benito de Valladolid, y la mas hacienda que agora tienen es Beneficios.

El Abad de esta Casa Fray.............me mostró un Relicario suyo, que el tiene en una Caja de plata redonda con muchas Reliquias menudas, bien puestas, y bien distintas, y me dijo tenia testimonio de todas, y mostró ganà de darlo, si de parte de S. M. se le pidiese.

Es cosa harto notable que en aquel Concilio que juntó el Rey D. Alonso el Casto, se halló un Legado de la Sede Apostolica llamado Ildeberto, y de el se hace mencion en aquella Escritura antigua. Digo que es notable cosa, porque con tener ocupada la tierra los Moros tan enteramente, ni de acá podian recurir à Roma, ni de allá podian venir acá: mas la mucha christiandad del Rey venció todas las dificultades.

S. JULIAN DE SAMOS. *Tit.* 71.

MOnesterio de los principales de la Orden de S. Benito, cerca del Puerto del Cebrero, como entramos en Galicia: el nombre de agora está algo corrompido, pues el verdadero fue antiguamente Samanos, como en Escrituras del Monesterio parece.

Es Fundacion y Dotacion Real antiquisima, por ser del Rey D. Fruela, primero de este nombre, hijo de D. Alonso el Catholico, y Nieto del Rey D. Pelayo, segun en Escrituras del Monesterio parece.

En hartas lo ví yo referido, mas no ví la Escritura del Rey D. Fruela, que estaba fuera de casa: vide una del Rey D. Ordoño el primero, Padre de D. Alonso el Magno, su data à los 16. de Abril del año de DCCCLXII. donde dice, como habiendose destruido lo que fundó el Rey D. Fruela, vinieron unos Monges de Cordoba, Offilo, y sus compañeros, y les dió el sitio, &c.

El darselo no fue gratuito, sino que huvo una manera de venta, pues el Rey dice estas palabras: *Et per id quod superius resonat, accepimus de vos in munificentiis nostris duo auri talenta in aurum & argentum.* Con esto la restauracion tambien es Real. Hay otras escrituras de este Rey, y de aquellos Monges de Cordoba, donde se refiere tambien como Fruela habia dado al principio para fundar aquel sitio à Argerico, y otros Monges que vinieron de Toledo: y otros Reyes confirmaron, y añadieron mucho despues.

El Licenciado Molina escribió en su Coronica de Galicia, que estaba en este Monesterio la Cabeza de S. Eufrasio, que fue uno de los siete verdaderos Apostoles de España, compañero de S. Torcato el de Celanova, y los demas, y en el Monesterio asi se platica, mas yendomela à mostrar con gran solemnidad de haberse vestido Monges, y encendido hachas, abrieron una Arquita de marfil, y desenvolvieron unos cendales, y no pareció dentro mas que unos pocos huesos, ninguno mayor que una uña muy pequeñita, y dicen que aquello tienen por la Cabeza de S. Eufrasio, sin tener otra cosa, y es cierto que yo creyera

yera

yera me engañaban, y me encubrian la Reliquia, sino que de buena manera, y à descuido alli, y despues en otros Monesterios me satisfice que realmente no tienen mas que aquello. Lo que en esto hay cierto es, que à una legua pequeña del Monesterio, en una Iglesia que llaman Santa Maria de Val de Emao, está un Seplucro de piedra liso, cercado al derredor de rejas de palo, y alli dicen que está el Cuerpo deste Santo, y asi es freqüentado con mucha devocion y romería de toda esta tierra el dia de su Fiesta, y otros tiempos. Y tambien vienen al Monesterio por la fama de estár alli la Cabeza del Santo. Lo que yo veo que hay en el Monesterio para algun testimonio de todo es una Escritura autentica en pergamino del año MCCCXLVIII. en que D. Arias Gonzalez Abad de aquel Monesterio, que entonces era de Claustrales, funda una Capellania en la Capilla de S. Eufrasio: y un Escribano viejo de la Audiencia del Abad, me dijo que esta Capilla, es un arco al cabo de la Iglesia, donde está un Crucifijo, y dijomelo aquel porque los Monges ninguna cosa sabian. Parece que pues este Abad fundó esta Capellania à honor de este Santo, y en su Capilla, que debia haber noticia de Reliquias del Santo, ò de su Santo Cuerpo en aquella tierra. Otras Escrituras hay mas nuevas tocantes à esta Capellania, mas todo es poco: solo hay mucha escuridad, y confusion, y en las Escrituras muy antiguas nunca se hace mencion de haber mas Reliquias en esta Casa de las de S. Juliano, y Basilisa, y de Santa Eufemia, y de estas quasi se hace en todas, y conforme al estilo de entonces creo cierto se hiciera mencion tambien de las Reliquias de S. Eufrasio, si alli estuviera entonces su Cabeza.

No tienen Reliquias, ni Libros, ni enterramiento Real, ni hacen otra cosa de sufragios mas de lo comun de la Orden.

EL CEBRERO. *Tit. 72.*

NO es agora Abadia, sino Priorato, con un Hospital anejo à S. Benito de Valladolid, y hay tres ò quatro Monges, que gobiernan la hacienda y el Hospital, y esto à mi juicio por lo que ví, se hace bien, y va mucho en que se haga, porque como es aquel Puerto tan aspero, y paso ordinario de los

Pe-

Peregrinos, habria mucho trabajo sin aquel refrigerio de los pobres.

La Fundacion del Monesterio es tan antigua que no se tiene memoria della. Privilegio tienen de la Reyna D. Urraca, hija de D. Alonso el Sexto, su data à los 28. de Marzo año MCXXVIII. [1] en que da un Lugar al Monesterio, y asi hay otros Privilegios en que otros Reyes dieron, por lo qual se vé como es Dotacion Real, ya que no sea Fundacion.

En esta Iglesia está el misterio del Santisimo Sacramento: los Monges lo cuentan de unas maneras, y otras. Yo pondré aqui lo que hallo en la Bula del Papa Inocencio VIII. à peticion de los Reyes Catholicos por su Embajador el Conde de Tendilla, su data à los 28. de Agosto año de MCCCCLXXVII. Al principio se propone como el Conde pidió en nombre de los Reyes, y luego entra la narrativa con estas palabras. ,, Quod cum olim quam plurimis annis effusis quidam ,, Presbyter in Ecclesia Monasterij Beatæ Mariæ del Cebrero nunc ,, per Priorem solitæ gubernari Ordinis Sancti Benedicti, Lucen- ,, sis Diœcesis, celebrasset, & post consegrationem Corporis Do- ,, mini nostri Jesu Christi an ex vino in Calice consecrato ve- ,, rus sanguis Christi confiteretur dubitasset ; idem Dominus ,, noster Jesus Christus volens dubietatem ejusmodi de ejus cor- ,, de evellere, & veritatem hujus Sacratissimi Sacramenti magis pa- ,, tefacere ; subito in dicto Calice miraculose verus sanguis ocu- ,, lis corporeis visibilis apparuit : ejusque pars in dicto Calice ,, in corporalibus super Altari existentibus effusus est , atque ,, idem sanguis ita visibilis remansit , ut hodie pro Reliquiis ,, conservatus conspicitur ut sanguis hominis vel hædi re- ,, center effusus coagulatus inde videatur : cumque Rex & Re- ,, gina præfati ad Sanctum Jacobum in Compostellam anno pro- ,, xime elapso pergerent , &c.

Prosiguen como vieron el misterio, y commovidos à devocion propusieron hacer Hospital alli para los Peregrinos, y por esto lo da el Papa à la Orden de S. Benito, como los Reyes pedian, &c.

El

----

(1) *Ya habia muerto la Reyna en el año de 1126. y asi parece que sobra un decenario.*

El misterio está en dos ampollitas muy pequeñas de cristal, guarnecidas de plata. En la una dicen está la carne, y en la otra la sangre, en un trapito: yo me remito en esto al haberlo visto V. M. que cierto yo no percebí aquello con la evidencia, que en la Bula se narra, y alli no hay mas mencion que de la sangre. Tambien no hay mencion de mas que la sangre en otra Bula de Alejandro VI. dada en Julio el año MCCCCXCVI. donde une à S. Vicente de Monforte con este Monesterio.

En Bulas antiguas parece como este Monesterio estuvo algun tiempo sujeto à otro de Orliens en Francia, y asi se puede pensar lo fundaron gentes de allá, aunque con dotacion de hacienda, y donacion de acá, por los muchos Peregrinos Franceses, que venian à Santiago.

FIN DE TODO LO DEL REYNO DE GALICIA.

VILLA FRANCA DEL VIERZO. *Tit.* 73.

EL Vierzo es una Region que cae entre Galicia y el Reyno de Leon, y está encerrada entre los dos Puertos de Rabanal acia Castilla, y el Cebrero acia Galicia, con buena fertilidad, mediana de pan, y vino, y grande abundancia de toda fruta, y sin que se pueda dudar con razon en ello es el Bergidum de Plinio y de Ptolomeo.

El Vi-Rey de Napoles D. Pedro de Toledo envió al Monesterio de S. Francisco de este Lugar su Libreria, y en ella hay 26. Libros Griegos, de mano, todos antiguos, y uno dellos de letra mayuscula todo. Algunos dellos son Tomos de la Biblia, y otros de S. Chrisostomo, y otros pocos de otros Autores: seran facil de haber de los Frayles à trueque de otros libros impresos, habiendo el beneplacito de D. Garcia de Toledo, como ya he avisado.

Tienen de impresion la traduccion antigua Ethicas y Politicas de Aristoteles, que es preciada.

La Iglesia Colegial de alli es harto antigua, y fue de Monges Benitos Claustrales, con nombre de *Santa Maria de Cluniago*, por haver sido sujeta al Monesterio de Cluniago en Borgo-

goña, y de allá solia venir un Monge à visitar este Monesterio, mas el Vi-Rey D. Pedro alcanzó del Papa hacer la Iglesia
Colegial para su enterramiento, y asi es de su Patronazgo.

CARRACEDO. *Tit.* 74.

MOnesterio de Cister de los mas principales de la Orden,
una legua de Villa Franca, y hace mencion de él S. Bernardo en una Epistola, que escribió al Emperador D. Alonso. [1]

Es Fundacion [2] y Dotacion de la Infanta D. Sancha, hermana del dicho Emperador, la qual fue à Gerusalen, y à la
vuelta comunicó à S. Bernardo, y trajo la Orden de Cister à España. El principio del Privilegio con que funda y dona es muy
lindo, y por eso lo pondré. Despues de invocar el nombre
de Dios dice asi.

,, Ego Infans Domina Sanctia insignis Comitis Raimundi &
,, nobilissimæ Reginæ Dominæ Urracæ filia, meditans in corde
,, quod hujusmodi divitiæ & possessiones me post mortem se-
,, qui non possunt, & videns quia quem fugientem sequor
,, non valeor, & experimento cognoscens quia mundus ama-
,, tores suos post se trahit ac decipit; meliori & saniori consi-
,, lio divinitus inspirata cupiens pro perituris mansura, & pro ca-
,, ducis æterna adquirere, disposui consensu Domini Germani
,, mei Domini Adefonsi citerioris Hispaniæ Imperatoris, facere
,, Cartam Donationis de quodam Monasterio Sancti Salvato-
,, ri consecrato, scilicet Carracedo &c.

La data à los 27. de Julio año MCXXXVIII.

La confirmacion del Emperador tambien tiene muy linda
Cabeza, y despues de algunas razones devotas y agudamente
dichas, dice estas palabras.

,, Et quia jejunium, oratio, & eleemosyna pecata depellunt,
,, nos qui jejunare nequimus, & orare sicut oportet nescimus
,, servorum Dei jejunium & orationem per nostram eleemosynam
,, nos-

---

(1) Yo no hallo tal mencion, ni
Carta de S. Bernardo al Emperador.
Menciona el Santo à Carracedo en la
Carta 301. à la Infanta D. Sancha, her-
mana del Emperador.

(2) No fue Fundacion de la Infanta
D. Sancha: pues ella misma expresa en
el Privilegio, publicado por Yepes *Tomo* 5. *Escritura* 30. que le fundó el
Rey D. Bermudo, el Segundo.

,, nostrum facere debemus : seminantes eis nostra carnalia &
,, metentes eorum spiritualia , ut in perpetuum utrique glorie-
,, mur. Ideo monitis germanæ meæ infantis Dominæ Sanciæ, &c.

Lo que yo he considerado por los muchos Privilegios que
he visto es , que el Rey D. Alonso que ganó à Toledo , tuvo un
gran Secretario, y Canciller, que se nombra Maestro Hugo, y asi
hay muy lindas cabezas en muchos Privilegios de este Rey. Este mismo Maestro Hugo duró hasta este Emperador nieto del
dicho , y asi se continua la lindeza de los Privilegios.

En este despues de los Confirmantes dice al cabo:

Pudo venir este Canci-
ller de Francia , que le
trujo la Reyna D. Cons-
tanza, muger del Rey, y
Abuela del Emperador,
que fue Francesa.

,, Geraldus Scriptor Imperatoris scripsit jussu
,, Magistri Hugonis Cancelarij ipsius Imperatoris : y ya pudo bien ser que dictaba y ordenaba el mismo Geraldo. Mas es mucho mas
verisimil que ordenaba el Canciller. La data deste Privilegio
es al principio de Noviembre el mismo año del pasado de la
Infanta.

Otro Privilegio tiene el Monesterio del mismo Emperador,
en que liberta à los servidores del Monesterio de pechos &c.
En Palencia al fin de Febrero año MCXLVIII.

Principio de Sellos en los Privilegios.

Deste Privilegio hice mencion por ser muy notable en tener
Sello , porque todos los Reyes de atras jamas sellaban sus Escrituras , ni se hace mencion de Sello en ellas : solamente dicen
que hacian en el tal Privilegio su signo , y este es quasi de ordinario una Cruz de diversas maneras , y en Privilegios de este Emperador parece lo mismo, sin que en muchos suyos yo
haya visto mas que signo y mencion del , teniendo escrito alli
junto : *Signum Imperatoris.* Este Privilegio ya tiene Sello , y es
muy grande de Cera , con el Emperador sentado , y coronado,
y dice la letra al derredor : *Adefonsus Imperator Hispaniæ.* Sus
dos hijos D. Sancho el deseado , y D. Fernando de Leon ya se-
llaron de ordinario , como en sus Privilegios parece. Mas lo
de los Privilegios rodados comenzó en D. Alonso el de las Navas

Tienen muchas Reliquias menudas en Arquitas de marfil
mas muy confusas. En una bolsita por si está una Canilla,
parece de brazo, larga quasi un geme, con pergaminito que dice

Y

Sanc

Sancti Hieronymi. Hay alli tambien en estas Arquitas un pey-
ne de marfil muy grande : dicen que es el de la Magdalena,
y no hay mas testimonio que alguna tradicion. En una Cruz
de plata hay un poquito de *Ligno Crucis* : esta Cruz tienen con
gran veneracion en Altar por sí en cajon de Talla bien labrado. Esta Reliquia y las demas muestran con toda solemnidad
de juntarse el Convento, vistiendose el Preste con Capa, y
habiendo Acolitos con Cirios, y Thuribulario, y otros Monges
con Cirios, incensan y cantan los Monges entre tanto que se
muestran, y todo se hace con harta gravedad y devocion. Las
Arquitas estan con mucha decencia metidas tras dos rejas de
hierro doradas, colaterales en el Retablo de la Custodia del
Santisimo Sacramento.

Libros han tenido muchos, y hanlos dado para pergamino viejo : todavia quedan estos.

Sancti Paterij Opus : ex operibus D. Gregorij.

Berengarius in Apocalypsim.

Un Santoral muy bueno, que tiene al cabo la Historia de
Paulo Diacono de Merida, y tambien las Obras de S. Valerio,
que fue Abad alli en el Vierzo, poco despues de la perdicion
de España : [1] y en Oviedo se ha dicho ya como habia alli tambien sus Obras.

No hay enterramiento Real, ni hacen en particular ningun sufragio por los Reyes.

Pasa el Sil por cerca del Monesterio, y sobre el Rio en una
sierra estan las Torres, ò peñas de tierra que llaman *Medulas*,
y tambien está cerca *Montefurado*, y de todo escribió el Licenciado Molina en su Coronica de Galicia, y tambien escribió de
un gran Lago que tiene este Monesterio à dos leguas.

S. ANDRES DE ESPINAREDA. *Tit.* 75.

MOnesterio de Benitos en el Vierzo à tres leguas de Ponferrada : su Fundacion es antiquisima, mas no hay mencion ninguna della, porque ni tienen Escrituras, ni Libros, ni
tam-

---

(1) Debe decir *antes*, y no despues, como refirió luego Morales en su libro 12. cap. 51.

tampoco tienen Reliquias, ni enterramiento Real, ni hacen sufragio particular por los Reyes, con tenerse entre ellos por tradicion antigua, que los Reyes antiguos de Leon fundaron el Monesterio.

PONFERRADA. *Tit.* 76.

VIlla principal con fuerte Castillo entre dos Rios el Sil, y Huesgueda. [1] Quando agora poco ha derribaron la Iglesia Mayor para acrecentarla, hallaron Reliquias menudas en un Altar con un pergamino, que contenia la lista de ellas, y parecia estar puestas alli de quinientos años atras.

A cinco leguas están los Codos de Laroca, que es una gran Montaña con la peña abierta à mano para hacer camino, como mas largamente se escribe de ellos en la dicha Coronica de Galicia.

S. PEDRO DE MONTES. *Tit.* 77.

MOnesterio pequeño de la Orden de S. Benito, mas muy insigne por muchas cosas. El sitio es harto notable en la tierra que llaman del Vierzo, à tres leguas de la Villa de Ponferrada : saliendo de ella se va al Lugar llamado S. Lorenzo, media legua, y otra media à Santistevan, todo poblado de viñas, despues la tierra bien abundante : ya de aqui se comienza à caminar por un pequeño Rio arriba llamado *Oza*, por Valle que hacen de una parte y de otra sierras altisimas. Lo poco llano del Valle son frescuras de todo genero de frutales, y los lados de la montaña de algunas Viñas, Nogales, y Castaños, con algunos Platanos, que los hay aqui como en Asturias, y algunas partes de Galicia, llamandolos comunmente Bladanos, y siendo los mismos que Plinio y los otros Autores describen, y en Valladolid, y en Leon vemos. Andada por este Valle otra legua, se gasta otra solo en encumbrar hasta el Monesterio, que no está en lo mas alto, sino à media ladera de la sierra, que aun tiene mas que subir.

Este sitio fue escogido de tres Santos, Fructuoso, Valerio,
y

(1) Hoy se llama *Bueza.*

Y 2

y Gennadio, para fundar Monesterio , y restaurarlo despues. El
primer Fundador fue S. Fructuoso , que fue de la sangre Real de
los Godos en tiempo de S. Isidoro , y S. Ildefonso , y como fundó el Monesterio de Compludo , que es poco mas de quatro
leguas de aqui, asi tambien fundó otro en esta soledad , en el
mismo sitio que agora está este de S. Pedro. Los huesos de
este Santo son los que ya he dicho como están en Santiago.

Despues moró en esta Casa otro Santo llamado Valerio,
de quien hay alguna mencion , aunque poca , por esta tierra.
Ultimamente S. Gennadio fue Monge en esta Casa , en tiempo
de los Reyes Ordoño , hijo del Rey D. Alonso el Magno , que
es el tercero , habiendo alcanzado tambien algunos años del
Magno : fue tambien Abad alli , y al fin Obispo de Astorga , y
entonces edificó la Iglesia que agora hay, y dotó y acrecentó mucho en el Monesterio.

De todo esto hay razon y certidumbre en todas estas memorias.

En el Claustro à la entrada de la Iglesia en una losa está
escrito lo siguiente , fielmente sacado con sus malos latines de
entonces.

,, Insigne meritis Beatus Fructuosus postquam Complutense
,, condidit Cœnobium , sub nomine S. Petri brevi opere in hoc
,, loco fecit oratiorum. Post quem non impar meritis Valerius
,, Sanctus opus Ecclesiæ dilatavit. Novissime Gennadius Pres-
,, byter cum duodecim fratribus restauravit Era DCCCC-
,, XXXIII. Pontifex effectus à fundamentis merificè ut cernitur
,, denuo erexit , non oppresione vulgi , sed largitate pretij , &
,, sudore fratrum hujus Monasterij. Consegratum est hoc Tem-
,, plum ab Episcopis quatuor Gennadio Astoricense , Sabario
,, Dumiense , Fruminio Legionensi , & Dulcidio Salmaticensi sub
,, Era novies centena decies quaterna & quaterna nono Kalenda-
,, rum Novembris.

Hay mencion tambien de quasi todo lo de arriba en un
Privilegio del Rey D. Ordoño , hijo de D. Alonso el Magno octavo Kalendas Maij Era DCCCCXXXII. que es año de nuestro
Redemptor 894. Da muchas tierras y alhajas al Monesterio,
y entre las otras una Campana de metal hundida de buen so-
ni-

nido con que se recrea el oído : asi dice en latin, y esta es la verdadera Fundacion, y Dotacion Real deste Monesterio.

El Obispo S. Gennadio hizo despues un Testamento, el qual tienen Original [1] con la firma del mismo Santo, y yo lo llevo trasladado en romance : hizose el año de nuestro Redemptor DCCCCV. Hace mencion de la fundacion de S. Fructuoso, y habitacion de S. Valerio : manda al Monesterio sus bienes muebles y raices despues de una cabeza larga y muy devota. Los Libros que le manda son estos, y dice que son toda su Libreria.

Los Morales de S. Gregorio, y sobre el Pentateoco, y sobre Ruth. Vitas Patrum. S. Gregorio sobre Ezechiel. Item otro Ezechiel. Prospero, Genera Officiorum, Ethimologias de S. Isidoro : Libro de latinidad : [2] Apringuio [3] sobre el Apocalypsi: Epistolas de S. Geronimo : Otras Ethimologias, y de Glosemas: Libro de las Reglas de Varones ilustres. Es cosa notable el recato con que los manda guardar, y el orden que da para que aprovechandose todos los otros Monesterios que fundó por aquellas breñas de ellos, no se puedan perder. Esto creo valió para que haya aun algunos dellos agora en el Monesterio. Todos son de letra Gothica, tan antigua que manifiestamente muestran como son los mismos que el Santo dejó. Los que hay dellos son estos:

Ethimologias de S. Isidoro, sin principio, ni fin, maltratado. Vitæ Patrum, deshojado: tienen las vidas de S. Paulino, Santo Augustin, S. Geronimo, y pocas mas : fue gran volumen. Un pedazo de los Morales de S. Gregorio Beati Basilij institutio Monachorum, pequeño. [4] Como es gran lastima ver estos Libros tan despedazados, asi pone devocion tomarlos en las manos, pues son como Reliquias, en consideracion que el Santo los trató mucho, y estudió en ellos, y asi tienen una mayor estima que una cinta, ò un pedazo de su ropa, si se pudiera haber.

Hay

(1) No es Original el de hoy.
(2) En el Testamento no se lee este de Latinidad, sino *Liber Comitis*, que omite Morales, si no entendió uno por otro.

(3) Apringio dice el MS. del Testamento.
(4) Todos faltan : pero hay la Historia de Eusebio Cesariense, no expresada aqui.

Hay sin esto otros dos ò tres libros pequeños de los del Coro, de letra Gothica, [1] que se puede pensar los dejó tambien el Santo, porque los nombra en su Testamento. Ya yo pedì al Padre General (que lo hallé allì) mandase guardarlos mucho todos, porque no se acabasen de destruir. Sin estos Libros de la Libreria del Santo tienen otros dos Libros de letra Gothica.

Concilios antiquisimos, tienen el quarto Bracarense, y todo lo bueno que en el de Carrion [2] y los otros, se halla. Mas está el libro sin principio, ni fin, y tan maltratado de haber llovido sobre él, que en muchas partes no es de provecho. Otros muchos Libros se han perdido y destruido, y si S. M. no envia presto por estos de aqui, à poco serán perdidos, y el General los hará dar luego, y tengo por cosa del servicio de nuestro Señor quitarlos de aqui, y ponerlos donde sean estimados y reverenciados, como es razon por tan buen dueño como tuvieron.

El Cuerpo de este Santo está legua y media del Monesterio en otra mayor aspereza de sierras, mas en una Iglesia que aunque es de su tiempo, y aun por ventura antes, en este de agora puede ser mirada y alabada su traza y fabrica: [3] allì es reverenciado con gran devocion y concurso de toda la tierra en su Fiesta, que es à 25. de Mayo, y por todo el año, que nunca cesan grandes romerias, y la Iglesia de Astorga reza de el con gran solemnidad. Su sepultura es de piedra comun, toda lisa, y no tiene ninguna letra. Creen se mandó enterrar allì, que en el Testamento no hay mencion de esto.

Reliquias tienen muchas, mas no hay noticia ni claridad de nada, sino es de un hueso del dedo de S. Martin, que está con su Titulo.

No tienen enterramiento Real, ni hacen sufragio particular. Buena parte de la hacienda se llev. el Monesterio y Colegio de San Vicente de Salamanca.

COM-

---

(1) Faltan. (2) En ambas partes faltan. (3) Vease el Tomo 16. de la España Sagrada, pag. 39. donde se pone la planta.

COMPLUDO. *Tit.* 78.

Lugar pequeño en el Vierzo, cerca de Molina seca. Su Iglesia Mayor fue antiguamente Monesterio de Monges Benitos con la advocacion de S. Justo y Pastor. Fundolo S. Fructuoso, pariente de los Reyes Godos, en tiempo del Rey Cindasvindo, y el Rey acrecentó mucho, y el Rey Don Ramiro Segundo despues de la destruicion de España lo confirmó. Todo parece en el Privilegio deste Rey D. Ramiro, donde está inserto el otro primero del Rey Cindasvindo: agora no es Abadia de Monges, sino Dignidad de la Iglesia en Astorga, sin que se entienda como ni quando se pasó alli.

AQUI ACABA EL VIERZO.

ASTORGA. *Tit.* 79. *N.* 1.

Esta Ciudad aunque es pequeña, tiene enteros los muros, y circuito de tiempo de Romanos, en que fue Colonia, y tuvo Convento Juridico, ò Chancilleria, siendo Cabeza de toda la Provincia de Asturias, que era entonces mas estendida que agora, y dandole el nombre. Por todo esto la pudo Plinio llamar *Ciudad magnifica*, mas que por la grandeza de su sitio.

Su Iglesia es Fundacion Real, como todas las demas Cathedrales de España, aunque no hay alli Escritura que lo diga. Mas hay muchos de Privilegios de los Reyes mas antiguos de Leon, de D. Alfonso el Magno en adelante, en que dan y acrecientan y confirman mucho à la Iglesia.

Reliquias tienen muchas, solo referiré las mas notables. Hay un Arca grandecita de plata, que parece haberla dado el Rey D. Alonso el Magno, y su Muger D. Gimena, pues tiene esculpidos los nombres de ambos: *Adefonsus Rex. Scemena Regina.* El autoridad Real, y tanta antiguedad de mas de setecientos años eran buen testimonio destas Reliquias que estan dentro, sino que son todas menudas, y confusas.

En

En una Cruz de oro pequeña con hartas piedras y perlas, tienen un poquito de *Ligno Crucis*, dicen es de lo que trujo Santo Toribio su Obispo, y no hay mas que esta tradicion.

Dos huesos grandes de Santa Barbara, con sola tradicion.

Una Muela de S. Christoval con un poco de la Quijada, cosa monstruosa, pesa doce libras.

Dos huesos grandes de S. Blas, todo esto está dentro de otra Arca de plata, aunque algunas de las Reliquias tienen Relicario por sí, y sobre el Arca está una Imagen de plata de S. Christoval, para denotar como está alli su Reliquia, que es bien desconforme de la otra de este Santo, que ya se dijo en lo de Santiago, y aquella parece cierta.

Como la muger de Juan de Vega era hermana del Marques de Astorga, tuvo cuidado de enviar à esta Iglesia parte de aquellas muchas Reliquias que huvo en Roma, de que se ha dicho tras lo de Orense. [1] Estas tienen metidas en una Arquita de Cipres, y cada una de ellas por sí está envuelta y cosida en tafetan colorado. Algunos huesos son como de quatro dedos en largo y otros menores, y mayores, y son estos: de S. Lorenzo, chiquito: Santa Potenciana, grande: S. Donato, mediano: S. Marcelo, chiquito: S. Justino Martir, grande. S. Craton, mediano: S. Crisostomo, grande. S. Matheo Evangelista, chiquito. De los Inocentes, medianos pedazos. Del Altar en que celebraban los Apostoles à nuestra Señora, piedra tamaña como dos nueces. Todas estas Reliquias estan muy distintas y conocidas por sus Titulos, que están cosidos con el tafetan, y he hecho tan particular Relacion de ellas, por tenerlas por muy ciertas, conforme à lo que atras en lo de Grajal se dijo.

Tienen en Relicario de plata una Espina de la Corona de nuestro Redemptor con un Testimonio muy autorizado de como un Obispo en Italia la echó unas brasas para probarla, y ella mató las brasas, y quedó sin quemarse, habiendose quemado otra, que alli antes echaron, por no tener tanta verisimilitud de ella. La Escritura está en forma donde se cuenta todo. La Espina es muy delgadita, y no se vé bien por el cristal.

Fue-

_____
(1) *En la pag 158. Grajal.*

Fuera del Arquita donde tienen las Reliquias de la muger de Juan de Vega, anda un pedazo de marmol muy blanco quasi como quatro dedos, y dos de grueso, y es de la piedra en que pusieron à S. Lorenzo despues de asado. Es de las que envió la muger de Juan de Vega, y asi está cosida en tafetan carmesi, y tiene cosido su Titulo, como todas las demas que envió.

Un Relicario de plata como Retablo con sus puertas bien labrado, tiene dentro muchas Reliquias menudas, bien puestas, con sus Titulos.

En una Capilla de Santa Marina que está en el Claustro, en armario rico está la Cabeza de Santa Martina Virgen y Martir. Trujola de Roma un Beneficiado de la Iglesia, y hay testimonio de ella: está encerrada en muy hermoso vulto de madera hasta los pechos, de mano de Becerra, bien encarnado, y estofado, y el mismo Artifice dejó hecho el Retablo del Altar Mayor todo de vulto, con la perfeccion que el sabia dar à lo que labraba.

Aunque han tenido alli tres Obispos Santos, Toribio, Dictinio, y Gennadio, ningun Cuerpo Santo de ellos tienen. Mas cerca de la Iglesia Mayor en otra pequeña tienen el Cuerpo del Obispo de alli Santo Ordoño, que juntamente con Santo Alvito fue à Sevilla por el Cuerpo de S. Isidoro, por mandado del Rey D. Fernando el primero. No rezan alli de Santo Ordoño, mas veneranle por Santo. En otras Iglesias del Reyno rezan de él.

Enterramiento Real no tienen agora ninguno conocido, aunque tuvieron muchos, como en nuestras Coronicas se lee, que se llevaron alli muchos Cuerpos Reales, quando en Leon temieron la venida de Almanzor, mas despues los volvieron. Solo hay memoria de estár enterrados dos Infantes en la Capilla Mayor al lado del Evangelio, mas no hay Sepulcro, ni letrero, ni mas de decirlo los de la Iglesia, y añadir que fueron hijos del Rey D. Alonso que ganó à Toledo. [1]

En

(1) D. Alfonso VI. no tuvo mas que un hijo, y para este (que murió en la Batalla de Vcles) no hay fundamento de que fuese sepultado en Astorga. El Infante que yace aqui, es D. Juan, hijo de D. Alfonso el Sabio, como diremos en la Nota despues de las dos siguientes.

En la Capilla de S. Cosme de la Claustra, está una rica Tumba de marmol blanco con admirables esculturas de media talla, de historias del nuevo Testamento, como es la muger adultera, el mochacho de los cinco panes y dos peces, y asi tiene este letrero puesto poco ha de pintura. [1]

,, Sepulcrum Regis Don Alfonsi Ferdinandi. Obiit anno Domini ochocientos y ochenta y dos [2]

Ello está mal entendido, porque afirman es sepultura de D. Alonso el que ganó à Toledo, y murió trescientos años despues del que aqui señala. Yo creo es del Rey D. Alonso el Magno, que murió en esta Ciudad el año que aqui está puesto

(1) *Letro puesto poco ba de pintura.* Esto fue despues del año 1515. en que murió el Obispo Acebes, y fue sepultado en el Coro: pero al quitar el Sepulcro (por lo que ocupaba) pusieron en el suelo por lapida la cubierta del antiguo, de que habla Morales, y le cubrieron con otra que no conviene con el marmol de la Tumba del Rey. Asi lo averiguó D. Mauro Castela Ferrer, y publicó en su Obra de Santiago fol. 482. Previene tambien que el Epitafio no está en la Tumba, sino en la cubierta (por la linea del grueso que mira à la fachada) *y la letra*, dice, *está formada muy à lo moderno y dorada.* Acerca del Epitafio prueba lo que dijo Morales, quando en el lib. 15. cap. 33. dijo ser *de letras pintadas no muchos años ba*, y que *no bay que bacer caso por estár de mala manera errado en todo.* Segun esto no podras menos de admirarte que un Academico de la Real de Sevilla me haya advertido en publico, que consultando Historiadores antiguos y modernos, le informe à qué Rey de Leon se refiere la Inscripcion de que vamos hablando. Tengo dicho publicamente que no gastaré tiempo en responder à semejantes papeles : mas pues estamos en el caso de que me habla, digo que debió consultar prime-

ro los Historiadores modernos, à quienes me remite, para evitar que le culpen de no haberse instruido en ellos sobre lo moderno de una cosa, que sin fundamento en los Autores, ni en ella misma, calificó de antigua. Morales le diria en el lugar citado, que las letras *son pintadas* y poco ha. Castela, que *estan muy à lo moderno.* Los informes que refiere le dieron el Dean y otros Capitulares de Astorga convencen ser cosa posterior al año 1515. Y prescindiendo de esto los numeros vulgares 882. bastaban para convencer al erudito, de no ser cosa del Siglo que menciona : pues entonces no se conocian tales numeros, ni se introdugeron antes del Siglo XIV. como notan con Mabillon los Benedictinos de S. Mauro (V. *Numerica nota* en el Glosario de Dufresne) y asi quantos calificaron de antigua la inscripcion, faltaron à la erudicion, por la historia y por sus mismos caracteres, que la publican moderna : y el que por ella arguyó contra Inscripciones coetaneas y contra el estilo de contar los antiguos, no supo que la presente distó del suceso mas de seiscientos años, y por tanto indigna de ser alegada en el asunto de que iba tratando. Vease la Nota siguiente.

(2) La Inscripcion está como se sigue.

SEPVCRM·REGIS·D·ALFOSI·FERDNAD·II·OBIJT·ANN·DNI·D·882

to, [1] ò por alli cerca, y lo enterraron aqui, aunque despues lo pasaron à Oviedo.

Como tienen por gran bienhechor suyo al Rey D. Alonso que ganó à Toledo, porque à la verdad les dió mucho, hacen por el algunos Aniversarios, y dicen fuera de esto Misas. Por aquellos Infantes que estan enterrados en la Capilla Mayor, hacen Aniversario: en algunos Meses se hace Aniversario por un Infante D. Juan, sin que sepan dar razon de qual es, [2] y asi hacen otros Aniversarios por Reyes, ò personas Reales, sin que sepan quien son.

Libreria tienen grande, y muchos Libros de Derechos de mano en ellas, y mas estos: Dos Biblias de mano de mas de trescientos años al parecer, la una en tres Tomos, y la otra en quatro, y la una está en el Archivo. Prosper *de Vita activa & contemplativa.*

Dos

---

(1) No estaba Morales de espacio en su Viage. D. Alfonso III. no murió en el 882. ni *por alli cerca:* sino en el 912. como despues refirió en la Chronica. El Escritor citado en el numero precedente se sirvió preguntarme de que Rey habla la Inscripcion Sepulcral, y sin esperar respuesta, confesó que ni Alfonso II. ni el III. murieron en el año que expresa el Epitafio: *pero nos persuaden las señas* (dice) *habla del Rey D. Alfonso III.* Las señas que da el Epitafio son contrarias: pues Alfonso III. no fue hijo de Fernando (como dice la Inscripcion) sino de Ordoño I. Ni murió en el año que señala 882. (como es cierto.) ¿Pues que señas hay de Alfonso III? De Alfonso IX. hay una expresion, pues solo à este convino el ser hijo de Fernando: pero no habia nacido quando pone muerto al de quien trata. Sampiro dice que D. Alfonso III. se enterró en Astorga. ¿Pero es esta seña del Epitafio? El que la admita por tal (como el citado) y se *contente* con esto, sabrá de que Rey habla: y no necesita preguntarmelo à mi: pero errará, ò conocerá que el forjador ni supo el año en que murió, ni

como se *llamaba* (segun dijo Castela) pues el Tercero era Alfonso *Ordoñez;* el del Epitafio *Fernandez.* Mira si es buen Autor para que por el demos informes al publico. Diras: luego la Inscripcion salió errada. Es asi: y con mas yerros en el copiante que en la piedra: pues el Escritor de que hablamos (y nos dice que *yo mismo registré y copié*) puso SEPVLCH. WV. cuya nota no hallarás entre las Romanas, ni en Españolas, ni Teutonicas, y lo que mas es ni el mismo Sepulcro, cuya inscripcion está como la damos: y cuya historia convence ser moderna, cuyo conjunto es chimerico, cuyo Autor no supo ni aun como se llamaba el Rey sepultado alli. Buen texto para apoyar por su egemplo, que D. Alfonso el Sabio erró los Epitafios de su Padre!

(2) Es el hijo de D. Alfonso el Sabio, y de la Reyna D. Violante, segun consta por Escritura del Tumbo blanco de Astorga, fol. 58. que es del mismo Infante D. Juan sobre su entierro. Vease el Tomo 2. de las *Reynas Catholicas,* sobre aquel Infante, y el Tomo 16. de la *España Sagrada,* Escritura ultima.

Dos Libros diversos sobre los Psalmos, sin nombre de Autor: parecieronme buenos.

S. DICTINIO. Num. 2.

MOnesterio de Dominicos en los Arrabales de Astorga. Antiguamente, hasta agora trescientos años, fue de Monjas, como por testimonios claros se entiende. Está fundado con la advocacion de S. Dictinio Obispo de aquella Ciudad, (que vivió en tiempo de S. Geronimo) por haber el Santo edificado en aquel sitio una pequeña Iglesia, que hasta pocos años ha estaba en la Huerta. Es cierto que el Santo edificó alli, como veremos presto en una piedra. Mas antes se pondrá la cabeza de una Escritura, que está en el Archivo de la Iglesia Mayor: y comienza asi:

,, Sanctissimo & gloriosissimo & post Deum mihi Patrono
,, fortissimo dopno Dictineo Episcopo & Confessore Sacro, cujus
,, Ecclesia venerabilis vetusto fundamine sita est juxta Astori-
,, censem menium: ego Fortis Episcopus, &c. [1]

Dice como el restauró la Iglesia, y donale mucho: y tambien dice como era de Monjas. Su data de esta Escritura es del 1. dia de Agosto del año DCCCCXXV. Por esta Escritura se entiende como el Santo edificó aquella Iglesia que decimos: mas los Frayles, y comunmente los de la tierra tuvieron siempre por cierto que el cuerpo de S. Dictinio estaba en aquella Iglesia: movianse por una piedra que se porná luego, y en ella se verá como no prueba nada: asi cabaron todo aquello, y no hallaron nada, y si ellos miráran bien la piedra, no se persuadieran asi, y lo mismo fuera si vieran aquello del Obispo Fortis tan antiguo, pues es cierto que si el Cuerpo Santo allá estuviera, hiciera mencion del, y no de sola la Iglesia. Mayor fuera la devocion con el Cuerpo Santo, y de ella hiciera mayor caudal, si pudiera, que no de sola la Iglesia para restaurarla. La piedra estaba en la Iglesia, y agora está encajada en una pared de la Iglesia, y es una gran losa de

(1) Vease la Escritura entera en el Tomo 16. de la España Sagrada sobre el año 925.

de marmol con toda esta Escritura trasladada con toda fidelidad.

,, In nomine Domini nostri Jesu-Christi. Intro hoc Tu-
,, mulum requiescit famulus Dei, Nonus Episcopus, re-
,, quiedit in pace sub die. . . . .
(*Aqui se quedó este espacio liso, que nunca se puso despues dia, ni
mes, ni año*)

,, Si quis Episcopus R. prædecessor vel actor cujusque va-
,, sum istum in quo iacemus aut corpusculom nostrum
,, ab hinc tollere aut commovere voluerit, anatema sit : &
,, ante tribunal Christi Sancto Dictinio Episcopo & Con-
,, fessore suo, cujus nos parietibus manu sua factis vel
,, umbraculis tegimur, judicio contendat, & Datam &
,, Abirom, quos terra vivos absorbuit, partem recipiat,
,, & cum Juda traditore sortiatur & tendat, ac tremendo
,, judicij die non evadat & stridore dentium.

Ya tambien aqui se ve como el Santo Dictinio edificó alli:
y juntamente como no se enterró alli: pues este Obispo Nono
hiciera mas cuenta de estar junto à su Cuerpo, que no de estar en sus paredes, y en su Iglesia. Mas no puse tanto esta piedra por probar esto con ella, como por advertir de un grande error que el Pueblo tiene en aquella Ciudad, y los Frayles
tambien lo tienen. Dicen que este Obispo Nono es Santo y abogado del dolor de muelas, y lo uno y lo otro dicen se prueba
por la piedra. Con esto estan colgados sobre la piedra muchos
trapítos con tierra, que han llevado de alli los que tienen dolor de muelas, y porque dicen han sanado con ella la vuel-
ven à poner alli: y adverti à los Frayles como la piedra no decia ni lo uno ni lo otro, y como era mayor culpa en ellos
siendo letrados, errar asi.

La Muger de Juan de Vega envió tambien Reliquias à este Monesterio, por ser enterramiento de su Madre, y à la Madre las envió, y ella las dejó al Monesterio. Enviólas en su Relicario de plata y dorado en partes, de muy hermoso talle, de
mas que media vara en alto, labrado en Roma, al modo de
un Templo redondo con viriles bien repartidos, asi que se vé
todo lo que está dentro, y son huesos grandes y pequeños de

Mar-

Martires, como S. Grisogono, S. Marcelo Papa, y otros. Todos estan muy distintos, cosidos en sus tafetanes, y con sus titulos, y tienen buen testimonio por quien los envió, y à quien se enviaron, y tienen lista de todo. Entre los otros está un hueso de Santa Ursola tamaño como dos nueces, y tienen del un testimonio de razonable autoridad, y en el se refiere como está concedida indulgencia plenaria à quien le reverenciare y le tocare.

Fuera del Relicario tienen un hueso que parece de Canilla de muslo, por ser grueso, y será como tres dedos de largo: está guardado con mucha decencia, pues está engastado en plata con una cadenica de plata para tomarlo y echarlo al cuello: demas de esto está metido en un Arquita de plata harto bien hecha: es de S. Geronimo: y aunque está fuera del Relicario, es de las Reliquias que envió la muger de Juan de Vega, y la Condesa de santa Marta su Madre por su devocion apartó este hueso, y lo guardaba con toda aquella rica custodia. Tienese gran devocion con esta Reliquia en el Pueblo, y pasase por agua para enfermos.

S. FRANCISCO. Num. 3.

EStá el Monesterio de S. Francisco dentro en la Ciudad, y tienen un gran Cofre lleno de Reliquias: pararon alli desta manera. Diego Pardo, natural de esta Ciudad, Sastre del Emperador, andando con el por Alemania, en guerra, y en paz, siendo como era buen Christiano y devoto, se dió à juntar Reliquias en todas aquellas Ciudades donde habia Catholicos, y de todas tomó testimonios y titulos, y las aderezó bien segun su arte, para ponerlas con alguna decencia. Venido acá, quisolas poner en la Iglesia Mayor de esta Ciudad: el Obispo pasado era encogido, y juntó Letrados, y al fin se determinó que no eran suficientes los testimonios, y que era gran falta no tener sus titulos distintos las Reliquias, porque à muchas se les habian caido. El con su buena devocion por solo esto se partió para Alemaña para traer mas suficientes testimonios, y murió en el camino à la ida, habiendo entre tanto quedado depositadas las Reliquias en una Parroquia. Por medio de sus herederos las hubiebieron los Frayles de S. Francisco, y el Guardian llevó los testimonios à Salamanca, y alli los mostró à los Theologos, y los dieron por bastantes. Las Reliquias son muchas, y las mas de ellas menudas. Sus titulos tuvieron todas, mas hanseles caido à las mas principales, y asi estan sin poderse conocer: un gran Casco de S. Nicolas está bien distinto.

S. MARTIN DE CASTAÑEDA. Tit. 80.

MOnesterio de Cister junto à Senabria, cerca de Portugal, por cima de Zamora. Su fundacion es tan antigua que no se tiene memoria de ella. La reedificacion y restauracion fue de particulares Monges que vinieron alli de Cordoba con un Abad Juan, como se entiende por una piedra que lo dice, y esto fue como alli se señala en el año de nuestro Redemptor de DCCCCLII. ò por alli. Por haberse quemado el Monesterio no tiene Escrituras mas antiguas, ni tienen Reliquias, ni Libros, [1] ni enterramiento Real, ni hacen sufragios particulares.

Lago de Senabria. Tit. 81.

CErca de la Casa está un Lago en que entra, y sale el Rio Tera, que notablemente viene por lo alto de una serrezuela, y por alli encima tiene su curso continuado. De alli baja à hacer este Lago, que tiene de largo una legua y hondura increible, y se mueve algunas veces con tempestades como la mar. En medio del está una gran peña donde los Condes de Benavente en tiempo que tenian por suyo este Lago, labraron un rico Palacio con muchos artesones de oro. Agora es el Lago del Monesterio, y tiene Truchas, y Barbos en grande abundancia, y muy sano.

Tiene tambien el Monesterio en otra Sierra dos Lagos Estantios, sin que corran à ninguna parte, y en ambos es el agua muy delicada, y las Truchas y Peces muchos y muy buenos.

NO-

---

(1) En la Chronica lib. 16. c. 23. dice, que perseveraban algunos Libros.

NOGALES. *Tit.* 82.

MOnesterio de los mas principales del Cister, à la ribera del Rio Iria, entre Benavente y La Bañeza. No es Fundacion Real, sino del Conde D. Vela Gutierrez, y de su muger, que era hija de D. Ponce de la Minerva, y asi estan enterrados à los lados del Altar mayor, y otros sus deudos tambien. Reliquias tienen muchas menudas: las mas principales son una Canilla de Santo Antonio el de Egypto, metida en un brazo de plata. Los testimonios desta Reliquia son el antiguedad y riqueza del engaste: la tradicion que viene de muy lejos: Asimismo es grande, y muy antigua la veneracion en que esta Reliquia es tenida, y la devocion general de toda la tierra. El hueso es un palmo en largo, y está guardado siempre dentro de la Custodia del Santisimo Sacramento.

Tienen una Canilla de Brazo quasi entera de S. Lorenzo, envuelta solamente en un tafetan, sin mas testimonio que una tradicion antigua, que ha venido de unos en otros.

No hay enterramiento Real, ni hacen sufragio particular por los Reyes, ni tienen Libros

BENAVIDES. *Tit.* 83.

DE la Orden del Cister, no lejos de aqui, fundado por el Emperador D. Alonso, hijo de Doña Urraca. No tienen Reliquias notables, sino muchas menudas. Libros tienen algunos de pergamino antiguos, de que no me supieron dar particular relacion, no habiendo yo ido à este Monesterio.

MORERUELA. *Tit.* 84.

MOnesterio principal de la Orden de Cister seis leguas de Zamora. Su principio deste Monesterio fue por S. Froylan Abad del, que por mandado del Rey D. Alonso el Casto lo fundó, como se lee en las Lecciones del Breviario de Leon, de donde despues fue Obispo, y ya se dijo en lo de alli con quanta riqueza y veneracion está alli guardado su Cuerpo, y fue subdito, y Prior de S. Froylan en este Monesterio Santo Atilano, que despues fue Obispo de Zamora: mas esta Fundacion prime-

ra

ra del Monesterio es cierto que fue en Moreruela de Suso , cerca de Castrotorafe , tres leguas deste Monesterio que agora es, el qual es fundacion del Emperador D. Alonso , hijo de D. Urraca , de tal manera que dice en el Privilegio , que se la da aquella Villa y sitio à Poncio de Cabrera , para que funde en ella Monesterio. La data año MCLIII. y dice el Emperador que por la donacion contenida en esta Carta recibió una buena Espada que Poncio de Cabrera le dió. Tambien dió despues à este Monesterio la otra Moreruela de Suso. Estan enterrados en el Monesterio deudos de este Poncio de Cabrera.

En la Capilla Mayor al lado del Evangelio en tumba alta con vulto de piedra está enterrada una Infanta de Portugal , sin que sepan los Monges decir quien fue, solo dicen que les dejó en Lisboa gran renta , mas que los Reyes de allá se la han tomado.

En el Retablo con dos rejas doradas colaterales al Santisimo Sacramento estan cerradas dos arcas de talla doradas , de tres qüartas en largo , y media vara en alto con la tumba , en que estan muchas Reliquias. En la una está la mitad del Cuerpo de S. Froylan , que se lo dió la Iglesia de Leon de mucho tiempo atrás. Son los huesos cinco Canillas diversas , una espalda, y algunos espondiles y costillas : no hay mas Escritura ni testimonio que la tradicion de haber venido asi de unos en otros. Tienen tambien un gran paño , como media sabana , en que vinieron los huesos envueltos quando los trugeron de Leon : está toda labrada de Leones , y no parece muy antigua. Tienen un gran hueso de S. Blas con no mas testimonio de la tradicion , y que toda la tierra de tiempo muy antiguo tiene gran devocion con esta Reliquia. Todas las demas Reliquias son menudas. [1] No tienen Libros , ni mas Enterramiento Real , ni hacen mas sufragios por los Reyes de lo general de la Orden.

ZAMORA.   *Tit.* 85.

NO pude ir allá , y yá S. M. ha visto alli el Santo Cuerpo del glorioso S. Ildefonso y el de S. Atilano. En el Monesterio de los Dominicos hay dos Crucifijos en que se tiene
gran

(1) *Vease abajo el fin del titulo* 89. *de S. Mancio , num.* 10.

gran devocion, y de ambos se cuenta por cosa cierta, y en que quasi nadie duda, que han hablado. El uno dijo: *Fugite Fratres*, quando se queria caer el Monesterio, ò una gran parte del. Otro dijo: *Reges eos in virga ferrea*, à un Visitador que suplicaba à nuestro Redemptor delante à aquella su Imagen le diese à entender como remediaria algunas cosas que en el Monesterio era menester reformar y castigar. Está tambien en el Refectorio impresa una mano quemada en una Mesa cubierta con reja pequeña para testificacion del hecho, y fue que un Refitolero despues de muerto apareció à otro Frayle su amigo, y le dijo como estaba en Purgatorio por haber tenido accepcion de personas en distribuir la comida, y en señal de su fuego lo dejó alli señalado con la mano.

En el Monesterio de S. Francisco tienen en la Libreria todas las Obras del Dr. Fr. Juan Gil de Zamora, que fue Maestro del Rey D. Sancho el Bravo. Son muchas, y las originales que el Autor dejó.

VALPARAISO. *Tit.* 86.

MOnesterio de los mas principales de la Orden de Cister, Fundacion Real del Emperador D. Alonso, no pude ir allá, y por Relacion supe que no tienen enterramiento Real, y en particular hacen poco por los Reyes, y no tienen Reliquia insigne, ni tampoco tienen Libros antiguos, aunque tienen buena Libreria.

EL ESPINA. *Tit.* 87.

TAmbien es Monesterio de los mas principales de la Orden de Cister à cinco leguas de Valladolid: fundóle la Infanta Doña Sancha hermana del Emperador D. Alonso, que es la fundadora de Carracedo, y en su vuelta de Jerusalen vió à S. Bernardo, y trujo acà consigo un su hermano Monge, y asi en la Escritura de la fundacion dice que da el sitio al mismo S. Bernardo, su data en fin de Enero año de MCXLVII. y confirmalo el año siguiente el Emperador por su Privilegio. En la Sacristia, que es hermosa pieza, tienen su Relicario bien aderezado, y alli en un Relicario de plata con un cristal tienen

la insigne Reliquia del Espina de la Corona de nuestro Redentor con mucha riqueza de cubiertas ricamente bordadas para toda la decencia posible : muestranla con gran solemnidad de juntarse todo el Convento, vestirse el Preste con capa rica, y haber muchas lumbres, y cantar todos al proposito. Por ser Reliquia tan cierta y tan insigne la miré con mucho cuidado ! es
tan larga como el dedo menor, harto delgada, y de color leonado : tiene su cepita de como fue desgajada de su planta, y al
otro lado en la cepita está otra pua quebrada, que salía por
aquella parte, parece harto à la que tiene el Angel en el Real
Monesterio de S. Lorenzo en la color y talle, y aunque la de
S. Geronimo de Cordoba, y otras que yo en lo de atrás he referido, tienen muy diversa la color, puedese creer que huvo Espinas de dos generos de plantas en la divina Corona, ò que unas
eran mas sazonadas y otras menos maduras, unas secas y otras
verdes, y asi no es maravilla haber diferentes colores.

El testimonio que hay de esta Santa Reliquia es gravisimo,
porque la dejó alli la Infanta D. Sancha, Fundadora del Monesterio, y ella la trujo de Francia, que se la dió quando pasó
por alli de vuelta de Jerusalén la Reyna D. Blanca su Sobrina,
hija del Emperador D. Alonso, tomandola de la media Corona
que está en el Monesterio de S. Dionisio de Paris, y en aquel
Monesterio hay Escritura donde se trata como falta esta Espina, porque se dió à la dicha Infanta, y aquella misma Corona se trujo à aquel Monesterio por la manera que à la larga se
refiere en las Liciones de la fiesta, que se instituyó por la venida alli de esta Santa Reliquia, y de otras, y estar asi institui-
da tal fiesta autoriza mucho aquellas Reliquias. Tambien en
nuestros dias han sucedido tres milagros por esta Reliquia harto notables : y el uno en D. Juan Sarmiento, el que murió Presidente de Consejo de Indias, que resucitó con ponersela, ha-
viendolo ahogado de noche su ama, quando mamaba, acos-
tandose sobre el durmiendo sin quererlo hacer. El otro sucedió en Fray Juan de Villa-Garcia, y el lo predicó. Pasan por
agua esta Santa Reliquia para dar à enfermos, y cuentan por
milagro que con todo eso nunca se le ha quitado la sangre
divina que tiene en la punta. A mi me parece que se ha mu-

cho

cho escurecido , y aun à mi juicio sería mayor reverencia que
tan gran Reliquia no se mojase de aquella manera , pues no se
hace aquello siquiera con la solemnidad y reverencia con que
la muestran.

Tambien es gran Reliquia un hueso de dedo de S. Pedro,
que el Papa Inocencio..... [1] dió à la dicha Infanta , pasando
por Roma à visitar las Santas Reliquias , y tomar la bendicion del
Papa en su peregrinacion : puedese considerar quan gran Reliquia es esta por lo que S. Gregorio escribe en una Carta à
la Emperatriz de Constantinopla , y en otra al Rey Recaredo
de España , donde se ve que lo mas que con tan grandes Principes se hacia , quando pedian al Papa Reliquias de S. Pedro,
era enviarles una llave de hierro , ò de otro metal de algunas
que tenian puestas para este fin sobre su Santo Cuerpo. Dióle tambien el Papa à la Infanta D. Sancha algunas ragitas de
las Cruces de S. Pedro , y de Santo Andres , las quales estan agora en Cruces de plata harto bien puestas. Sin estas Reliquias de
la Infanta tienen otras muchas bien puestas detras de unos viriles
con sus titulos harto distintos. Las mas insignes son estas: Canilla del brazo de Santo Andres. Hueso de Santa Petronila. Canilla del brazo de S. Lucas. Hueso de Santa Eulalia. Canilla de Santa Lucia. Hueso de S. Sixto Papa y Martir. Hueso de S. Mancio.

Todos estos son grandes huesos , que el menor es de un
palmo , ò poco menos , mas todos no tienen mas testimonio
que tradicion , que por venir de muy atrás la hace mas grave
la antiguedad.

Tampoco tienen mas testimonio que este , un gran pedazo,
que tienen del Cilicio de S. Francisco , y otro pedazo menor
del habito de S. Benito.

Tienen tambien un gran pedazo del Cilicio de S. Bernardo , y este tiene alguna mas antiguedad : porque muerto el
Santo es harto verisimil que enviarian sus Monges de Clara-
val esta Reliquia à la Infanta , siendo la persona que era , y
habiendo sido tan devota suya , y ella tambien se puede bien
creer que lo pediria y procuraria haber.

En-

(1) Inocencio II. fue el unico de aquel tiempo.

Enterramientos Reales.

LA Infanta D. Sancha no está aqui enterrada, aunque estuvo mucho tiempo aqui en el aposento, que agora llaman su Casa. Está enterrada en S. Isidoro de Leon, como parece por su Epitafio, que se puso en su lugar, y alli se dijo como esta Señora fue la que llamaron Esposa de S. Isidoro. Mas aunque no está alli enterrada, tienenle hecho rico vulto de alabastro junto al Retablo del Altar Mayor al lado del Evangelio, donde está hincadas las rodillas. Al otro lado está asimismo de rodillas el vulto de la Infanta D. Leonor, hija del Rey D. Juan el II. y mayor que la Reyna D. Isabel, murió de pocos años alli cerca, y llevaronla à enterrar en aquel Monesterio.

Mas afuera en los dos lados en arcos ricos de alabastro están los vultos de D. Juan Alonso de Alburquerque, y su Muger D. Isabel de Meneses à una parte. Otros dos vultos en arco semejante de hierro. Otro de D. Juan Alonso, y de D. Martin Gil su hijo. Dicen les dió el Rey D. Sancho este enterramiento por el parentesco que tenian con la Reyna su muger, y ellos dieron mucha hacienda al Monesterio.

No hacen en particular ningun sufragio por los Reyes, ni por esotros Dotadores, y dicen que los unos, ni los otros no les dejaron obligacion ninguna: en particular puede ser, mas en general la Infanta dice en su fundacion estas palabras: ,, *Ut* ,, *vestri Monachi vestrique Ordinis assidue assistentes pro suis atque* ,, *meis & parentum meorum, ac omnium fidelium Christianorum tam* ,, *vivorum quam defunctorum peccatis, assidue deprecentur.*

Libros.

LIbros han tenido y tienen algunos, como son algunas Obras de S. Gregorio, y de Santo Augustin; pergamino y letra como de trescientos años.

Es insigne Libro y de mucha estima una Exposicion sobre el Pentatheuco, sacada como Catena Aurea de muchos Doctores, cuyos nombres alli se ponen, y hay algunos que no tenemos, y hay mucho de S. Isidoro. Faltanle hojas al fin; en todo parece de trescientos años.

Al-

Algunas obras de S. Gregorio Nacianceno trasladadas en latin, y en letra, y en lo demas parecen como de trescientos años, y es cosa harto notable el haber entonces traslacion de S. Gregorio Nacianceno, y haberla en España.

Sancti Juliani Archiepiscopi Toletani Opus Prognosticon futurorum temporum, quarto grande, tablas embesadas, y tiene al principio otro tratado *de Doctrina Novitiorum*. Aunque lo de S. Juliano está impreso, todavia son de estimar los originales.

Santorales hay muy buenos en quatro ò cinco Tomos, mas el mayor y mejor está tan falto y deshojado, que hace lastima, por no ser ya de provecho.

Exposicion del Apocalypsi, *sine nomine Auctoris*: podria ser la de Beato, de quien he dicho en otras Librerias.

Albari Cordubensis Scintillarum opus: está escrito en letra Gothica, tan antigua que se puede creer se escribió en tiempo de su Autor, que fue condiscipulo de S. Eulogio Martir, y el que escribió su Vida. Es libro de quarto pequeño y faltanle algunas hojas.

El Epitome que sacó Santo Paterio de las Obras de S. Gregorio.

El año pasado llevaron de aqui prestado à Toledo un Libro con algunas Obras de S. Isidoro. Spheras theoricas de Planetas, tablas, y los Canones de Alcacer, y Aritmetica; libro antiguo en pergamino de quarto.

En un Terno de Brocado blanco, tienen una admirable bordadura de mano de Duran, ò Moran, aquel gran Artifice de Aguilar de Campoo. Todo es excelente, mas las figuras tienen toda la perfeccion y viveza que un gran pintor les pudiera dar con el pincel.

BUESO. *Tit.* 88.

MOnesterio pequeño de la Orden de S. Benito junto à la Villa de Ureña, y asi el Duque de Osuna es Patron de él, aunque no consta de la fundacion, por no tener el Monesterio Escritura ninguna. Tampoco tienen Reliquias, ni Libros, ni Enterramiento Real.

En

En una pared de la Iglesia está un arco llano con un sepulcro de yeso liso, sin letra, ni otra cosa: aquel muestran por
el sepulcro de D. Bueso, el muy afamado en nuestros Cantares-
El dicen fue el Fundador del Monesterio, y que con otros Caballeros se retiró alli à ser Ermitaño: esto ha venido de unos en
otros.

S. MANCIO. *Tit.* 89.

UNA legua de Medina de Rio Seco está el Lugar llamado
Villanueva de S. Mancio, y el Lugar es muy antiguo, y
tiene este nombre de su principio, y tomalo del Cuerpo Santo
de S. Mancio, que está en un pequeño Monesterio de Benitos,
cuyo es el Lugar, y tiene tambien el nombre del Santo, que
vivió en tiempo de Nuestro Redemptor Jesu Christo, y dicen
que aunque era Gentil, se halló en el recibimiento del Domingo de Ramos, y sirvió à Nuestro Redemptor quando lavó los
pies à sus Discipulos. Vino à predicar à España, y fue martirizado en Ebora de Portugal, y de allá vino su Cuerpo, à lo
que se cree, en la perdicion de España, quando los Christianos huían con las Reliquias.

Es la Iglesia que agora han labrado, grande y hermosa, y
al lado del Evangelio, en arco alto con reja dorada está el
Cuerpo Santo en Arca tumbada de buen talle. Para cumplir
con la devocion de la tierra, que es grande, quando hicieron
la elevacion, que despues se dirá, dejaron fuera una Canilla entera de brazo, la qual tienen en la Sacristia en arca rica de plata dorada en parte con tan lindo talle y tanta perfeccion en
la labor, que no he visto cosa mas bien acabada. Es de media vara y mas, en largo, y quarta en alto con la tumba, y
los lados y testeros de viriles detras de balaustres, asi que se
goza bien la Reliquia. Al derredor con letras grandes nieladas
dice:

Os brachii Sancti Mancii translatum anno Domini
MDLXVIII.

1 Este Cuerpo Santo tiene muchos y harto autorizados testimonios: el *primero* es el nombre del Lugar, que lo tomó del
Santo cuyo Cuerpo bendito tenia: y aunque se llama Villa Nue-

va, cosa notoria es el ser muy antigua, por lo menos de mas
de trescientos años, pues la fundaron, y fundaron el Monesterio unos de aquellos Caballeros Tellos de Meneses de tiempo
del Rey D. Alonso el de las Navas, y no dudo sino que en las
Escrituras de la fundacion del Monesterio se hará mencion del
Santo Cuerpo, y los Monges me afirmaron que los fundadores
dicen que fundan y dan por reverencia del Cuerpo Santo del
Martir. Mas estas Escrituras yo no las ví, porque como este Monesterio aunque es Abadia por si, está en cierta manera sujeto al de Sahagun, tienen allá todas las Escrituras, y quando estube alli no sabia yo esto: allá se habran de ver.

2   Testifica tambien de mas de trescientos años una piedra que está en el Claustro del Monesterio en un poste quadrado, y tiene estas letras.

,, In Era MCCXXXIII. Consecrata est Ecclesia
,, Sancti Mancii VI. Kal. Junij.

Haber en aquel tiempo Iglesia de este Santo siendo tan peregrino y poco conocido, arguye, con verisimilitud que se le edificó Iglesia por estár alli su Santo Cuerpo.

3   Otra piedra está en Matallana, Monesterio de Cister dos
leguas de aqui, en la Capilla de S. Juan, colateral de la Mayor, con estas letras.

,, Anno Domini MCCLIIII. tertio Nonas Julij. Consecra-
,, tum est hoc Altare in honore Sancti Joannis Baptiste à Do-
,, mino Benedicto Venerabili Episcopo Abulensi, in quo Reli-
,, quie predicti Baptiste, Sanctorum Apostolorum Simonis, &
,, Matthie, ligni Crucis salutifere, Petre mense Domini, Lau-
,, rentij Martyris. *Mancij Martyris*, Crisanti & Darie Martyrum,
,, Agnetis Virginis, honorifice deposite conservantur, ipsum-
,, que pro patrocinio vendicantes insigniunt sue presentia san-
,, titatis.

Haber alli tan cerca Reliquia del Santo, probablemente da
à entender que se huvo del Santo Cuerpo que estaba cerca,
y los Señores del Lugar, y Fundadores de ambos Menesterios, eran
todos unos, y asi podian traer la Reliquia: y los trescientos
años y mas de esta Reliquia dan su parte de autoridad.

4   Desta misma manera testifica tambien la Reliquia de este

te Santo, que como se ha dicho está en el Monesterio de Espina, pues no está mas que quatro leguas de aqui.

5 Mas antiguo que todo esto es el llamarse de S. Mancio la Iglesia antiquisima que está en Sahagun al cabo del gran Templo que hay agora, como alli se dijo: y aunque no hay Escritura, que muestre quan antigua es aquella Iglesia, ninguno que la viere dejará de entender, si sabe algo de antiguedades de España, como por lo menos es Fabrica de mas de quinientos años, pues la Iglesia de agora es de mas de quatrocientos, y parece se le dió la advocacion à aquella Iglesia por la vecindad del Cuerpo Santo, que no está mas de ocho leguas de alli, y su devocion se estendia por toda la tierra. Otra razon que tenga apariencia no se puede dar.

6 La mucha devocion de toda aquella tierra que tienen con el Santo, y la insigne veneracion con que lo celebran de tiempo immemorial, es un grave testimonio del Santo Cuerpo: pues el dia de su Fiesta à los 21. de Mayo concurren alli solemnes procesiones de toda la Comarca à reverenciar el Santo Cuerpo, y pasar por debajo de su Santo brazo, que dos Sacerdotes vestidos tienen en alto.

7 Pocos años ha que con gran solemnidad se hizo la elevacion de este Santo Cuerpo por mano de Fr. Francisco Ruiz, Abad de Sahagun, y entonces conforme à la gran doctrina, y prudencia de una persona tan señalada, se hicieron testificaciones y se juntaron testimonios del antiguedad de la tradicion, devocion, y veneracion del Santo Cuerpo.

8 A esta parte de la devocion y veneracion pertenece, haciendo su parte de probanza, el usarse en toda aquella tierra poner los padres à los hijos el nombre del Santo harto comunmente, y por esto lo tiene el Mro. Fr. Mancio, Cathedratico de Prima de Theologia en Salamanca, siendo natural de un Lugar aun no dos leguas de Villanueva de S. Mancio.

9 Las Liciones de la Iglesia de Leon, y las de Ebora tambien afirman con las de Burgos, que el cuerpo del Santo Martir está en este Lugar, y con asi afirmarlo hacen buen testimonio.

10 Quando contaba las Reliquias de este Santo que hay

Bb en

en los Monesterios de la Comarca por testimonios verisimiles
del Santo Cuerpo , se me olvidó decir como tambien hay hueso suyo en *Moreruela* , de que ya queda dicho quan principal
Monesterio es , à seis ò siete leguas de este. No tienen mas Reliquias , ni Libros , ni Enterramiento Real , ni hacen en particular sufragio ninguno.

MATALLANA. *Tit.* 90.

A Dos leguas de este Monesterio y cinco de Valladolid , está
el rico de Matallana de la Orden de Cister. El sitio y las
tierras de sus terminos fueron primero de la Orden de S. Juan,
y el Rey D. Alonso de las Navas le dió al Prior de la Orden
que entonces era en España , le dió en trueque por ello el Lugar de Alcubilla en Valdeeshueba : asi parece por Escritura
de 25. de Agosto año MCLXXXI. Despues el mismo da todo aquello à Tello Perez de Meneses,y à su muger Guntroda: asi
parece por Escritura , su data en Burgos , tres meses y medio
despues de la pasada:ellos edificaron luego alli Monesterio de Cister,y el Rey le confirma todo aquello,y dice lo toma por suyo en
Privilegio dado en el año de MCLXXXV. La Iglesia , que es
Templo harto hermoso y grande , la edificó la Reyna D. Beatriz
muger del Rey D. Fernando el Santo , y la acabó la Infanta
D. Berenguela su hija , Abadesa de las Huelgas de Burgos, como
parece por una piedra que está sobre la puerta.

,, Anno Domini 1229. Regina Beatrix bonæ memoriæ ce-
,, pit edificare Ecclesiam , & obiit Era 1273. & ex inde Domi-
,, na Berengaria cepit eam fabricare.
Los Fundadores estan con bultos de piedra en tumbas altas en
la Capilla Mayor sin letreros , y los Monges les han puesto unos
tan errados , que dicen está alli el Infante D. Alonso de Molina , hermano del Rey D. Fernando el Santo , y su muger.

Reliquias tienen muchas , y entre ellas una que si como es
insigne , fuese cierta , era estremadamente preciosa : es una
madegita de hilo y seda cruda , que dicen fue hilada y torcida
por mano de la Sacratisima Virgen Maria nuestra Señora. No
tienen mas testimonio que la tradicion , y tambien que en el
Retablo , que es antiguo , está à un lado Nuestra Señora tor-

cien-

ciendo con un uso de una mazorca, que le tiene una Donce-
lla con diadema, y puede parecer se pintó aquello por la Reliquia que alli habia. Un poco de las Parrillas de S. Lorenzo:
es un hierro tan grueso como el dedo menor, ò poco menos,
y de largo del, y algo corbo: tiene su titulo antiguo, y no mas
testimonio, sino es que dicen que todas aquellas Reliquias las
dejó la Reyna D. Beatriz. En una bolsita pequeña hay algunas
Reliquias confusas, y con ellas está un pergaminito con letra
harto antigua que dice: *El muy noble y virtuoso Rey D. Fer-*
nando, marido de la Reyna D. Beatriz, dió estas Reliquias. Todas
las demás que tienen son menudas y confusas, si no son las siguientes.

Dos huesos grandes, uno de S. Saturnino, y otro de Santa Agata, y una piedra de las con que apedrearon à S. Estevan.
Todas las Reliquias de esta Casa tienen en general un testimonio
de harta consideracion, y son dos Catalogos de las Reliquias
muy antiguos en pergamino, donde se dice que todas las dió
el Rey D. Fernando y su muger la Reyna D. Beatriz. Tienen
otra Reliquia de gran misterio, y que à mi juicio no está con
toda la reverencia y estimacion que debria: es una piedra en
que dicen se le convirtió à un Sacerdote el Santisimo Sacramento mas ha de doscientos años, y para certificacion de esto tienen por memoria en Escritura el como y quando esto
sucedió.

No tienen mas libros antiguos de un Breviario grande, y
con grandes iluminaciones, mas delicadas y de buen debujo,
que parece se podrian hacer en tiempo del Rey D. Fernando
el Emplazado, para quien se hizo, segun los Monges afirman:
ya yo dí relacion en particular de este libro y se hizo alguna
diligencia sobre él.

No tienen Enterramiento Real, pues es cierto que no está
alli el Infante D. Alonso de Molina, ni hacen sufragio particular
por los Reyes. El Altar Mayor está cubierto en lo alto con una
piedra de quince pies en largo, y la mitad en ancho, y mas
de un pie en grueso, que pone espanto como se pudo traer de
doce leguas de alli. Tambien es gran piedra la pila de la fuente del Clauftro.

BAM-

BAMBA. *Tit. 91.*

LUgar pequeño dos leguas de Valladolid de la Orden de S.
Juan. La Iglesia notablemente es fabrica de Godos, y alli
está enterrado el Rey Recesvindo, hijo de Cindasvindo, sin que
se pueda bien señalar su sepultura, porque hay dos ò tres alli
que no hay mas razon por que sea la una, que la otra. Tambien
muestran otra sepultura, que dicen es la de la Infanta D. Urraca, hermana del Rey D. Alonso que ganó à Toledo: mas en-
gañanse, pues está su sepultura con sus dos Epitafios en S. Isidoro de Leon, como alli se puso: y asi tambien es fabuloso todo lo que alli se cuenta de su penitencia y no se que ficciones.

Reliquias tienen muchas en una Arca alta al lado del Altar Mayor, mas todas menudas y con sola tradicion, y alguna antiguedad.

ANIAGO. *Tit. 92.*

MOnesterio rico de Cartujos cerca de Simancas, fundacion
poco antigua de un Obispo de Segovia, que está alli
enterrado, sin que tengan Enterramiento Real, ni Libros. Tienen muchas Reliquias en un rico y hermosisimo Relicario, que
verdaderamente puede ser modelo de Relicarios, sin que se pueda mas desear en la forma de la pieza, ni en el asiento de las
Reliquias, y riqueza hay tambien harta, aunque ésta podria ser
mayor, yo lo representaré todo como mejor que pudiere. A
los lados del Altar Mayor estan dos puertas no muy pequeñas,
que con su correspondiencia, y ser bien labradas, le hacen
muy lindo acompañamiento, y aunque la madera de las puertas es entera, la mitad se abre y descubre rejas de balaustres
dorados y agraciados en el talle. Por estas dos puertas se entra à una pieza quadrada, que debe tener de veinte à veinte
y quatro pies, y las puertas y ella son labradas de una piedra
blanca harto delicada, y teniendo la Capilla las paredes lisas
hasta dos estados, todo lo demás de alli arriba va labrado con
mucha lindeza hasta las ventanas, que con vidrieras blancas
meten por todas partes tanta luz, que está siempre la Capilla
tan

tan clara, como si no tuviese paredes. Tambien lo concabo de la bobeda está ricamente labrado, y con todo viene à tener la Capilla mucha lindeza y magestad.

En el testero frontero de las puertas estan siete, ù ocho gradas algo altas de mas de media vara cada una, y poco menos en ancho, y luego se verá como esto está asi hecho deste tamaño con buena consideracion, y las gradas atraviesan toda la pieza. En la mas alta está el Santisimo Sacramento en Custodia rica y hermosa como es costumbre de los Cartujos tener asi el Santisimo Sacramento en Sagrario, que es pieza por si detrás del Altar Mayor. Las otras gradas que siguen, tienen todas muchos bultos de Santos hasta los pechos, y otros hasta la cintura, y todos tien en los pechos formado como joyel un rondo que por viril cristalino muestra la Reliquia del Santo que tiene encerrada. Son estos bultos de madera encarnados y estofados, mas son de mano de tan grandes Artifices, que hay mucho que mirar en su perfeccion y diversidad. Tambien para variedad tienen algunos bultos enteros pequeños, y niños desnudos con Reliquias de los Inocentes. Tambien hay la Cabeza de S. Juan Bautista puesta en un plato, cosa tan bien acabada como en escultura y pintura puede ser para el mismo fin de variedad: y para Reliquias menudas hay algunas arquitas ricas, y porque los bultos son poco menos que el natural, fue necesario hacer las gradas altas, para que las cabezas de los bajos no atapasen mucho los asientos de los otros de la grada, que en lo alto se sigue. Está todo adornado con tanta riqueza, que lo liso de las paredes está cubierto de tapiceria de brocado pelo carmesí con cenefas de terciopelo carmesí, y otro tal dosel cubre todo el suelo como alfombra, mas porque el mucho oro de los bultos no saliera bien sobre el brocado, las gradas estan cubiertas de damasco carmesí, que da mas distincion, y una cierta manera de mayor claridad à las Imagenes.

No dejan entrar à nadie en esta pieza, ni es menester, porque desde acá fuera por las rejas de las puertas con la gran claridad de todo el Sagrario se goza todo, estando en pie y de rodillas, sin que se encubra aun nada del suelo. Mucha

par-

parte de las Reliquias que tienen, les dejó el Obispo su fundador, y otras han juntado los Priores de la Casa, que han sido
aficionados con devocion à esto, y son huesos algunos de quatro dedos en largo, y otros menores, y entre ellos hay uno
de S. Lorenzo, y parte de la piedra sobre que fue puesto el
Santo despues de asado, como las que ya se han dicho en Astorga. De las Santas Justa y Rufina tienen algunos huesos en
una Arquita de plata, no teniendo otro testimonio de todo
mas que la tradicion.

LA MEJORADA. *Tit.* 93.

MOnesterio de la Orden de S. Geronymo, cerca de Olmedo, Fundacion Real del Infante D. Fernando, que despues fue Rey de Aragon, y Abuelo del Catholico, mas los Frayles han dado la Capilla Mayor à unos Caballeros de Olmedo,
que tienen su enterramiento en la Capilla Mayor con camas
de enmedio que llaman, y vultos de alabastro.

No tienen Enterramiento Real, y por el Infante hacen poco
en particular, y por los Reyes Catholicos.

Reliquias no tienen de que se haya de hacer relacion, sino es una Espina de la Corona de nuestro Redemptor, y testimonio de como una Señora que la dió, la trujo de Francia: está en buen Relicario de plata con cristal.

Tienen algunos Libros de mano: Santo Ildefonso *de Vir-
ginitate Beatæ Mariæ. Sancti Isidori Sinonima*: en un volumen.
Ethymologiæ Divi Isidori: letra y pergamino como de doscientos años al parecer. Un Virgilio escrito de mano de Antonio
de Lebrija, como al cabo se dice. Augustinus *de Civitate Dei*, pergamino y letra harto antigua. S. Isidoro sobre el Pentateuco, y
sobre otros Libros Sacros. Liber ejusdem Differentiarum ad Regem Sisebutum.

Valerio Maximo trasladado en romance por el Cardenal de
Santa Sabina, y hijo del Infante D. Pedro de Aragon, de mano,
en papel.

De proprietatibus rerum, en latin, y el mismo en romance,
impresos de muy antiguo, son libros raros.

Isi-

Isidorus de Summo bono, impreso muy bien en Paris 1538.

Sinonima, *sive Soliloquiorum* del mismo año, y del mismo impresor Pedro Regnaut.

FIN DEL TODO DEL VIAGE.

————

ACabé de dár relacion de todo el Santo Viage por manda-do de S. M. al Doctor Velasco, sabado ultimo de Febre-ro 1573. vispera del Santo Angel de la Guarda, en la Sala de Consejo de Guerra, que está en la mesa de la Escalera de Pala-cio. Domingo siguiente primero de Marzo, dia del Santo An-gel, dí relacion del Santo Viage en suma à S. M. del Rey nues-tro Señor, en su Alcoba, à la tarde.

Acabé de entregar al Secretario Antonio Gracian toda es-ta relacion del Santo Viage hasta este quaderno postrero, Vier-nes veinte de Noviembre del mismo año 1573. Sea nuestro Señor alabado por todo.

Suma del Santo Viage, quanto toca à las Reliquias.
Tit. 94.

EN general se puede decir que hay muchos Cuerpos Santos, y Reliquias insignes, y que tienen moralmente hablando buenos testimonios, y en comun que estan con buena decen-cia y veneracion.

Los Cuerpos Santos en particular son estos.

EN el Reyno de Leon los Cuerpos Santos de S. Facundo y Primitivo Martyres, de los mas antiguos de la Iglesia de Dios en el Monesterio de Sahagun.

Los Cuerpos de los Santos Martyres de Cordoba Zoylo, y Felix, en el Monesterio de S. Zoyl de Carrion, el uno es de los Martires muy antiguo, y S. Felix es del tiempo del Rey Moro Habdarrahaman, llamado comunmente Abderramen, y de su hijo Mahomad.

En S. Claudio de Leon de la Orden de S. Benito los tres Martires hermanos S. Claudio, S. Lupercio, y S. Victo-

to-

torico hijos de S. Marcelo, en tiempo de Diocleciano.

En la Iglesia de S. Marcelo, à quien corruptamente llaman S. Marciel, está el Cuerpo deste Santo Padre de los dichos Martires, y de otros nueve, que padecieron en diversas Ciudades de España.

En la Iglesia Mayor los Cuerpos de los tres Obispos de alli S. Froylan, Santo Alvito, S. Pelagio, no estan canonizados, mas rezan en aquella y otras Iglesias.

En el Monesterio de Santo Isidoro el Cuerpo de este glorioso Santo Doctor, y el Cuerpo del Martir S. Vincencio de Abila, y el de S. Martino Canonigo Reglar de alli, que aun no está canonizado, mas es gran Santo.

En Villanueva de S. Mancio una legua de Medina de Rioseco en el Monesterio de Benitos está el Cuerpo del Martir S. Mancio, y es uno de los 70. Discipulos de nuestro Redemptor, y padeció en Ebora de Portugal.

En Zamora el Cuerpo del glorioso S. Ildefonso, y el de Santo Atilano Obispo de alli, que está canonizado.

A S T U R I A S. *Tit.* 95.

EN la Camara Santa de Oviedo está el glorioso Cuerpo de Santa Eulalia la de Merida, aunque en este Cuerpo Santo hay una particularidad de que se avisará à su tiempo, y ya la he dicho en su relacion que he dado. El Cuerpo de S. Juliano Arzobispo de Toledo, de quien reza con mucha solemnidad su Iglesia. El Cuerpo del Martir S. Vincencio, Abad de S. Claudio de Leon, padeció al principio del Reyno de los Godos. Los Cuerpos de los Martires San Eulogio, y Santa Leocricia, que padecieron en Cordoba martirizados por el Rey Mahomad. Otro Cuerpo Santo cuyos huesos huelen suavemente. Alli lo nombran de S. Serrano; mas no hay memoria de tal Santo: ya yo en la relacion he dicho mis congeturas.

En el Monesterio de S. Pelayo el Cuerpo deste glorioso Niño Martir. Es un Santo insigne en España, y padeció en Cordoba mas ha de seiscientos cincuenta años, y los Reyes de aquel tiempo hicieron grandes embajadas y gastos en traer de Cordoba su Santo Cuerpo.

GALICIA. *Tit. 96.*

EN la Iglesia del glorioso Apostol Santiago en diversas Capillas estan los tres Cuerpos Santos de S. Fructuoso un gran Santo Confesor y Obispo en tiempo de los Godos, y pariente de la Casa Real. El Cuerpo de S. Cucufate Martir hermano de S. Felix el de Girona del tiempo de Diocleciano. El Cuerpo de S. Silvestre Martir.

Fuera de la Ciudad en la Iglesia de Santa Susana Martir el Cuerpo de esta bendita Santa, que por no quererse casar con el hijo del Emperador Diocleciano la martirizaron, como en el Breviario de Pio V. rezamos. Estos quatro Cuerpos Santos tienen gran testimonio, y fiesta se celebra de quando fueron traidos.

En Tuy el Cuerpo de S. Telmo, el que invocan los Marineros, Santo muy insigne y muy celebrado en aquella tierra, y en otras partes. No está canonizado, mas todavia celebran en cierta manera su fiesta. En Orense en la Iglesia Mayor el Cuerpo Santo de Santa Eufemia Virgen y Martir, en cuya invencion y translacion sucedieron grandes milagros, y ha quatrocientos años.

En Celanova Monesterio principal de Benitos, el Cuerpo de S. Rudesindo, vulgarmente dicho S. Rosendo Fundador de aquella Casa, y deudo de la Real, es de seiscientos años atras, y tiene una canonizacion harto solemne.

Alli tambien el Cuerpo de S. Torcato, uno de los siete Santos que los Apostoles S. Pedro y S. Pablo enviaron à la conversion de España despues del Martirio del Apostol Santiago.

Tambien cuento por de Galicia à S. Pedro de Montes Monesterio de Benitos, aunque es en el Vierzo, que ya es del Reyno de Leon: alli cerca está el Cuerpo de S. Gennadio Fundador de aquel Monesterio, y despues Obispo de Astorga: ha mas de seiscientos años que vivió, y es Santo de gran veneracion en toda aquella tierra.

En Samos Monesterio de Galicia se dice está junto alli el Cuerpo de S. Eufrasio, otro de los siete Santos que los Apostoles S. Pedro y S. Pablo enviaron à España. Yo no ví ningun

Cc

gun buen rastro de esto, ni tampoco de San Mames, ni de otros asi.

RELIQUIAS INSIGNES. *Tit.* 97.

EN las Huelgas de Valladolid el brazo de Santo Andres, la Tunica de Santo Domingo, y su cuchillo.

En S. Pablo, brazo de Santa Lucia, hasta un palmo de la Cadena con que se disciplinaba Santo Domingo.

En Palencia dicen que tienen del Silicio de S. Juan Bautista, una manga, no lo ví, los que vi son brazo de S. Vicente Martir: un hueso de un geme de S. Laurencio: tres, ò qua-tro huesos de su Santo Antonino. La Mexilla de Santo Albino.

En el Abadia de Usillos un pie de San Laurencio muy entero.

En S. Zoyl de Carrion dicen tienen un dedo de S. Gerony-mo, en un brazo de plata que yo ví.

En el Monesterio de la Vega, Orden de Cister, un brazo muy entero de San Torcato.

En Grajal cerca de Sahagun hay un gran Relicario con quatrocientas Reliquias insignes, y con gran testimonio y au-toridad, porque las envió alli de Roma con Bulas y todo re-caudo la muger de Juan de Vega: no las ví porque no tuve no-ticia dellas hasta que ya estaba en Galicia. Esto es cosa de mu-cha substancia, por haber sido aquella Señora muy devota y curiosa en esto, y asi pidió y alcanzó del Papa Paulo III. es-tando en Roma todo lo que alli hay bueno, como en las Bu-las en particular se refiere.

En Santo Isidoro de Leon la Mexilla entera de S. Juan Bautista.

En Santiago en su Sagrario, la Cabeza del Apostol Santiago el Alfeo, y ha quatrocientos años que alli se truxo.

El Cardenal D. Gaspar de Avalos truxo un brazo de S. Christoval, y testimonio de como se lo dieron en Colonia: grande es el hueso, mas sin ninguna mostruosidad de la grandeza que suelen pintar.

La Cabeza de S. Victor Martyr, que la Catholica Reyna Ana nuestra Señora dió al Cardenal D. Gaspar de Zuñiga.

En

En el Monesterio de Santa Clara la Cabeza de S. Laurencio.

En la Iglesia de Santa Maria Salome, Madre del Apostol Santiago, un hueso de su brazo de ella, de un geme.

En la Iglesia Mayor de Tuyd la Cabeza de S. Binardo Martir, uno de los diez mil. Trujola el Cardenal D. Gaspar de Avalos.

En Astorga en la Iglesia Mayor una Espina de la Corona de nuestro Redemptor, con testimonio de un milagro. Algunas Reliquias que envió la muger de Juan de Vega, y entre ellas un pedazo como tres dedos de una losa en que pusieron à S. Laurencio despues de muerto.

En S. Dictinio, Monesterio de Dominicos, hay tambien destas Reliquias de la muger de Juan de Vega, y un hueso pequeño de S. Geronymo, tenido por toda la tierra en gran veneracion.

En Nogales Monesterio principal de Cister, una Canilla de brazo de Santo Antonio el Ermitaño.

En el Monesterio del Espina de Cister, la Espina de la Corona de nuestro Redemptor, muy celebrada, y otras Reliquias de Santos.

En Matallana de la Orden de Cister, un pedazo de las Parrillas de S. Laurencio, tan largo y grueso como el dedo.

Lo que S. M. podria mandar hacer en eso de las Santas Reliquias. Tit. 98.

DOS cosas que se siguen una de otra, y andan juntas: mandar traer una Reliquia insigne de los Cuerpos Santos arriba señalados, fuera de las particulares, para que quedandose en los lugares donde agora estan la veneracion y reverencia en que son tenidos, se estendiese tambien por acá, y se añadiese la que en el Real Monesterio de S. Lorenzo se les pondria.

Lo otro es, que quando S. M. asi mandase ir por las Reliquias, el que fuese habia de ir hecho Sacristan de los Santos, aderezando y adornando los lugares donde estan con cuida-

do

do de limpieza, y atavio, y con algunos dignos dones. Con esto se serviria mucho nuestro Señor, y merecerá S. M. gran patrocinio de los Santos, y tambien las Iglesias y Monesterios donde los Cuerpos Santos estan, darán de mejor gana lo que se les pide, con ver como se estima, y se remunera christianamente con gloria de Dios en sus Santos.

Yo puedo afirmar que en general hallé, ò dejé buena voluntad de dar à S. M. las Reliquias, porque si en alguna parte, como en Leon, estaban alvorotados, bendito Dios se aplacaron con blandura, y con darles mansamente à entender mi comision, y otras cosas que muy bien recibieron.

Todavia quiero dár aqui el recuerdo, que le pareció al Doctor Velasco se apuntase, que alli piden para el Santo Misterio del Santisimo Sacramento una indulgencia para hacer con ella una Lampara de plata, y tener con que alumbrarla. Parece alcanzaria la indulgencia S. M. facilmente con la relacion, y sino de cien escudos seria buena Lampara, y en el Corregimiento de Carrion tres leguas de alli se le podria situar de penas de Camara lo poquillo que es menester para alumbrarla.

Tambien acuerdo que la Iglesia de Lugo es muy pobre, y será mucha razon darle algo por su Libro tan excelente, que de alli se trujo: con sesenta, ò setenta escudos se haria Caliz y Ampollas doradas, y seria buen cumplimiento, y alla conforme à la qualidad de la tierra bien estimado.

Lo de Enterramientos Reales, y Libros en otro quaderno se pondrá, quando se haya comunicado en particular con el Doctor Velasco.

AMBROSIO DE MORALES.

Reliquias.   *Tit.* 99.

MEmorial para S. M. y relacion de Ambrosio de Morales, sobre las Reliquias que hay en algunas partes, y lo que se ha de hacer para sacarlas, y otras cosas à esto tocantes.

S. C. R. M.

Ambrosio de Morales Coronista de V. M. dice, que el dijo al Secretario Gabriel de Zayas como à V. M. se le ofrecia buena oportunidad para mandar traer las Santas Reliquias de los Reynos de Leon, y Galicia, y Principado de Asturias, con haber de ir el nuevo electo de Santiago à su Iglesia, porque todo le cae quasi en camino con torcerlo muy poco, sino es lo de Asturias, y su gran bondad del Arzobispo lo hace digno Ministro de Dios, y de V. M. en un tan santo negocio, y sus muchas letras, y la inteligencia que en esto pueden tener, valen mucho para el buen efecto, y por papeles suyos que à mi me mostraron en Orense sobre el antiguedad de aquella Iglesia, y lo que toca al Cuerpo de Santa Eufemia que alli está, ví bien como tiene esta inteligencia que digo, y demas de esto con su persona y gravedad se sacaran las Santas Reliquias mas autorizadamente, y con mas facilidad.

Habiendo yo dicho esto asi al Secretario Gabriel de Zayas, el lo refirió à V. M. y me mandó decir por el como se tenia por bien servido de mi aviso, y que lo diese en Memorial, y digese tambien en el lo que me parecia se debia dar à las Iglesias y Monesterios de donde las Reliquias se sacasen, y en que manera seria bien se diese.

No di luego este Memorial por haber ocupados por entonces algunos de los Ministros de V. M. à quien podia mandar tratar de esto con la venida de los Cuerpos Reales, mas ya que aquello bendito nuestro Señor está concluido, parece podia V. M. mandar traer las Santas Reliquias.

En esto hara V. M. gran Servicio à nuestro Señor, porque aquellos Santos cuyas Reliquias se traerán, serán veneradas en mas lugares, y estarán en el Real Monesterio con mas decencia, y allá tambien donde estan, mandandolo asi V. M. quedaran con mas de la que tienen: tendrase en mas partes mas devocion con ellas, y en mas lugares será invocado y buscado su Santo patrocinio, y en todo esto será mayor el servicio, que à Dios se hará con honrar asi sus Santos por hacerse en nuestros tiempos, en que los miserables hereges tanto los abaten, y tra-

ba-

bajan escurecer su gloria. De lo que se ennoblecerá y enrique-
cerá espiritualmente el Real Monesterio de S. Lorenzo con este
Santo acrecentamiento, no hay que tratar, pues es notorio que
asi se hará un Santuario dignisimo para ser visitado con devocion
universal de toda España y de toda la Christiandad, y yo diré
aqui todo lo que entiendo deste Santo negocio, y de las muchas particularidades que tiene.

Lo primero y principal que se debe advertir en este Santo
negocio es, como es muy grande, y de mucho momento y
consideracion, asi por la parte espiritual que mira à lo del Cielo, como por lo que toca à lo que se ha de ordenar y prove-
her por mandado de V. M. con mucha consulta de personas graves, doctas, y de mucho entendimiento: lo qual todo parece
se reduce à siete cabos, que se han de consultar, y ordenarse,
y proveherse en ellos lo que conviene.

1. Traer un Breve del Papa para sacar Reliquias de todas
partes.

2. Que Reliquias se han de traer.

3. Quien las ha de sacar.

4. Como se han de hacer los testimonios quando se sacaren.

5. Que se ha de dar à las Iglesias de donde se sacaren, y en
que manera.

6. Quien las ha de traer.

7. Cómo se han de traer.

1   El Breve de su Santidad servirá para mucha autoridad
en todas partes, y en algunas será precisamente necesario, por
haber, como yo he visto que hay en algunos Monesterios, im-
petrado Breve de que so pena de excomunion mayor no se puedan abrir los Sepulcros de los Cuerpos Santos. Asi habra de venir salvado esto en la clausula *non obstantibus*: en fin este Breve
es como fundamento de todo este Santo negocio.

2   La mas ardua deliberacion de todas es la de lo segundo, de que reliquias se han de traer, porque en esto no se ha
de estar à la ternura y devocion particular de uno, ò de otro,
que de suyo inclinará mas à esto, ò aquello. Ni tampoco ha
de faltar del todo pia afeccion en señalar lo que se ha de traer,
pues si esta faltase, se daría en una incredulidad obstinada, que
lo

lo desvaratase todo y lo deshiciese. Por esto ha de ser prudente la consideracion de los testimonios que huviere de las Reliquias para pesarlos bien, y junto con esto ha de haber una piedad y devocion blanda en consultar y resolver que no cierre
la puerta al acertar.

Los Testimonios que hay, ò no hay en las Reliquias de que
se ha de consultar, estan bien en particular referidos en mis
Relaciones que yo truge à V. M. del Santo Viage que me mandó hacer: mas fuera de aquello puedo decir algunas cosas im-
portantes de las que se pueden sentir, y no se pueden ni deben escribir, por no ser bien hecho que anden en boca de
muchos, porque todo esto es como informacion de linage, en
la qual demas de lo que se escribe, se tiene mucha cuenta con
lo que se dice y siente el que hizo la informacion. Demas de
esto yo tengo hecho en general un *discurso de los buenos testimonios que puede haver para tener una Reliquia por cierta*, y habien-
dolo comunicado con Theologos y con otras personas de letras y juicio les ha parecido bien.

Entre otras se ofrecerá en esta consulta una cosa de gran
momento y dificultad, si se han de dejar de traer algunas Reliquias, aunque sean de las muy ciertas y notables por algunas causas que se podran representar. Tal seria temer de hallar pocas Reliquias donde se tiene creido que hay muchas. Esta es una cosa de las que no se pueden decir, y se sienten con
la experiencia, y como yo la tengo, sé donde llega esto, y
quanto miramiento requiere: y como señalo esta causa en
particular, se podrian señalar otras con haber mucho servicio
de nuestro Señor en el acertamiento, y harto trabajo para todo
si se yerra.

A esto tambien toca el ser algunos Santos, aunque insignes, tan particulares de sus tierras, que se puede dudar si es
bien traer de ellos, y causas hay en algunos para que no deba
estorvar lo particular de su tierra, y tambien en otros para
que se deje de tratar dellos.

Tambien es de aqui quanto se ha de traer de cada cosa,
pues de un Cuerpo Santo que esté entero, ò poco menos, mas
se ha de traer que de otro de quien no hay sino pocos huesos.

De

De la misma manera la devocion de los Pueblos ha de poner tasa en el tomar, porque siempre les quede su Cuerpo Santo: lo contrario seria sin justicia, y juntamente gran descon-
suelo para la tierra, y aun ocasion para alvoroto: asi conven-
drá tener cuenta con otras circunstancias que no caen debajo
de consulta, sino que el que sacare las Santas Reliquias con la
vista de ellas y con otras buenas consideraciones las habrá de
arbitrar.

Los Lugares de donde se ha de consultar de traer las Reliquias, y resolverse traerlas, ò no traerlas, son estos, por el
orden del camino bien continuado como yo lo anduve.

1. S. Pedro de Gumiel.
2. Las Huelgas de Valladolid.   Aniago.
3. S. Benito de Valladolid.
4. El Monesterio del Espina.
5. El Monesterio de Matallana.
6. La Villa de S. Mancio.
7. El Monesterio de Moreruela.
8. Zamora.
9. Palencia.
10. Husillos.   Abadia.
11. S. Zoyl de Carrion.   Grajal.
12. El Monesterio de la Vega.
13. El Monesterio de Sahagun.
14. 15. 16. 17. En Leon la Iglesia Mayor, Santo Isidoro, S.
          Claudio, y S. Marcelo, Parroquia.
18. El Monesterio de Santo Toribio de Liebana
19. Santillana.
20. La Iglesia Mayor de Oviedo.
21. S. Pelayo de Oviedo.
22. La Iglesia Mayor de Santiago de Galicia.
23. Santa Susana.   Alli.
24. Santa Clara.   Alli.
25. La Iglesia Mayor de Tuyd.
26. La Iglesia Mayor de Orense.
27. Santa Marina: alli cerca.
28. El Monesterio de Celanova.

S.

29. S. Estevan de Riba de Sil.

30. El Monesterio de Samos.

31. S. Pedro de Montes y S. Gennadio.

32. La Iglesia Mayor de Astorga.

33. El Monesterio de Dominicos. Allí.

34. El Monesterio de S. Francisco. Alli.

35. El Monesterio de Nogales.

En todos estos Lugares hay Cuerpos Santos y Reliquias insignes, y es cierto que de muchos dellos no se han de traer, mas proponense todos para la consulta, y aunque esta consulta y su resolucion es la primera parte, y como principio de este santo negocio, mas por ser de tanta substancia y dificultad parece se debria dejar para quando estuviese presente el Arzobispo de Santiago, pues ha de ser el todo en ello. Todo lo demas se le puede tener resuelto para quando venga, pues haria mucho detenimiento à dilatarse, y no es de ninguna importancia que lo trate el.

En lo tercero de quien ha de sacar las Santas Reliquias, no habrá mucho que tratar, pues V. M. con tanta razon está bien satisfecho de la persona del Arzobispo de Santiago: solo se requiere aqui consulta de la persona que las ha de traer despues todas, que parece ha de ser enviada de acá desde luego por V. M. para que tambien asista siempre al sacarlas y se satisfaga de veras, y las tenga en decente y buena custodia, y las traiga despues con la debida fidelidad, y este mismo sería muy importante para la mayor certidumbre y autoridad de los testimonios, que se han de hacer autenticos al tiempo de sacar las Santas Reliquias: otras personas que habrán de asistir, serán de las mas autorizadas que huviere en los Lugares.

Ya esto ultimo es parte de lo quarto, donde convendria tratarse como se han de hacer los testimonios, y no hay duda sino que habiendo de ser siempre muy cumplidos y con substancia, habran de ser Procesos formados, y la buena inteligencia del santo negocio conforme à lo que para autorizar Reliquias se tendrá entendido de mi discurso, y de otros mejores apuntamientos, si en esto los huviere, será la que ha de substanciar debidamente los Procesos, y para esto hará mu-

Dd   cho

cho al caso la persona de quien poco antes se trataba, à quien ha de ir cometido todo lo que à esto pertenece, pues es tan gran parte del bien del santo negocio.

Tambien se ha de tratar y resolver, si conviene llevar para esto Notario particular, porque para el Secretario del Arzobispo es mucha carga de trabajo, segun lo mucho que habria que escribir, y tambien la persona que haya de asistir por V. M. conforme à lo dicho, y formar el los Procesos, no podrá mandar tan à su modo al Secretario del Arzobispo como al Notario que llevare, y tomar Notario nuevo en cada parte no es bien, por el peligro de no hallarse habil, ò de que realmente en algunas partes no se hallará, y asi se ha de llevar de otro Lugar: y esto y qualquiera otra cosa será tanta costa como el llevar el Notario de acá.

En quanto en lo que se ha de dar à las Iglesias y Monesterios de donde se han de sacar Reliquias, se entenderá lo que en particular se ha de consultar y resolver por estas generalidades.

Por mucho que se estreche y cercene el traer Reliquias, por lo menos se resolverá al fin, que se traigan de veinte partes, ò mas: en todas estas se ha de dar algo, pues en esto tambien está buena parte de darlas de buena gana en muchos Lugares, y sin esto hay mucho servicio de Dios, y honra de sus Santos en ello, que es lo principal, porque lo que se les diere será para mayor decencia y culto de las Santas Reliquias, y que tengan con aquello alguna mas veneracion que hasta aqui, y será todo cosa digna de V. M.

Mas ya se entiende como no se ha de dar en todas partes igualmente, por cumplirse en unas bien con poco, y en otras no se podrá cumplir sino con mucho, conforme à la dignidad de las Iglesias y Monesterios: mas bien se puede afirmar sin miedo de errar, que en donde menos se sufre dar, será la costa ciento y cinquenta ducados, y en algunas partes y no pocas, será mas que esto doblado.

La manera de darse esto se consultará: mas creo no se hallará otra mas decente, ni mas honrada y comoda para las Iglesias y la veneracion de sus Santos que la que aqui se pondrá.

El Guarda-Joyas de V. M. haga proveer dos piezas de

car-

carmesí pelo, y dos de damasco blanco, ò turquí, y dos de tela de oro rasa, que se lleven: en las de seda teniendo à cinquenta varas, hay para ocho Ternos cumplidos de frontal, Capa, Casulla, y Almaticas, y en las dos de tela de oro hay para guarnicion de todo, y habrá para dar à ocho Iglesias aderezo para buen Terno, y no hay duda conforme à lo que yo tengo en la memoria de muchos de los Monesterios y Iglesias, sino que habrá ocho donde venga bien dar esto, y se tenga en mucho. Con esto se ha de llevar alguna cantidad de onzas de hilo de oro y seda para dar cumplimiento para hacerse los Ternos, porque siendo esto poca costa, es cosa que honrará mucho darlo asi todo cumplido.

Proveerse han tambien algunos aderezos de Altar, Caliz Vinageras, y Portapaz, pues serán muy à proposito para algunas Iglesias, y Monesterios.

Lo mismo es de algunas Lamparas, que bastará que sean de ciento y cinquenta à doscientos ducados poco mas de toda costa, y será digna cosa queden en algunas partes delante de los Santos Cuerpos, cuyas Reliquias se trairan. Y por estár en la Capilla Mayor algunos dellos, será dar tambien la Lampara para el Santisimo Sacramento, y esto escusará el haber de dotar su lumbre, pues de suyo arden.

En Iglesias principales como Sahagun, Oviedo, S. Isidoro de Leon, Santiago, y otra alguna, mas que esto se ha de dar, pues tienen de esto harto, y de otra manera se ha de cumplir, pues puedense hacer Candeleros de plata, que siendo lisos tendran poca hechura, y asi podran tener mas plata, y ser bien grandes, y autorizados para lucir, y cumplir mucho.

Con esto se cumple todo, y aun en Santiago tambien, pues aunque tienen mucha riqueza de lo que les han dado, no tienen, si bien me acuerdo, unos Candeleros asi como estos, que se les podran llevar.

Habiendose resuelto que ha de enviar V. M. persona con el Arzobispo que asista al sacar de las Reliquias, como arriba se ha tratado, no habrá que consultar en lo sexto de quien ha de traer las Santas Reliquias, pues como alli se dijo de las mayores razones que hay para que vaya esta persona para asistir al sacarlas, es porque las pueda traer con mas certidumbre y fidelidad, habiendose certificado con la presencia, y con el hacer de los testimonios, y con la buena custodia en que siempre las habrá tenido, y asi nadie las puede traer mejor.

Tampoco habrá mucho que consultar en como se han de traer las Santas Reliquias, siendo cosa clara el haberse de traer encubiertas y sin ningun estruendo, ni aun sentimiento de lo que se trae. Asi han de ser baules ò cajas grandes los que han de parecer de fuera: y dentro para la decencia han de venir las Arcas pequeñas ricas, que se han de proveer donde vengan las Santas Reliquias envueltas en sus olandas, y tafetanes de colores algo ligeros.

Estas Arcas ricas de dentro, por pocas que sean, habran de ser media docena, pues placiendo à nuestro Señor, se ha de traer tanto que sea menester harta anchura, y el mayor cuidado que se ha de tener es de la distincion para la verdad y para la decencia de las Santas Reliquias, y asi siendo diferente el envolver en los Cendales de olanda y tafetanes cada unas Reliquias, no podran dejar de hacer bulto: y estas Arcas de adentro se habran de hacer con tal proporcion, que dos ò mas de ellas quepan en las de fuera, y estas tendran sus embolturas de encerados por las lluvias del largo camino, que tambien en Galicia, y Asturias son mas ordinarias. Estas cajas pueden venir en Acemilas, con solos reposteros, por la disimulacion: mas decencia seria, y tanta disimulacion, traerlas en un carro pequeño de una sola bestia, si asi pareciese en la consulta, y habria de ser asi cherrion, y aun pequeño, pues las asperezas de las montañas de Galicia y Asturias asi lo requieren, y tambien no habrá de ser grande, pues se ha de quitar la caja toda entera y meterse al aposento del que trugere las Santas Reliquias siempre que parare.

Todo esto ha de estar consultado y proveído para quando venga el Arzobispo, para que con el no se platique mas de lo del segundo punto de que Reliquias se han de traer, porque à no estar proveído asi todo, seria tan gran detenimiento para el Arzobispo, que no fuese razon darselo.

Y todo lo que se ha dicho es para las Reliquias de Reynos

nos de Leon y Galicia, que como se apuntó, le caen todas quasi en camino. De las de Oviedo es menester se trate como se han de sacar y traer, pues el Arzobispo no puede ir allá. Ni tampoco hay mucho para que, pues el Obispo de alli basta para sacarlas con el mandato de S. M. y la persona que huviere de ir con el Arzobispo, puede pasar à Oviedo desde Leon, y por alli entreteniendose el Arzobispo entre tanto alli en su tierra, que creo es Carrion, y no son mas que quarenta leguas de ida y buelta desde Leon à Oviedo, y asi no esperará mucho el Arzobispo.

Para todo el camino se ha de proveer Cedula de aposento, por la indignidad que sería andar siempre las Santas Reliquias por malos mesones, aunque mas disimuladas vengan. Particularmente en Galicia, y Asturias es esto necesario precisamente, por ser como son las casas todas establo, y con esto tan estrechas, que las bestias y los hombres son forzados à estar juntos. Mas junto con esto nunca falta una casa de un Hidalgo, que tenga, como ellos dicen, Torre, que aunque no tenga mas de lo que suena, tendrá por lo menos un apartamiento.

Las cosas que parece se debrian mandar proveer luego por el peligro de la tardanza, son estas. Tit. 100.

EN Leon en el Almoneda del Conde de Luna, en su Libreria, que es mucha, hay treinta Libros pocos mas ò menos antiguos, escritos en pergamino, de Autores de Humanidad, como Marco Tulio, Tito Livio, y otros, y aunque no son muy antiguos, tienen dos cosas por donde deben ser preciados, y pueden honrar mucho una insigne Libreria. Lo primero, que no hay duda sino que fueron trasladados de originales antiguos, y asi tienen mucha parte del bien de ellos: lo segundo, que son de excelente letra, y buena iluminacion, aunque poca, y esto demas de ser aplacible, autoriza la Libreria.

Hay otro bien, que como estan alli à venderse por S. M. se habran por una tasa moderada, y los enviaran luego que se envien à pedir. Lo de estos Libros supe en Leon acaso, ya quando me queria partir, con todo eso los vì, y dige al Licenciado Ar-

Armenteros, que está alli por S. M. con cargo de aquel almoneda, que no se dispusiese de ellos hasta que se le avisase, con
todo eso se podria olvidar.

Ya avisé de los Concilios de Lugo, no en relacion, que
aun no he llegado allá con el enviarlas, sino en Carta à V. M.
Aquel Libro es excelente, como ya dige, y tambien dige como
el Obispo decia, que mandandolo V. M. se lo enviaria luego:
pareceme se le debe pedir luego, porque aunque yo pedí con instancia, que el Libro se guardase muy à recaudo, temo no ha
de haber el que conviene.

En el Priorato de Yunquera de Ambia, que tiene D. Juan
Pimentel, hay una Biblia de letra Gothica, con otras cosas muy
buenas en el mismo volumen: está à tan mal recaudo, que à
lo que yo creo, todas las veces que la muger del Merino ha menester un rocadero, toma de alli una hoja, y asi faltan algunas
de lo mejor. Ya pedí recaudo, mas no es gente la Gallega para ponerlos en tales cosas: debriase pedir à D. Juan Pimentel
la mandase traer acá luego, ò hacer mas diligencia por via de
Orense, que es alli cerca quatro ò cinco leguas.

Matallana es Monesterio de Cister, cinco leguas de Valladolid: alli tienen un Breviario, que aunque yo no lo ví por no
estar en casa à la sazon, mas encarecieronmelo tanto, que lo
tengo por tan insigne joya, como me lo representan: es de
pergamino mucho mayor que pliego grande, y aunque se escribió mas ha de doscientos y cinquenta años, pues se hizo para
el Rey D. Fernando el Emplazado; todavia la letra es muy linda, y la iluminacion tanta y tan delicada, que se puede preciar
aun agora: no sabré yo encarecer tanto desto, como el Abad
me dijo. Y es un hombre muy cuerdo, primo hermano del
Doctor Velasco, y tengo por cierto que no se alarga. Al principio está de iluminacion el dicho Rey D. Fernando, y las causas por que se hizo de la Orden de S. Benito este Breviario,
siendo para el Rey, son largas para aqui.

Yo conocí en el Abad y en el Convento gana de que S. M.
se sirviese de este Libro, dandoles algo por el, porque siendo tan
insigne, ellos lo han dado à un Platero para que le haga tablas
de plata con costa de quasi cien escudos, holgarán escusar
es-

esta costa, y haber algo mas: y antes que se comience esta obra, que creo la habran detenido, será bueno haber el Libro por todo lo que se deja entender, y puedese haber por solo verlo, y bolverlo, si no contentare: y ya yo dige à V. M. la manera como dentro de ocho dias puede venir, escribiendo V. M. al Licenciado Covarrubias envie por el al Abad, y dé una Cedula de volverlo luego, y podrálo traer el Correo ordinario de Valladolid, y si es mejor hacerse esto entre nosotros sin S. M. digo sin que al Abad se le diga que lo manda S. M. sino à solo Covarrubias, yo escribiré al Abad de buena manera, mas al fin será la mejor la que V. M. ordenare.

Estas cosas son las que cierto requieren priesa.

F I N.

N O T A
SOBRE LO SIGUIENTE.

Aqui acaba todo el Viage de Ambrosio de Morales: y habiendose hecho muy raro el Pliego, que escribió sobre la averiguacion del Maravedí antiguo de Castilla; ha parecido util reimprimirle aqui, para que todos le gocen, aunque no tiene conexion con el Viage, ya que su poco volumen lo permite, como prometimos al mencionar sus libros.

AVE-

AVERIGUACION

del verdadero valor del Maravedi antiguo de Castilla.

AMBROSIO DE MORALES AL LECTOR.

TODO el mucho tiempo de mi larga vida, que he gastado en descubrir y entender las antiguedades de España, siempre he deseado saber con alguna buena certidumbre el verdadero valor del Maravedi antiguo de Castilla, de que tanta mencion hay en nuestras Coronicas y Escrituras particulares. Tuve este deseo, por ser todo esto de suyo cosa muy notable, y por ver como todos lo deseaban saber, y nadie hasta agora lo habia cumplidamente enseñado. Porque aun el señor Presidente Covarrubias con su gran juicio y erudicion, queriendo dar en esto algo bien averiguado, no pudo alcanzarlo, como en su libro del valor de nuestras Monedas parece. Para satisfacer pues à este mi deseo y comun de todos, he hecho siempre diligencia en mirar con mucho cuidado una gran multitud de Escrituras, que de esto he visto, y parecia me podian ayudar, mas fueron muy pocas las que en efecto me ayudaron. Por ellas haré aqui la averiguacion entera y liquida, tratando para esto tambien algunas cosas que es necesario se entiendan.

Lo que primero quiero se entienda es, que este vocablo Maravedi no significa una moneda particular que se batiese, y tuviese tal nombre, sino una suma y quantía, que de monedas menores se hacia, sin que el tuviese mas ser por si del que en la cuenta se le daba, como tambien agora lo vemos. Esto es cosa notoria, sin que sea menester probarla, aunque basta por entera prueba, que veremos adelante decirse: Tantos dineros al maravedi, y otras cosas desta manera.

Tambien no es cosa muy antigua este vocablo maravedi, ni el uso del. Porque en el famoso Fuero de Leon, que le dió el Rey Don Alonso el quinto, como escribiendo del se ha dicho, nunca en las penas hay mencion de maravedi, sino de sueldos, y otras monedas menores con diversos nombres. Tampoco hay mencion de maravedi en el Fuero de Molina, que yo he

he visto, y se lo dió el Conde D. Pedro en tiempo del Emperador D. Alonso, hijo de la Reyna Doña Urraca. Sueldos se nombran y por monedas menores Mencales, y otras. Lo mismo hay
en los Fueros de Alcalá de Henares, que yo tambien he visto,
y se los dieron los Arzobispos de Toledo D. Juan, y D. Ramon,
en el mismo tiempo del Emperador D. Alonso. Alguno podria
decir, que el vocablo maravedi y el uso del para sumas y quan-
tías es mucho mas antiguo que esto, pues se halla mencion del
en algunas Leyes del Fuero Juzgo. Yo digo que he leído mucho en aquel Libro, y no he visto esto. Podrá bien ser que en
lo que yo no he leído se halle. Y si es asi, es cierto que se dejó
el vocablo, y el uso de contar por el desde el Rey D. Pelayo en
adelante por mas de trecientos años, pues es verdad lo que yo
he traido de los Fueros, y lo mismo es de los Previlegios, que
poniendo penas, jamas se hallará, en los tiempos de los Fueros ya nombrados, que nombren el maravedi. La mas antigua
mencion que se halla del maravedi, y del contar por el en Coronicas y Escrituras, es del tiempo del Rey D. Alonso el de la
Batalla de las Navas. [1] Asi podemos muy bien creer, que el dió
principio, ò renovó lo de los Godos, en el contar por el maravedi: pues antes no se halla mencion desta cuenta, y desde aí
adelante no se usa otra. Y tambien hallamos algunas veces aña-
dido à los maravedis el sobrenombre de Alfonsis, y parece se les
dió por su inventor. Y duró el contar asi por la suma y quantía
del maravedi antiguo hasta quasi el tiempo del Rey D. Juan el
Segundo, como por Escrituras, que despues se pondran, parece.

Hase luego de presuponer, como fundamento de todo lo
que se ha de tratar, que el real de plata antiguo de nuestros
Reyes, era del mismo peso y valor que nuestros reales de agora. Esto es cosa clara y manifiesta, pues hallandose hartos reales
del Rey D. Alonso el Onceno, y de los tres siguientes, todos tienen este peso y valor. Y aun yo he visto tal real como estos del
Rey D. Fernando el Santo, y de su nieto el Rey D. Sancho. Y no
tratamos si la plata de los unos es mas acendrada, ò de menos

fi-

(1) *En tiempo de su avuelo D. Al-*   *para los transgresores, año 1139. y*
fonso VII. se hallan los maravedises   *otros, segun consta en las copias, que*
expresados en Escrituras, como multa   *damos sobre la Iglesia de Tuy.*

fineza que la otra: porque para nuestra averiguacion no altera lo minimo y quasi imperceptible que el considerar esto en un real hace de mudanza. Por todo lo dicho se entiende, como lo que aqui digeremos del real antiguo, será de la misma manera en nuestro real de agora: y en proporcion saldrá buena la cuenta, que de los maravedis del uno y del otro comparandolos hicieremos.

Siendo todo esto asi, como es verdad, lo es tambien, que un maravedi antiguo era la tercia parte de un real de entonces y de agora, y asi era suma de once maravedis de los que ahora usamos en nuestras cuentas. Vuelvo à decir, y afirmar, que un real antiguo valia tres maravedis, no mas, y por tantos se contaba, como agora vale y se cuenta por treinta y quatro maravedis: por donde el valor de un maravedi antiguo era de once maravedis de los nuestros de agora. Once maravedis digo, porque de un maravedi que sobra en los treinta y quatro, como de cosa indivisible, no hay para que hacer cuenta del. Y que sea verdad que un maravedi antiguo sea la tercia parte de un real, y asi valga tanto como once de los nuestros de agora, se prueba manifiestamente por lo que se sigue.

Los Hospitales de Santa Catalina de la Puente del Arzobispo tienen una Dehesa que llaman Carrizal. La Escritura de la compra della contiene en la narrativa, como à los quatro de Julio del año del Nacimiento de nuestro Redentor mil y trecientos y noventa y cinco en Toledo, Doña Mencia Xuarez, muger que fue de Men Lope, Portero Mayor de la Reyna, y Alcalde de Talavera, vende la Dehesa de Carrizal para los Hospitales de Santa Catalina de la Puente del Arzobispo à Juan Millan, Administrador dellos. Siguen luego las palabras siguientes: ,, Por precio conviene à saber de quince mil maravedis de ,, moneda blanca, que valen diez dineros novenes el mara- ,, vedi. Los quales dichos maravedis me pagó por vos en vues- ,, tro nombre de la renta de los dichos Hospitales Alfonso Gon- ,, zalez de Sevilla è me los dió en florines de oro del cuño de Ara- ,, gon, contando cada florin à razon de veinte y dos maravedis, ,, que montaron en ellos seiscientos y ochenta y un florin de ,, oro, è seis reales de plata, è asi fueron è son complidos los ,, dichos quince mil maravedis. &c.

Des-

Desta cuenta tan particular y tan puntual se saca muy claro, y sin que pueda haber duda en ello, como un maravedi de entonces era la tercia parte de un real, y asi tenia el valor de once maravedis de agora, que es lo propuesto, que se habia de probar: y pruebase multiplicando, ò partiendo los seiscientos y ochenta y un florines por veinte y dos maravedis, y resultará que montaron catorce mil y novecientos y ochenta y dos maravedis, y no faltaban sino diez y ocho maravedis para cumplimiento à los quince mil de todo el precio entero de la venta. Mas porque el partir y multiplicar no lo entienden todos, se pondrá otra manera mas llana, por donde todos los que quisieren puedan facilmente entender, como los seiscientos y ochenta y un florin y veinte y dos maravedis hacen la dicha suma de catorce mil y novecientos y ochenta y dos maravedis.

Cien florines montan.	2200.
Seiscientos florines....	13200.
Cinquenta florines.....	1100.
Veinte y cinco florines.	550.
Seis florines............	132.
	14982.

Siendo pues asi que los florines hicieron esta suma, resulta tambien que para la suma de todo el precio de la compra, no faltaban mas que diez y ocho maravedis: y estos se cumplieron al justo con los seis reales, que sobre los florines se dieron en plata. Pasando mas adelante resulta que cada real valia tres maravedis, y un maravedi era tercia parte de un real y asi valia un maravedi de entonces once maravedis de los de agora, que es la tercia parte de un real nuestro, que tiene el mismo valor que el de entonces.

Harto clara prueba ha sido la desta Escritura, mas aun parece será mas clara y mas llana la de otra siguiente. La Iglesia Mayor de Placencia tiene en su Archivo una Escritura de donaciones que hizo el Obispo de alli D. Pedro, que no se pone mas sobrenombre de llamarse natural de Soria. Y hizo es-

ta

ta Escritura en los Palacios de su morada à los ocho de Octubre del año de nuestro Redemptor de mil y quatrocientos y
uno, ante Alfonso Fernandez de Carrion, y entre otras clausulas hay en ella las siguientes.

„ Damos à nuestra hermana Maria Martinez mil reales, que
„ son tres mil maravedis.

„ A Catalina nuestra sobrina, nieta de Diego Hernandez
„ nuestro hermano, damos para ayuda à su casamiento ocho-
„ cientos y treinta y tres reales de plata è un maravedi, que son
„ dos mil y quinientos maravedis.

Y para cumplir todas las dichas donaciones declara que
„ tiene en reales de plata veinte y cinco mil reales, que son
„ setenta y cinco mil maravedis.

„ Item, que tenia mas quarenta y seis florines è medio del
„ cuño de Aragon, que contados à veinte y un maravedi son
„ novecientos è treinta è quatro maravedis è cinco dineros.

„ Item, al Escribano que hace la dicha Carta de donacion man-
„ do dar cien reales de plata, que son trescientos maravedis.

Aqui no será menester hacer ninguna cuenta, pues en
todas y principalmente en la primera clausula donde da à su
hermana, y en la postrera del Escribano, se vé claro sin discurso ninguno de cuenta, como un real valia tres maravedis, y un
maravedi era la tercia parte de un real: y desto se consigue adelante todo lo que de aí hemos inferido, del valer entonces tanto
un maravedi, como once de los de agora, si queremos reducirlo
à lo que con mas puntualidad y certidumbre se puede.

Esto está asi harto claro y manifiesto para aquel tiempo
de las Escrituras, que son ambas de los postreros años del Rey
D. Enrique el tercero, llamado comunmente el Enfermo, padre
del Rey D. Juan el segundo, y no se lleva la una à la otra mas
de seis años. Mas todavia podria ser que en otros tiempos
atras huviese tenido el maravedi mas, ò menos valor, segun
las grandes mudanzas que siempre hay en la moneda y su valor, pues aun en los siete años que hay de diferencia en las
dos Escrituras ya dichas, vemos como el florin valió veinte y
uno y veinte y dos maravedis, y en nuestros tiempos tambien
hemos visto mudarse el valor de los Escudos.

INDI-

INDICE
DE LO MAS NOTABLE.

F I N.

Acabóse
de imprimir esta
reedición facsímil del
celebrado VIAJE SANTO
de Ambrosio de Morales, el
día 30 de Diciembre de 1977,
trescientos treinta y ocho aniversario
de la muerte de D. Fernando de Valdés
Llano, Presidente del Consejo de Castilla,
fundador de la Colegiata de Cangas de Tineo,
su patria, y único asturiano que retrató Velázquez.